ちくま新書

自公政権とは何か

――「連立」にみる強さの正体

中北浩爾
Nakakita Koji

1408

自公政権とは何か――「連立」にみる強さの正体【目次】

第五章 なぜ民主党政権は行きづまったのか

第六章 自公政権の政策決定とポスト配分 255

第七章　自民・公明両党の選挙協力

はじめに――もはや単独政権の時代ではない

見落とされた連立という実態

この二〇年あまりの日本政治は、自由民主党（自民党）と民主党（その後継政党）との対立を軸に展開してきたと理解されている。二〇〇九年は自民党から民主党への政権交代、一二年は民主党から自民党への政権再交代というように、両党を中心に日本政治が語られ、分析されてきた。

ところが、実際には二大政党以外にも政党が存在したし、現在も存在している。なかでも公明党と日本共産党は、長い歴史と強固な組織を誇る。また、日本社会党の系譜を引く社会民主党（社民党）や、大阪に固い地盤を持つ日本維新の会もある。重要なのは、こうした中小政党を軽視するというバイアスが、日本政治を理解する上で大きな妨げになってきたことである。

中小政党が少なからぬ政治的影響力を持っていることは、五五年体制と呼ばれる自民党長期政権が一九九三年に終わった後、非自民八党派連立の細川護熙内閣を皮切りに、現在に至るまで、ほとんどの期間が連立政権によって占められてきたという歴史的事実に示されている。

この二五年間のうち、閣外協力すら欠く単独政権は、第二次橋本龍太郎内閣の末期の一九九八年六月一日から、小渕恵三内閣の初期の九九年一月一四日までのわずか七カ月半にとどまる。二〇〇九年からのいわゆる民主党政権も、民主党の単独政権ではなく、社民党や国民新党との連立政権であった。

それに対して、三八年間に及ぶ五五年体制で自民党が連立を組んだのは、一九八三年一二月二七日に発足した第二次中曽根康弘内閣の二年半にすぎない。連立相手は、自民党から分かれた新自由クラブであり、連立解消後には自民党に復帰した。五五年体制が単独政権の時代であるのに対して、ポスト五五年体制は連立政権の時代なのである。

ところが、政治学者は、この重要な歴史的事実を見落としてきた。実は、五五年体制の崩壊後、しばらくの間は連立政権が注目され、いくつかの重要な研究が発表された。[1] しかし、二〇〇〇年代に入り、自民・民主両党への二大政党化が議席率などの面で進むと、連立政権をめぐる分析は下火になった。

その一因には、イギリスのような二党制こそが日本政治の目指すべきモデルという考え方が支配的な地位を得たという事情がある。こうしたなか、多くの政治学者の関心は、二党制を前提とするマニフェストの導入や政治主導の実現へと移行していった。その結果、一九九九年に始まる自民党と公明党の連立政権は、本格的な分析がなされないまま放置されてしまった。

しかし、自公政権は、二〇〇九年から一二年までの三年あまりの中断を挟んで、一六年以上にわたって続いている。自民党の「一強」状態にあるといわれる一二年以降も、単独政権ではなく、公明党との連立政権である。誤解を恐れずにいえば、自公連立は現在の日本政治で唯一の安定的な政権の枠組みになっている。それはなぜなのか。本書はこの問いに答えようとするものである。

自公政権をめぐるパズル

いうまでもなく、自民党は一九五五年の結成以来、長年にわたり政権の座にある日本の代表的な政党である。社会主義や共産主義に対抗して資本主義を擁護する一方、アメリカとの協調を外交・安全保障政策の基軸とし、高度経済成長を実現させた。冷戦もアメリカの勝利で終わり、結党以来のライバルである社会党の挑戦を最終的に退けた。ところが、長期政権の下での政官業の癒着などが批判され、一九九三年と二〇〇九年の二度にわたって下野を余儀なくされる。しかし、いずれの場合も短期間で政権の座に復帰した。[2]

公明党は、宗教団体の創価学会を支持母体として、一九六四年に結成された。自民党が財界をスポンサーとしつつ農村部に主な支持基盤を築いたのに対し、公明党は高度経済成長に伴って都市部に流入した比較的貧しい人々を組織化した。日本政治の中枢に位置した自民党とは違い、公明党は周辺から生まれ、成長していったのである。一九九三年の非自民連立政権への参加を経て翌年、新進党に合流したが、それが解党すると、九八年に公明党は復活を遂げる。自民党と連立を組んだのは、その翌年のことであった。[3]

以上の自民・公明両党のプロフィールは、比較的よく知られている。ところが、両党がどのように政権運営を行い、いかなる選挙協力を実施しているかについては、新聞などで断片的に報じられることはあっても、まとまって論じられることはなかった。もちろん、自公政権が取るに足りない分析対象だからではない。

さらに、一歩踏み込んで考えれば、自公政権はオーソドックスな政治学では説明し難い事実、その意味で興味深い謎（パズル）を数多く抱えていることが分かる。

一例を挙げると、自民党は二〇一六年の参院選以降、衆参両院で過半数の議席を保持している。それゆえ単独政権を作ろうと思えば作れるが、それにもかかわらず、公明党との連立を解消していない。他方、公明党は自民党との連立政権では閣僚ポストを一つしか得ていない。これは議席数に比べて明らかに少ない。政治学の代表的な連立形成理論として、政党は政権を獲得し、なるべく多くの閣僚ポストを得ようとすると考える公職追求モデルが存在するが、それからみると、自公政権は逸脱事例である。

もう一つの例は、政策である。よく知られているように、自民党と公明党の間の政策距離は小さくない。外交・安全保障、憲法改正、あるいは経済成長と福祉の充実のいずれを重視するかなどについて、公明党は民主党およびその後継政党に近い立場を示してきた。それなのに、公明党が連立のパートナーとして選んできたのは、自民党である。政策が近い政党によって連立政権が作られるという連立形成理論の政策追求モデルからみても、自公政権は説明が容易ではない。

政権やポストの獲得、政策の実現といった古典的な連立形成理論が注目してきた要因から自公政権を説明することが困難であるとすれば、それとは別の視角から理解し直さなければならない。幸いなことに、最近の政治学では、選挙制度をはじめ制度的要因を重視する新たな連立理論が登場している。本書は、そうした研究動向を紹介しながら自公政権とは何かを考察していく。

野党が政権交代を実現するには

自公政権が唯一の安定的な連立の枠組みになっているということは、裏を返すと、それに匹敵するような連立の枠組みを野党が作れずにきたことを意味する。

例えば、二〇〇九年に成立した民主党を中心とする連立政権は、翌年、アメリカ軍普天間基地の移設問題をめぐって社民党が連立を離脱することで、鳩山由紀夫内閣の退陣という大きな痛手を負った。菅直人内閣に交代したものの、首相の消費増税発言もあって、参院選で敗北を喫し、「ねじれ国会」に陥る。それ以降、民主党政権は迷走を重ね、野田佳彦内閣になっても立て直しに成功せず、崩壊した。

民主党政権の挫折については、マニフェストや政治主導の失敗が注目されてきたが、直接的な契機になったのは、社民党との連立が瓦解したことである。[4] 同じく連立を組んだ国民新党との関係も軋み続けた。その大きな原因は、民主党が二党制論にとらわれるあまり、連立の維持に細心の注意を払わなかったことにある。

ところが、それにもかかわらず、野党が政権交代を実現するためには、連立という問題を避けて通れない。野党は近年、この事実に改めて直面している。

二〇一五年、安全保障関連法案が参議院本会議で可決され、成立した当日、共産党が

「戦争法（安保法制）廃止の国民連合政府」を提唱した。これは集団的自衛権の行使容認の閣議決定を撤回させ、安保関連法を廃止するための暫定的なものとして、「政党・団体・個人が共同して国民連合政府をつくろう」と呼びかけるものであった。その前提として、野党間の選挙協力も提案された。

この共産党の野党共闘の呼びかけの対象であった民主党は翌年、維新の党と合流して民進党になったが、二〇一七年の衆院選の直前の希望の党への合流をめぐって大きく分裂してしまう。そのうち最大の議席を得た立憲民主党は、政党同士の合併を拒否している。それゆえ、政権交代を実現するには、共産党を含むかどうかは別として、連立を考えざるを得なくなっている。

このように、かつて民主党が抱いた二党制の下での政権交代というイメージは、すっかり後景に退いてしまった。それを受けて、政権交代を成功させる上で、どのようにすれば安定的な連立の枠組みを作れるのかという課題に取り組むことが、野党の間でも一層切実になってきている。

民主・社民・国民新の三党連立の鳩山内閣は、なぜあっけなく崩壊してしまったのか。さかのぼると、非自民八党派連立の細川内閣が短期間で退陣に追い込まれた理由は何だったのか。それらに比べて、自公政権はなぜ安定的なのか。野党がそれに匹敵する安定した連立政権を樹立するために必要なことは何か。それが難しければどうすべきか。本書は日本政治の今後を見据えて、こうした問いに答えていきたい。

本書の構成

これまで述べてきたように、本書は、自公政権を主たる分析対象として、連立という視角から日本政治を読み解くものである。以下、構成について簡単に述べておきたい。

まず第一章と第二章は、日本の連立政権を分析する上で不可欠な理論的もしくは歴史的な背景を説明する。ただし、連立理論や政党システムの類型を扱う第二章は、専門的な内容が多いので、関心がなければ読み飛ばしていただいても構わない。

第三章から第五章にかけては、ポスト五五年体制期の連立政権を検討する。具体的には、非自民連立政権、自社さ政権、自公政権、民社国連立政権のそれぞれが形成された経緯、政策決定プロセスや選挙協力のあり方、それらが連立政権の存続に与えた影響などについて論じる。

第六章と第七章は、様々なデータを用いながら、二〇一二年に成立した第二次安倍内閣以降の自公政権を分析する。特に政策決定プロセスと選挙協力の二つに注目するが、それに付随して閣僚人事のあり方や地方政治・地域社会への影響にも言及する。

以上の分析を受けて、「おわりに」は、自公政権と比較しながら野党共闘に関して論じ、野党が政権交代を実現するための条件について若干の考察を加える。[6]

1――山口二郎・生活経済政策研究所編『連立政治 同時代の検証』朝日新聞社、一九九七年、草野厚『連立政権』文春新書、一九九九年。

2――自民党に関する研究は少なくないが、拙著として、中北浩爾『自民党政治の変容』NHKブックス、二〇一四年、中北浩爾『自民党――「一強」の実像』中公新書、二〇一七年。

3――公明党については、薬師寺克行『公明党』中公新書、二〇一六年、中野潤『創価学会・公明党の研究』岩波書店、二〇一六年、がある。

4――民主党政権を検証した本は筆者が執筆に関わったものを含めて複数存在するが、連立については全く論じられていない。日本再建イニシアティブ『民主党政権 失敗の検証』中公新書、二〇一三年、伊藤光利・宮本太郎編『民主党政権の挑戦と挫折』日本経済評論社、二〇一四年、前田幸男・堤英敬編『統治の条件』千倉書房、二〇一五年。

5――『生活経済政策』二〇一八年八月号が、「連立政権――ヨーロッパと日本」という特集を組み、ドイツ・イタリア・スウェーデン・イギリス・日本を取り上げている。本書は、そこに掲載された拙稿「ポスト五五年体制期の連立政権」を発展させたものである。なお、この拙稿の後に発表された下記の論文も、本書の分析と重なる部分がある。Adam P. Liff and Ko Maeda, "Electoral Incentives, Policy Compromise, and Coalition Durability: Japan's LDP-Komeito Government in a Mixed Electoral System," *Japanese Journal of Political Science*, Volume 20, Issue 1, 2019.

6――本書では人名を含めて旧漢字を全て新漢字に改めた。ご容赦いただきたい。

第一章

神話としての二党制

1　政治改革への道

多党制の神話、二党制の神話

アメリカの政治学者アボット・ローレンス・ローウェルの一九世紀末の著作にみられるように、政治学では長らく「多党制の神話」と呼ぶべきものが存在していた。それはローレンス・ドッドによると、多党制議会の下での政府は、議会（下院）で与党が過半数の議席を持たない少数派政権か連合政権あるいはその両方になるが、少数派政権や連立政権は必然的に短命に終わらざるを得ず、それゆえ短命政権を生じさせる多党制は望ましくない、と要約することができる。

多党制についての否定的な神話は、二党制を肯定的に捉える神話へとつながる。両大戦間期のフランスやワイマール・ドイツにみられる不安定な多党制が巨大な悲劇を招いたのに対して、議会に単独過半数の議席を有する安定した政府を生み出すイギリスの二党制こそが政党政治の理想であるという見方である。[1] ドイツはナチズムを生み、フランスはその占領統治を受けたのに対して、イギリスは議会制民主主義を維持し、第二次世界大戦にも勝利を収めた。

フランスの政治学者モーリス・デュベルジェの一九五一年の名著『政党社会学』も、政党数に基づいて一党制、二党制、多党制という政党システムの類型を示しつつ、同じく二党制を肯定的に評価する。この本の独創的な点は、二党制がイギリスなどアングロ・サクソン諸国の歴史や社会構造の産物にすぎないという見方を斥け、政党システムを規定する要因として選挙制度の重要性を指摘したことにある。すなわち、小選挙区制が二党制を、比例代表制が多党制をもたらすという「デュベルジェの法則」であり、現在もよく知られている。

デュベルジェは、それが二つの要因によって起きるという。一つは機械的自動的要因である。勝者総取りの多数決原理に基づく小選挙区制では、最大の得票を得た第一党が過大な議席を獲得する一方、第三党以下は過小にしか代表されず、ほとんど議席を得られない。もう一つは心理学的要因である。当選可能性が低い第三党以下の支持者は、自分の票が無駄になるのを避けるため、二大政党のいずれかに投票先を変える。これら二つの要因から、小選挙区制の下では第三党以下が淘汰され、二党制が成立するのである[2]。

政治学を長く支配していた「二党制の神話」は、日本でも大きな影響力を持った。一九五五年、左右両派社会党が統一するとともに、民主党と自由党が合流し、自民党が結成された背景には、こうした考えが存在していた。さらに、保守合同と社会党統一によって、日本でも二党制が成立したとみなされ、それを定着させるべく、一つの選挙区から三〜五名の議員を選出する中選挙区制に代えて、一つの選挙区から一名の議員を選ぶ小選挙区制の導入が図られたのであった。

ところが、社会党は、最大政党の自民党が三分の二を超える議席を獲得し、憲法改正につながることを恐れ、強く反対した。そのため小選挙区制の導入は失敗に終わり、中選挙区制が存続する。しかし、一九五九年には社会党が分裂し、翌年に民主社会党（民社党）が結成されるなど、野党の多党化が進行したことを背景に、自民党長期政権が続いた。いわゆる「一九五五年体制」である。

多党制と連立政権の再評価

以上にみたような政治学の神話が払拭されるのには、一九七〇年代半ばを待たなければならなかった。その最大のきっかけとなったのは、ジョバンニ・サルトーリの一九七六年の著作『現代政党学』である[3]。

サルトーリが試みたのは、デュベルジェの著作にもみられる一党制、二党制、多党制という伝統的な政党システムの分類を大きく刷新することであった。すなわち、従来の政党数に加えて、政党間のイデオロギー距離という新たな変数を導入し、一党制、ヘゲモニー

1-① サルトーリの政党システムの類型

政党システム		
一党制 ヘゲモニー政党制	単極システム	単数政党主義
〔一党優位政党制〕		
二党制 穏健な多党制	二極システム	複数政党主義
極端な多党制	多極システム	複数政党主義
〔原子化システム〕		

出所：サルトーリ『現代政党学（Ⅱ）』472ページ。

政党制、一党優位政党制、二党制、穏健な多党制、分極的多党制（極端な多党制）、原子化政党制の七つの類型を導き出したのである（1―①）。

サルトーリの分類の重要なポイントの一つは、一党優位政党制という新たな政党システムのタイプを析出したことであった。それは一党制とは異なり、複数の政党の間で競争が行われているにもかかわらず、一つの政党が過半数の議席を一貫して確保し、政権交代が事実上発生しないような政党システムである。連続する四回の選挙というのが一応の基準とされるが、それを満たす代表例としては、当時の自民党政権下の日本や、独立してから国民会議派が政権を握り続けたインドが挙げられた。

もう一つの重要なポイントは、多党制を大きく二つに分けたことである。このうち分極的多党制は、共産党やファシストといった左右の反体制政党が存在することに特徴づけられる。そこでは、イデオロギー距離が大きい六～八の政党が分極的に競合し、中道政党が単独政権あるいは連立政権を作る。不安定な政治に彩られた両大戦間期のワイマール・ドイツや戦後のイタリアが、ここに位置づけられた。

それに対して、穏健な多党制では、イデオロギー距離が小さい三〜五つの政党が求心的に競合する。そこには、大きな勢力を持つ反体制政党が存在しない。二党制とは違って、どの政党も単独政権を樹立できず、複数の政党による連立政権になるが、政党間の競争のあり方は、二党制と類似した二極構造になる。サルトーリは、当時の西ドイツ（三党型）、スウェーデン（四党型）、スイス（五党型）を、その例として示した。

穏健な多党制の下では連立政権が作られるが、分極的多党制とは違い、求心的な競合ゆえに安定した政府が創出されうる。サルトーリの政党システム論によって、長年にわたり政治学を支配してきた「多党制の神話」が覆されたのである。実際、ドイツや北欧諸国では戦後、イギリスに劣らない安定した議会制民主主義が実現していた。

前出のドッドも同じ時期、連立政権が必ずしも不安定ではないという事実を数量的に明らかにした。それだけでなく、ドッドによると、二党制は「世論を無理やり二つの鋳型にはめ込み、永遠の少数派から選挙権を奪い去り、少数派を疎外してしまうシステムである」。こう指摘した上で、ドッドは次のように主張した。「連合政権の出現を許し、それを奨励するような政治構造を伴う穏健な多党制の方が、二党制よりもデモクラシーに役立つのではなかろうか」[4]。

野党連合政権と自民党一党優位政党制

以上のように「多党制の神話」が覆された一九七〇年代半ば、日本政治は与野党伯仲状況に陥っていた。

少しさかのぼると、高度経済成長に伴い農村部から都市部に人口が移動したことを背景に、自民党は一九五五年の結党以来、衆院選での得票率を漸減させていた。それに対して、都市部に流入した有権者を組織化することに成功し、一九六〇年代半ば以降、伸長していったのは、公明党や共産党である。その結果、野党第一党の社会党が低迷したにもかかわらず、野党は全体として得票率を伸ばした。特に都市部では東京都をはじめ革新自治体が数多く生まれた。

一九七二年の衆院選で自民党が伸び悩むと、その翌年に公明党が発表した「中道革新連合政権構想の提言」を皮切りに、共産党の「民主連合政府綱領案」、社会党の「国民連合政府綱領案」、民社党の「革新連合国民政権構想」と、連合政権構想が次々に登場する。さらに、一九七四年に参議院で与野党の議席が伯仲する。そして、ロッキード事件の発覚などを受けて、七六年には衆議院でも与野党伯仲状況に陥る。このようにして、野党連合政権の実現可能性が高まりをみせた。

こうしたなか、篠原一をはじめとする政治学者は、多党制下の連立政権に関する諸外国の事例や理論を積極的に紹介し、自民党長期政権に代わる日本政治の選択肢を示そうとした。上述のサルトーリやドッドの著作も、岡沢憲芙による翻訳を通じて、いち早く日本で紹介された。

しかし、野党は有効な連立の枠組みをなかなか提示できなかった。中道に位置する民社・公明両党が野党第一党の社会党に共産党の排除を求めたのに対して、社会党が共産党を含む全野党共闘を目指し、足並みが揃わなかったからである。最終的に一九八〇年の社公合意によって、社会党は共産党を除く社公民路線に大きく舵を切る。ここに自民党政権に代わる新たな選択肢が生まれたかにみえた。

ところが、その決断は遅すぎた。一九七三年の石油危機を背景とする高度経済成長の終焉などを背景に、革新自治体は徐々に姿を消しつつあった。また、自民党は一九七七年、総裁予備選挙の導入を骨子とする党改革を断行していた。全党員参加による党首選挙は日本初の画期的な試みであった。社公合意から半年後、一九八〇年の衆参ダブル選挙で自民党が圧勝し、与野党伯仲状況は終わりを告げる。

これ以降、一九八〇年代半ばにかけて保守復調が明らかになると、政治学者の関心も野党連合政権から自民党長期政権へと移行していった。そこで登場したのが、サルトーリの一党優位政党制の概念を用いつつ、国際的に比較可能なものとして自民党政権を位置づける一連の研究である。それらは、派閥や族議員などが大きな影響力を持つ自民党が、一党による長期政権を続けながら、多様な利益を包摂していることを高く評価した。その意味で、現状肯定的な性格が濃厚であった。

例えば、佐藤誠三郎と松崎哲久の『自民党政権』は、日本政治が後進的であるという批判に反論を加えつつ、次のように書いた。「第二次大戦後の日本の保守党は特定のイデオロギーや階層からはるかに自由であり、その意味で身軽であった。日本でのみ非社会主義政党の大合同が実現され、またその結果生まれた自民党が多様な利害を包摂する能力や変化への柔軟な対応力をより豊かにそなえていた[6]」。

日本型多元主義を称揚する『自民党政権』の出版直後に行われた一九八六年の衆参ダブル選挙で、自民党は再び大勝する。当時の中曽根康弘首相は、それを自民党がウィングを左に伸ばした結果であるとみなし、「一九八六年体制」のスタートを宣言した。この時点で自民党一党優位政党制は盤石かに思われた。

二党制論の復権

ところが、自民党政権が族議員などを通じて多様な利益を包摂したことは、政官業の癒着につながった。一九八八年にリクルート事件が発覚し、有権者から厳しい批判を受けた自民党は、政治改革に乗り出さざるを得なくなる。それは自民党政権のあり方を根底から見直すことを意味した。

一九八九年、自民党が党議決定した「政治改革大綱」は、リクルート事件にみられる「政治とカネ」の問題の原因を、衆議院の中選挙区制に見出した。その下では自民党の候補者の同士討ちが避けられず、派閥と個人後援会が生み出され、利益誘導政治や金権腐敗が生じてしまうからである。そこで、少数意見も反映されるように比例代表制を加味しながらも、小選挙区制を導入することが唱えられた。それは政権交代の可能性を視野に入れるものであり、自民党にとって「痛みをともなう」ことが指摘された。

これを受けて政府に設置された第八次選挙制度審議会も翌年、政権交代の可能性を高めるため、小選挙区制を中心とする選挙制度の導入を求める答申を行った。比例代表制との並立制とされたのも、自民党の「政治改革大綱」と同じく多様な意見を反映させ、少数政党も議席を確保できるようにする目的があった。そこでは具体的な制度設計が示され、小選挙区と比例代表それぞれに票を投じる二票制、定数配分は小選挙区六割、比例代表四割、比例代表は一一ブロックといった内容が盛り込まれた。

ところが、政治改革は難航を重ねた。そもそも与党の自民党が政権交代を唱えることに無理があったし、衆議院議員の間では現行の選挙制度を変えることへの警戒感も強かった。また、リクルート事件に端を発する有権者の批判も落ち着き始めていた。

海部俊樹内閣は第八次選挙制度審議会の答申を受けて、総定数四七一、小選挙区三〇〇、比例代表一七一、二票制、全国単位の比例代表といった内容の小選挙区比例代表並立制の導入を図った。しかし、野党のみならず自民党からも反対意見が噴出し、法案は審議未了・廃案に終わった（1—②）。

この過程を通じて政治改革の主役に躍り出たのが、海部総裁の下、自民党幹事長を務めていた小沢一郎である。小沢は当時、「自民党単独政権でやってきたもろもろの矛盾が限界に達した」と語り、「政権交代を実現させるためには、僕はやはり選挙制度の仕組みを直していくしかないと思います」と述べ、「小選挙区比例代表制の導入」による「二大政党体制への移行」を主張した[7]。

小沢は一九九三年に著書『日本改造計画』を出版し、自らの主張を体系的に示した。そのなかで強調されているのは、リクルート事件を背景とする金権腐敗の打破ではなく、多様な利益を包摂してきたコンセンサス重視の自民党政権のあり方を改革する必要性である。

1-② 選挙制度改革の各案

	第八次選挙制度審議会の答申	第121回国会の海部内閣案	第126回国会の自民党案	第126回国会の社公案	第128回国会の細川内閣案	第128回国会の自民党案	第128回国会の修正政府案	第129回国会の最終妥協案
方式	小選挙区比例代表並立制	小選挙区比例代表並立制	単純小選挙区制	小選挙区比例代表併用制	小選挙区比例代表並立制	小選挙区比例代表並立制	小選挙区比例代表並立制	小選挙区比例代表並立制
定数配分	小選挙区301、比例代表200	小選挙区300、比例代表171	小選挙区500	総定数500（小選挙区200）	小選挙区250、比例代表250	小選挙区300、比例代表171	小選挙区274、比例代表226	小選挙区300、比例代表200
比例代表の区域	11ブロック	全国	—	12ブロック	全国	都道府県	全国	11ブロック
投票方式	自書式2票制	自書式2票制	記号式1票制	自書式1票制2記載	記号式2票制	記号式1票制	記号式2票制	記号式2票制

出所：佐々木毅編『政治改革1800日の真実』講談社、1999年、454、458、465ページの表より著者作成。

冷戦の終焉などを受けて、多数決に基づく政治的リーダーシップの確立が説かれ、その手段として小選挙区制の導入が位置づけられた。

小沢が目指したのは、「権力を民主主義的に集中し、その権力をめぐっての競争を活性化する」ことである。すなわち、勝者総取りの小選挙区制を導入して、選挙での政党間の競争を強めるとともに、政権を獲得した政党の党首兼首相に権力を集中する。小選挙区制は、候補者の公認権を持つ党執行部の権力を強めるが、それに加えて政府について首相官邸の権限を強化する。

ここでのモデルは、イギリスの二

党制であった。小沢は同書で、比例代表制を伴わない単純小選挙区制の導入が最善だと言い切った。[8]

2 二大政党化の進展と政権交代

小選挙区制か、比例代表制か

小沢が『日本改造計画』を出版した一九九三年、前年に発覚した東京佐川急便事件などを背景に、政治改革の機運が再び高まっていた。ところが、小選挙区制か比例代表制かをめぐって与野党が正面から対立した。[9]

宮沢喜一内閣の下、自民党は比例代表制を伴わない単純小選挙区制を盛り込む政治改革関連法案を提出した。勝者総取りの小選挙区制は最大政党に有利であり、抜本的な選挙制度改革をする場合、党内で賛成が多かったからである。中選挙区制を維持したい議員にとっても、単純小選挙区制は野党が強く反対し、かつ野党が参議院で過半数を占める「ねじれ国会」が一九八九年以来続いている以上、実現可能性が乏しく、その意味で賛成することが可能であった。

他方、社会・公明両党はドイツの連邦議会が採用している小選挙区比例代表併用制を提案した。これは基本的に比例代表制であり、穏健な多党制をもたらすことが期待された。さらに、社公民三党による野党連合政権を樹立し、自民党長期政権を打破するという従来の政権獲得戦略にも沿うものであった。

ここで並立制や併用制といった小選挙区比例代表混合制の違いについて、若干の説明を加えておきたい。

自民党の「政治改革大綱」に盛り込まれ、海部内閣が実現しようとした並立制は、総定数の一定部分を小選挙区、残りを比例代表に割り当て、基本的に別々に選挙を行う制度である。有権者が二票持ち、小選挙区と比例代表のそれぞれに一票ずつ投じる二票制のほか、有権者が小選挙区の一票しか持たず、それを比例代表の票に読み替える一票制もある。併用制よりも並立制の方が、そのなかでも二票制よりも一票制の方が、小選挙区制に近い効果を有するということができる。

他方、併用制では、有権者は二票持ち、比例代表を政党に、小選挙区を候補者に一票ずつ投じるが、基本的に比例代表の得票率に応じて各政党に議席が配分される。その際、小選挙区の当選者に優先して議席を割り当て、残りの議席を比例代表の名簿から決めるという手順がとられる。したがって、小選挙区の当選者が多い政党に、比例代表での配分を上回る超過議席が生じる場合がある。

以上のように、小選挙区制か、比例代表制かをめぐって与野党が対立するなか、民間の政治改革推進協議会（民間政治臨調）が、小選挙区比例代表連用制を提案した。連用制は、並立制に類似しており、その一種ともいえるが、比例代表の議席を配分する際、小選挙区の議席が少ない政党が優遇されるように計算する選挙制度であり、並立制と併用制の中間的な性格を持っていた。

結局、社会・公明両党などの野党は連用制まで歩み寄りをみせたが、自民党は妥協を拒んだ。当時、自民党は参議院で過半数の議席を持たず、政治改革を実現するには野党と妥協せざるを得なかったから、それは政治改革の断念を意味した。

政治改革の実現

ところが、宮沢内閣が政治改革を断念したことを受けて、自民党の小沢元幹事長ら羽田孜派が野党提出の内閣不信任決議案に賛成し、可決された。さらに、自民党の「政治改革大綱」の作成にあたった武村正義ら若手改革派が自民党を離党して新党さきがけを、次いで羽田派が新生党を結成する。自民党は新自由クラブが結成されて以来の分裂に見舞われ、この時点で衆議院の過半数の議席を割り込んだ。

衆院選の結果、一年前に結成されていた日本新党を含む三つの新党が躍進し、自民党は最大政党の地位を守ったものの、過半数の議席を回復できなかった。キャスティング・ボートを握った日本新党とさきがけは、小選挙区比例代表並立制の導入を柱とする「政治改革政権の提唱」を行い、それに賛同する政党と連立を組むことを発表した。政権交代を実現したい新生党や社会・公明・民社などの野党はこれを受け入れ、最終的に細川を首相とする非自民連立政権が成立した。

日本新党とさきがけは「政治改革政権の提唱」で、比例代表制を基調とする併用制ではなく、小選挙区と比例代表の選挙を別々に行う並立制を唱えた。日本新党の細川代表は中選挙区制を維持しつつ複数の候補者に票を投じられる中選挙区連記制の導入を考えていたが、かつて自民党の「政治改革大綱」の作成にあたった武村さきがけ代表が主張する並立制を採用したのである。しかし、その内容は社会党と同じく穏健な多党制を目指すものであり、定数配分が小選挙区二五〇、比例代表二五〇とされた。

実際、細川内閣は成立後、日本新党、さきがけ、社会党の意見に基づき、小選挙区二五〇、比例代表二五〇、二票制、全国単位の比例代表など、比例代表の比重が相対的に高い並立制を盛り込む政治改革関連法案を作成した。新生党の小沢代表幹事は、小選挙区三〇〇、比例代表二〇〇、一票制などを求めたが、退けられた。細川首相は、国会でも穏健な多党制を目指す考えを示している。

ところが、連立与党は、並立制の枠内で小選挙区のウェイトを高めたい自民党に譲歩せざるを得なかった。政党政治のルールを変える選挙制度改革はなるべく多くの党派の合意を得て進めなければならないという規範に加え、連立与党で最大の社会党の内部に並立制の導入に反対する勢力が強固に存在しており、政治改革を実現するには自民党内の改革派の協力を取り付けなければならなかったからである。

まず細川首相と自民党の河野洋平総裁の一回目のトップ会談での提案に従い、連立与党は定数配分を小選挙区二七四、比例代表二二六に改めた。一九九四年に入って、参議院本会議で社会党から造反者が続出し、政府案が否決されたことを受けて、二回目のトップ会談が行われ、二票制を維持しつつも、小選挙区三〇〇、比例代表二〇〇、一一ブロック単位の比例代表という内容の小選挙区比例代表並立制の導入が合意された。最終的にこの年の三月四日、政治改革関連四法改正案が成立した。

政党助成制度の導入や企業・団体献金への制限強化といった政治資金制度改革も盛り込まれたが、最大の眼目であった選挙制度改革については、おおむね海部内閣の際の政府案に近似した小選挙区比例代表並立制が導入されたといえる。単純小選挙区制ではなく、小選挙区比例代表混合制が採用されたとはいえ、そのなかでは小選挙区制に近い内容になったのである。

このような比例代表制に対する小選挙区制の優位は、小選挙区での落選者が比例代表で復活当選できる重複立候補制度が導入されたことによっても強められた。すなわち、政党は比例代表の名簿で小選挙区との重複立候補者を同一順位に置くことができ、その当選者は惜敗率（落選者の得票数を同一選挙区の当選者の得票数で割った値）で決められる。そこでは、比例代表が小選挙区に従属してしまう。

小選挙区制への傾斜と二大政党化

政治改革が実現すると、細川内閣を支える非自民連立の枠組みは急速に瓦解し、短命に終わった羽田内閣を経て、村山富市社会党委員長を首相とする自民党・社会党・さきがけの三党連立政権が成立した。しかし、自民党の政権復帰は、五五年体制の復活を意味しなかった。これ以降も小沢一郎のイニシアティブの下、日本政治は小選挙区制と二党制という組み合わせに接近していくことになる。

まず自社さ政権の成立から半年後の一九九四年一二月一〇日、新生・公明・日本新・民社の各党に自民党の離党者などが合流して、新進党が結成された。その最高実力者として幹事長に就任したのは、小沢であった。小選挙区制を中心とする選挙制度が導入されたことを受けて、二大政党化が進展したのである。

ところが、新進党は様々な政党が合流した寄り合い所帯という弱点を持っていた。幹事長から党首に転じた小沢一郎の強引な運営に対する反発に加え、公明党が参議院議員の一部と地方議員を合流させなかったことが、求心力を減退させた。新進党は、一九九六年の衆院選で敗北を喫し、政権交代を実現する見通しを失うと、翌年末に解党を決め、小沢が党首を務める自由党など六つの政党に分裂してしまう。自民党の「一強多弱」状態が、いったん生まれたのである。

しかし、二大政党化の傾向は止まらなかった。一九九六年の衆院選の直前、自民・新進両党に対抗すべく、穏健な多党制を目指した社会党（社民党）とさきがけの国会議員を中心として、民主党が結成されていた。ところが、新進党が解党すると、民主党はそこから分かれた民政党や新党友愛と合流し、一九九八年の参院選の直前、二大政党の一角を占めるべく、新たに民主党が結成された。その背景には、小選挙区制を中心とする選挙制度の圧力が存在していた。

他方、民主党に合流しなかった自由党は、この参院選で大敗した自民党と翌年、連立政権を樹立する。その際、小沢は衆議院の比例代表の定数を五〇削減することを要求し、受け入れさせた。その後、公明党が連立に加わる段階で、現行の小選挙区三〇〇、比例代表二〇〇の定数配分に応じた削減数として、小選挙区三〇、比例代表二〇、合計五〇と算出した上で、比例代表二〇の削減を先行する案が合意された。

二〇〇〇年二月二日、改正公職選挙法が成立し、衆議院の選挙制度が小選挙区三〇〇、比例代表一八〇の並立制となった。結局、小選挙区三〇の削減については棚上げされ、衆議院の選挙制度は小選挙区制に一層近づくことになった。

さらに、同年に自民党との連立を解消した自由党は二〇〇三年、野党第一党の民主党に合流する。この小沢代表の決断に基づく民由合併によって、民主党は二大政党の地位を固めた。その効果は、すぐに現れた。同年の衆院選で自民党が伸び悩む一方、民主党が躍進し、二大政党化の傾向が顕著になった。二〇〇五年の郵政選挙で民主党は自民党に大敗を喫したが、その翌年、小沢が代表に就任し、二〇〇七年の参院選に勝利することで、民主党は政権交代に近づいた。

民主党への政権交代

民主党が四八〇議席中三〇八と圧勝し、政権を獲得した二〇〇九年の衆院選は、日本政治史上、画期的なものとなった。自民党が下野しながらも最大政党の地位を保った一九九三年の衆院選とは違い、自民党から民主党へ二大政党間の本格的な政権交代が実現したからである。それは、一九九四年の政治改革を背景として進展した二大政党化が頂点を迎えた瞬間であった。

実際に成立したのは、民主党の単独政権ではなく、社民党および国民新党との連立政権であったが、民社国政権ではなく民主党政権と呼ばれた。いよいよ日本でもイギリスと同じ二党制が成立したのではないかという認識が広汎に存在したためである。確かに、勢力比をみても、民主・社民・国民新の三与党を合計した議席数のうち、民主党は衆議院で九六・九%、参議院でも九一・五%と圧倒的な割合を占めていた。それゆえ、民主党は単独政権かのように振る舞ったのである。

衆院選ごとの二大政党の合計の議席占有率をみてみよう。五五年体制の末期、自民党と社会党は合わせて、一九八六年に七五・二%、九〇年に八〇・三%の議席を占めていた。自民党が分裂した九三年に五七・三%まで、いったん低下する。ところが、その後、上下動を伴いながらも基本的に上昇を続け、二〇〇三年には自民・民主両党で八六・三%、〇九年には八九・〇%の議席を占有した（1―③）。

同様のことは、有効政党数のデータからも裏づけられる。有効政党数とは、それぞれの政党の相対的な規模を考慮に入れつつ政党システムを規定する政党数を示す指標であり、各政党の議席率あるいは得票率を二乗して合計した値の逆数として計算される。ここでは得票ではなく議席についてみよう。

1-③　衆院選の二大政党の議席占有率の推移（1980〜2017年）

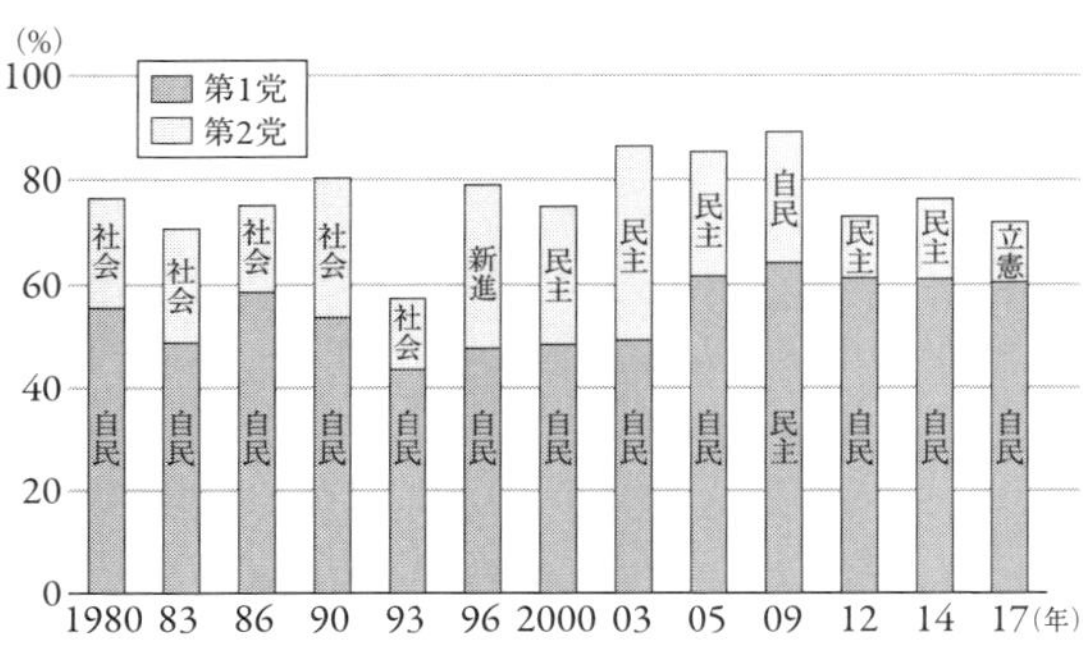

出所：総務省ウェブサイトより著者作成。

衆議院の有効政党数は、五五年体制末期の一九八六年が二・五八、九〇年は二・七一であった。それが自民党の分裂を背景として、九三年には四・二〇まで上昇した。その後、上下動を伴いながら下降傾向を辿り、二〇〇三年に二・五九、〇九年には二・一〇まで低下した。数字の上でも二党制にかなり近づいたことが分かる（1―④）。

もちろん、この二大政党化の原因には、小選挙区制を中心とする選挙制度が存在していた。小選挙区制が二党制をもたらすという「デュベルジェの法則」である。ただし、厳密にいえば、デュベルジェが指摘した機械的自動的要因や心理学的要因が直接的に作用したというよりも、それを予期した第三党以下が二大政党のいずれかに合流する戦略的行動をとることによって引き起こされた。一九九八年の新たな民主党の結成や二〇〇三年の民由合併は、その

1-④　衆参両院の議席での有効政党数の推移（1986〜2017年）

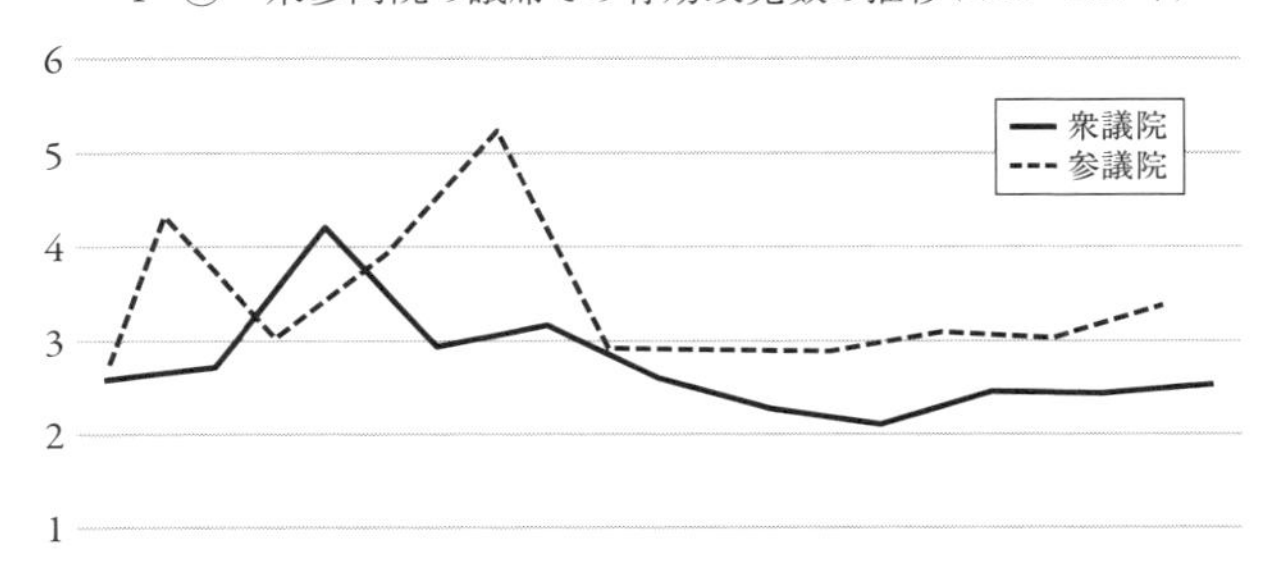

出所：総務省ウェブサイトより著者作成。

代表的な例である。

小選挙区制の申し子として二大政党の一角を占め、政権交代を実現した民主党は、衆議院の選挙制度を一段と小選挙区制に近づけようとした。二〇〇九年衆院選の民主党のマニフェストには、比例代表の八〇削減が盛り込まれた。それが実現した場合、小選挙区三〇〇、比例代表一〇〇という定数配分の並立制になるはずであった。

3　多党化と自民党「一強」

失敗した民主党というプロジェクト

政権交代を実現した民主党の政治手法の代名詞はマニフェストであり、政治主導であった。いずれもイギリスをモデルとして導入されたものであり、次のような二党制を前提とするサイクルが想定されていた。

まず二大政党が衆院選でマニフェストを掲げつつ、政権の獲得を目指して競争する。次に有権者がマニフェストに基づいて政権を担うべき政党を選択し、投票を行う。この政権選択選挙で勝利した二大政党の一つが単独政権を樹立し、首相を中心とする内閣の政治主導によって、有権者との契約たるマニフェストを断行する。かくして、有権者が求める政策が実現される。

このように、数値目標などを盛り込む政権運営のための具体的な政策パッケージであるマニフェストは、二党制下の政権交代を前提としていた。マニフェストには「政権公約」という名称が付けられたが、二党制では単独政権が樹立されるため選挙後の連立合意が不要となり、選挙公約をそのまま実行できるという認識に基づいていた。だからこそ、小選挙区制の申し子たる民主党は、自由党と合併した二〇〇三年以降、率先してマニフェストを導入し、二〇〇九年衆院選でも前面に掲げて戦ったのである。

小選挙区比例代表並立制の下で二大政党の一角を占めるべく、自民党から民社党や社会党に至る出身議員が合流して結成された民主党は、理念を曖昧にせざるを得なかった。そこで、理念の代替物として党の一体性をもたらす機能を果たしたのが、政権運営のための政策パッケージとしてのマニフェストであった。

以上のように、マニフェストは民主党というプロジェクトの中核に位置していた。そして、二〇〇九年衆院選の民主党のマニフェストは、四年間の政権担当期間のうちに、無駄の排除や埋蔵金の活用などで一六・八兆円の財源を捻出し、月額二万六〇〇〇円の子ども手当、ガソリン税の暫定税率の廃止などに充てることを柱とした。政権選択選挙で問われるのはマニフェストであり、それゆえ国民との契約という位置づけが与えられた。

ところが、鳩山政権は予定されていた財源を捻出できず、暫定税率の廃止などを早々に断念せざるを得なかった。ギリシア危機を背景に日本の財政への懸念が広がると、後継の菅首相はマニフェストに明記されていなかった消費増税を打ち出す。このマニフェスト違反は、二〇一〇年参院選での民主党の敗北をもたらすとともに、その是非をめぐる党内対立を引き起こした。最終的に消費増税を決定した野田内閣の下、小沢らが離党に踏み切り、民主党は大きく分裂する。

マニフェストとともに民主党の政治手法の中核に位置した政治主導も、政務三役による政策決定が官僚との摩擦を生じさせ、民主党政調会の廃止については政府の役職に就いていない党所属議員の不満を巻き起こすなど、深刻な機能不全に陥った。社民党との連立解消が鳩山内閣の総辞職につながったことを含め、二党制を前提とする民主党というプロジェクトそのものが、うまく作動しなかったのである。

多党化への逆行

二〇〇九年衆院選で頂点を迎えた二大政党化は、民主党政権の失敗を背景に逆回転を始める。二〇一二年の衆院選では、それまで民主党に結集してきた非自民勢力で多党化が顕在化し[11]、主に三つの「第三極」が登場した。

その一つ目は「日本未来の党」である。消費増税を含む「社会保障と税の一体改革」に反対して小沢一郎らが民主党を離れ、「国民の生活が第一」という名称の政党を結成していたが、これが中心となって創設された。ところが、同党はこの衆院選で改選前の六一議席を九議席まで減らし、民主党に打撃を与えるだけの結果に終わった。

二つ目が「みんなの党」である。二〇〇九年の衆院選の直前、自民党出身の渡辺喜美を代表として結成され、一〇年の参院選で民主・自民両党に次ぐ第三党に浮上していたが、一二年の衆院選では改選前の八から一八に議席を増やした。

最も重要なのが、三つ目の「日本維新の会」である。大阪府知事・市長を務めた橋下徹を代表とする地域政党の「大阪維新の会」を母体に創設された同党は、一二年の衆院選で五四議席を獲得した。これは民主党の五七議席に肉薄する数であり、特に比例代表では三〇議席にとどまった民主党を上回る四〇議席を得た。みんなの党と合流していれば、合計でも民主党を凌駕し、野党第一党に躍り出たことは間違いない。

以上みたように「第三極」が登場し、非自民勢力の多党化が進み、民主党を含む選挙協力を行えなかったことは、自民党に有利に作用した。この衆院選で自民党の得票率は必ずしも十分には回復せず、政権を失った前回と比べて、小選挙区が三八・七％から四三・〇％に、比例代表に至っては二六・七％から二七・六％に上昇したにすぎなかった。それにもかかわらず、自民党は四八〇議席中二九四と圧勝し、公明党との連立政権が復活したのである。

その後、翌一三年の参院選では、日本維新の会、みんなの党といった「第三極」が伸び悩む一方、従来の二大政党化のなかで低迷を余儀なくされていた共産党が、改選前の三議席を八議席に伸ばした。一四年の衆院選でも、共産党は公示前の八議席から二一議席に躍進を遂げた。こうしたなか、政権運営の失敗から立ち直れない民主党は、維新と共産党の間で翻弄されることになる。

多党化が進む野党の間では、それを打開すべく、結集に向けた動きもみられた。民主党は二〇一六年の参院選の直前、日本維新の会とみんなの党の流れを汲む「維新の党」と合併し、民進党を結成するとともに、共産党を含む野党共闘を進め、一人区を中心に候補者調整を行い、一定の成果を上げた。

さらに、民進党は前原誠司代表の下、二〇一七年の衆院選に際して、東京都知事の小池百合子が結成した「希望の党」への合流を決断する。しかし、それは一面では共産党との野党共闘を否定するものであり、枝野幸男らが合流を拒否して立憲民主党を結成した。民進党は大きく分裂し、目論見に反して多党化の流れが強まる結果となった。

以上みたように、二〇一二年の衆院選を契機として、それまでの二大政党化は逆転してしまった。二大政党の合計の議席占有率は、二〇〇九年の八九・〇%から七五%前後に低下した。また、衆議院の議席に関する有効政党数も、〇九年の二・一を底として二・五前後で推移している。

自民党「一強」の復活

民主党政権が崩壊した二〇一二年の衆院選以降、自民党の「一強」状態という言葉が頻繁に用いられるようになった。実際、安倍晋三総裁が率いる自民党は、二〇一二年の衆院選を皮切りに、一三年参院選、一四年衆院選、一六年参院選、一七年衆院選と、国政選挙で異例の五連勝を続けている。

自民党の「一強」状態が生じた原因の一つは、前述した野党の多党化である。しばしば「一強多弱」と呼ばれるのは、たんなる事実の描写にとどまらず、自民党「一強」が「多弱」の野党によって支えられる関係を指している。

衆議院の選挙制度をみると、依然として小選挙区優位の小選挙区比例代表並立制が続いている。二〇一二年の法改正で小選挙区の定数が五減少し、一六年には小選挙区が六、比例代表が四削減された結果、小選挙区が二八九、比例代表が一七六の並立制となっている。かつてに比べると、比例代表の比重が若干高まったものの、小選挙区の優位は全くといっていいほど変わっていない。

勝者総取りの小選挙区制は、本質的に最大政党に極めて有利な選挙制度である。だからこそ、「デュベルジェの法則」が作用し、第三党以下が二大政党のいずれかに合流する戦略的行動をとり、二党制に向かうのであるが、そのような行動がとれない場合、最大政党に過大な議席が配分され続ける結果となる。振り返れば、五五年体制下で社会党をはじめとする野党が自民党の長期政権につながることを危惧して小選挙区制の導入に反対したのも、同じ理由からであった。

自民党の「一強」状態のもう一つの原因は、民主党政権の失敗に対する有権者の失望である。二〇〇九年衆院選での民主党の大勝は、〇五年の衆院選で小泉純一郎首相の郵政民営化を支持した無党派層が、政権交代に期待を寄せたことによって起きた。[12]だが、マニフェストを実現できなかったことをはじめ、民主党は政権運営に失敗したとみなされ、全くといっていいほど無党派層の「風」が吹かなくなった。

実際、衆院選の投票率は二〇一二年以降、大幅に低下している。具体的にみると、〇九年に六九・二八％を記録した投票率は、一二年に五九・三二％、一四年に五二・六六％、一七年に五三・六八％と低迷を続けている。一七年の衆院選の際、民進党は「風」を求めて希望の党への合流を決めたが、小池百合子代表の「排除」発言などで逆風に変わり、失敗に終わった。

このように投票率が低ければ、固定票を多く持つ政党が有利になる。自民党は、所属議員の個人後援会と各種の友好団体を通じて集票活動を行うとともに、創価学会を支持母体に持つ公明党と緊密な選挙協力を行っている。自民党が勝利を続けているのは、このようにして得られる固定票の分厚さゆえである。

もっとも、五五年体制のような自民党一党優位政党制が復活したとは言い難い。首相指名選挙で優越する衆議院についてみると、連続する四回の選挙で一つの政党が過半数の議席を一貫して獲得するというサルトーリの定義を満たしていない。また、参議院に関しては、二〇一六年になって初めて自民党単独で過半数の議席を確保したにすぎない。しかも、自民党が国政選挙で勝ち続けているのは、あくまで公明党との選挙協力の結果である。[13]

幻に終わった二党制

以上、一九九三年に五五年体制が崩壊した後、二〇一二年の民主党政権の崩壊を契機として、日本政治のトレンドが二大政党化から多党化に転換し、自民党の「一強」状態に陥っていくプロセスをみてきた。

確かに、小選挙区制を中心とする選挙制度の下、二大政党化の傾向は依然として存在する。二〇〇九年の政権交代に至るまで民主党が二大政党の一角として台頭しただけでなく、二〇一二年以降の多党化のなかでも野党結集の動きが繰り返しみられる。とはいえ、二党制からは程遠い状況が続いている。

そもそもポスト五五年体制の時期を通してみても、「一強多弱」は一時的なものではなく、常態とみなしうる。以下、二つの理由を挙げておきたい。

第一の理由は、中小政党の残存である。その一つのタイプは、五五年体制以来存続している組織政党であり、代表例としては公明党と共産党が挙げられる。両党とも多数の党員や地方議員を抱え、機関紙の発行部数に象徴されるように強固な党組織を誇り、財政的にも潤沢である。それゆえ当面、消滅することは考えられない。また、社会党の系譜を引く社民党も、生き残っている。

もう一つのタイプは、無党派層の支持を背景とする新党である。相次いで登場した日本維新の会や希望の党が、その代表例であろう。重要なのは、民主党が維新の党と合併して民進党を結成し、その民進党が希望の党への合流を決めるなど、野党第一党がこうした新党と合従連衡を繰り返し、極めて流動的になっていることである。現在のところ、安定的な二党制が成立する見通しはない。

多党化の傾向が顕著なのは、衆議院よりも参議院である。三年ごとの半数改選で実施される参議院の選挙制度は、一つの選挙区から一〜六人を選出する選挙区選挙（改選数七三）と全国単位の比例代表選挙（改選数四八）の混合制である。三二の一人区が勝敗の鍵を握るが、衆議院に比べると、得票率と議席率の乖離が少ないという意味で、比例性が高いのが特徴である。

実際、参議院では衆議院よりも二大政党の議席占有率が低く推移してきた。五五年体制が崩壊して以降、二〇一七年までの平均は、衆議院が七九・五％であるのに対して、参議院は七二・四％と低い。同じく有効政党数をみると、衆議院は二・五六であるが、参議院は三・四二と多い（1─⑤）。

ところで、「一強多弱」を常態とみなしうる第二の理由は、自民党がほとんどの期間、政権を握っていることである。五五年体制が崩壊した後、二五年以上が経過したが、自民党が下野していたのは、細川・羽田両内閣、つまり非自民連立政権の一一カ月と、鳩山・

1-⑤　参院選（改選）の二大政党の議席占有率の推移（1980〜2016年）

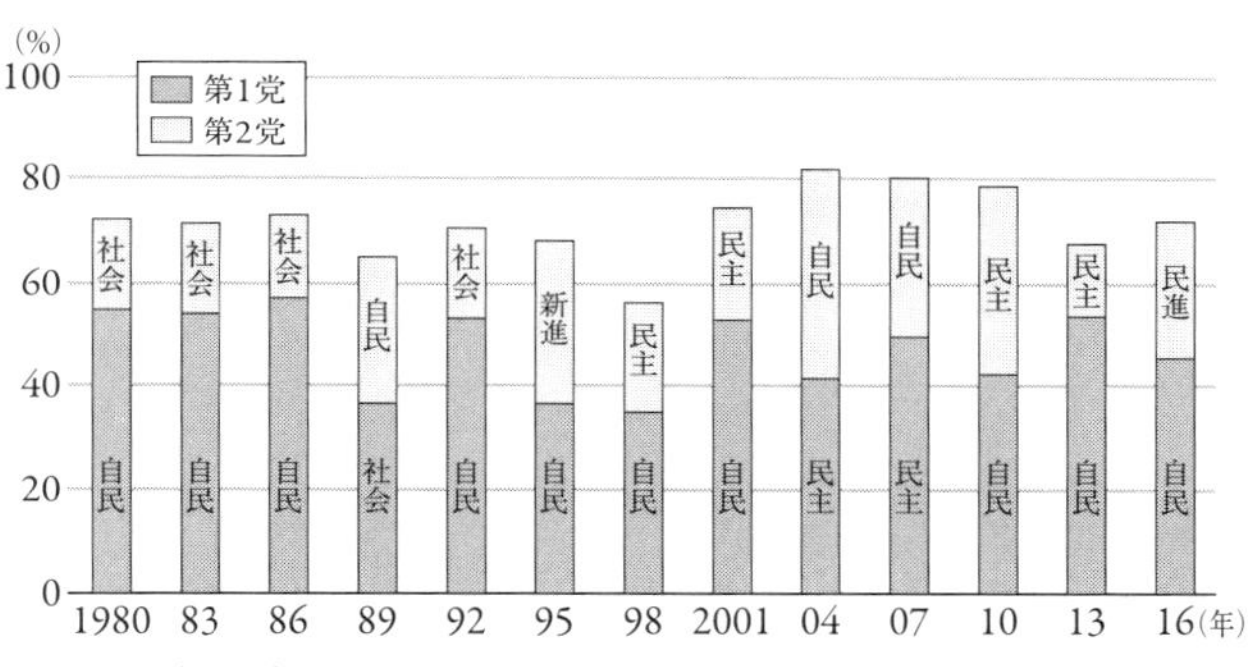

出所：総務省ウェブサイトより著者作成。

菅・野田内閣の民主党政権の三年三カ月にすぎない。

また、かつての五五年体制下の実績を含め、自民党は恒常的に政権担当能力を有する唯一の政党として有権者から評価されている[14]。

ただし、この間、自民党が与党の座にあった二一年あまりのうち、単独で衆議院の過半数の議席を保持していたのは、おおよそ一六年間にとどまる。参議院についてみると、自民党が単独過半数を確保したのは、二〇一六年以降にすぎない。実に二七年ぶりのことであった。したがって、自民党はほとんどの期間、公明党などと連立政権を作ってきた。つまり、自民党が他の全ての政党を圧倒的に引き離す議席を獲得しているとしても、かつてと同じ自民党一党優位政党制が復活したとはいえない。

いずれにせよ、多党制という点でも、自民党の優位という点でも、二党制は戦後日本では実在したことがない。そうした意味でも「神話」なのである。

4　日本とイギリスの違い

イギリスの二党制

日本政治はなぜ二党制から乖離しているのか。近藤康史や高安健将の著書を参照しつつ、そのモデルとされるイギリスとの比較から考えたい。[15]

イギリスにおける二党制の歴史は古い。一六八八年から翌年にかけての名誉革命の前後から、王党派のトーリー党とそれに反対するホイッグ党の対立が顕著となり、それが保守党と自由党の二党制につながったとされる。さらに、二〇世紀に入り、自由党と入れ替わるように労働党が台頭し、第二次世界大戦後になると、保守党と労働党から構成される二党制が確立する。

もちろん、イギリス政治は、常に二党制であったわけではない。二大政党が保守党・自由党から保守党・労働党に移行する過程では一時的に崩れた。とはいえ、歴史的にみて、二党制がイギリス政治の顕著な特徴であることは間違いない。

なかでも第二次世界大戦後の保守党と労働党の二党制は、極めて安定していた。二大政

1-⑥　イギリス下院の二大政党の議席占有率の推移（1945～2017年）

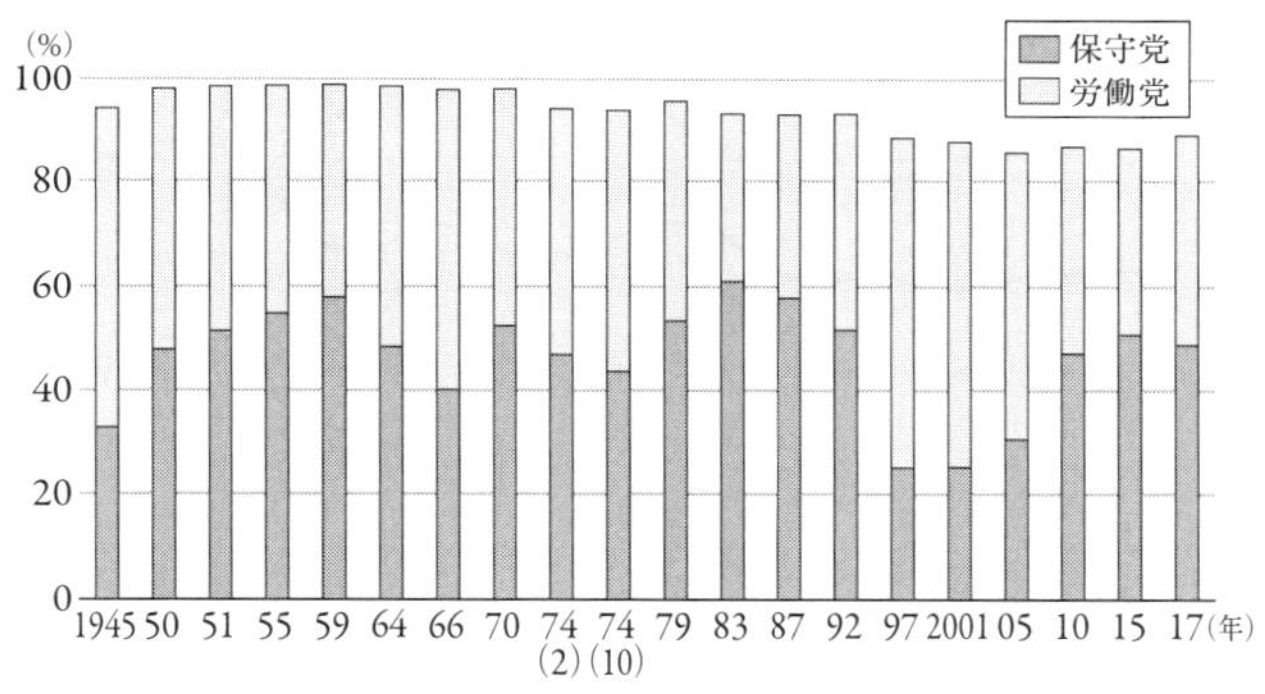

出所：イギリス議会ウェブサイトより著者作成。

党の議席占有率は、一九七〇年まで実に九五％を超えていた。一九九七年の総選挙から九〇％を下回るようになるが、それでも二〇一七年の総選挙に至るまで八五％を切ることは皆無であった。二〇〇〇年代以降の平均でみると、イギリスが八七・一％であるのに対して、日本は七九・六％である（1―⑥）。

総選挙ごとの議席に関する有効政党数の推移をみると、イギリスのそれは一九七〇年までは二前後で安定的に推移していた。その後、とりわけ二〇〇五年以降、上昇傾向をみせ、二〇一〇年には二・五八を記録している。二〇〇〇年代以降の平均でみると、イギリスが二・四五であるのに対して、日本は二・五一である（1―⑦）。

有効政党数の差が日英両国で大きくないのは、イギリスに比べて日本では最大政党の議席率が高

1-⑦　イギリス下院の議席での有効政党数の推移（1945〜2017年）

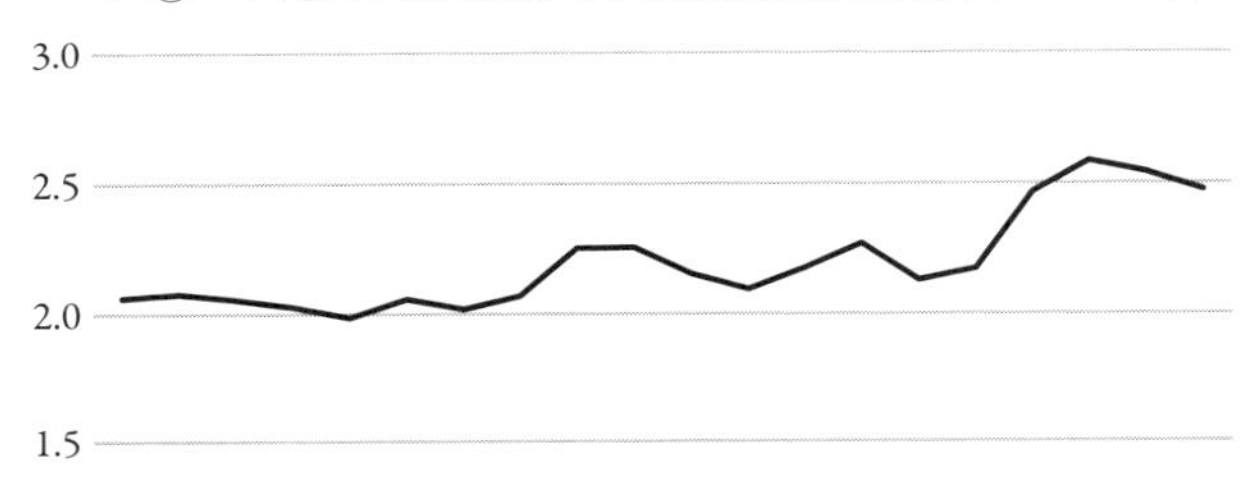

出所：イギリス議会ウェブサイトより著者作成。

いからである。二〇〇〇年以降の総選挙で最大政党が獲得した議席率の平均は、イギリスが五三・〇％であるのに対して、日本は五八・一％である。最大政党に有利な小選挙区制の効果が、日本では顕著に表れているといえよう。後述するように、これは安全議席の少なさ（特に非自民勢力）が大きな原因になっていると考えられる。

確かにイギリスでも近年、多党化の傾向がみられる。中道に位置する自由党の後身の自由民主党に加え、新たな「第三極」が登場している。そのうち重要なのは、イギリスのEU離脱の国民投票で勝利した欧州懐疑主義のイギリス独立党（UKIP）と、民族主義で社会民主主義的な色彩を持つ地域政党のスコットランド国民党の二つである。

しかし、これらの「第三極」は、保守党と労働党の二大政党の地位を脅かすまでには至っていない。

特にイギリス独立党は、二〇一七年の総選挙で大きな敗北を喫した。二〇一二年衆院選で日本維新の会が民主党に肉薄し、一七年衆院選では民主党の後継政党たる民進党が希望の党への合流を決めたことを契機に空中分解してしまった日本とは、大きく異なる。

保守党・労働党の二党制が揺らぎをみせつつも持続しているイギリスに比べると、日本は以下の二点で異なる。第一に、中小政党が相対的に強く、多党制に近いことである。第二に、二大政党のうち自民党が優位にあり、非自民勢力が脆弱なことである。このことは、政権の構成をみると、より明確になる。

単独過半数内閣と政権交代

イギリスは戦後、二〇一〇年代に入るまで、単独過半数内閣を継続してきた。唯一の例外は、一九七四年二月一〇日の総選挙である。労働党が第一党になったものの、過半数に達せず、ハング・パーラメント（宙づり議会）となり、少数派政権が樹立された。しかし、八カ月後に解散・総選挙が実施され、労働党が改めて単独過半数内閣を作った。少数派政権は例外にとどまったといえる。

二大政党間の定期的な政権交代も、イギリス政治の特徴である。戦後、二〇一〇年代に入るまでをみると、一九四五年からの労働党政権、五一年からの保守党政権、六四年からの労働党政権、七〇年からの保守党政権、七四年からの労働党政権、七九年からの保守党政権、九七年からの労働党政権というように、存続期間の長短はあるものの、振り子のように保守・労働両党が交互に政権を担当してきた（1―⑧）。

なかでも九七年の保守党から労働党への政権交代は印象的であった。保守党は一九七九年以来、連続する四回の総選挙で勝利を収め、マーガレット・サッチャーからジョン・メージャーへと一八年間も政権をつないできた。保守党の一党優位政党制が成立したという評価すらなされるなか、トニー・ブレア率いる労働党は党改革を推し進め、政権を奪取することに成功した[16]。

一九九七年のイギリスの政権交代は、日本政治にも大きな影響を与えた。その前年に結成された民主党は、労働党の復活が刺激となって、比例代表制と穏健な多党制に特徴づけられるドイツや北欧諸国よりも、小選挙区制と二党制を中核とするイギリスのウェストミンスター・モデルを指向するようになった。その結果が、九八年の旧新進党の諸政党との合流による新たな民主党の結成であった。

イギリス政治には近年、変化もみられる。二〇一〇年代に入って、単独過半数内閣の樹立が困難になっていることは、最大の変化である。まず二〇一〇年の総選挙で、保守党は第一党になりながらも過半数の議席を得られず、労働党から政権を奪還したとはいえ、こ

1-⑧　イギリスの歴代政権（1945〜2019年）

発足日	首相	与党	政権の構成
1945年7月26日	クレメント・アトリー	労働党	単独政権
1951年10月26日	ウィンストン・チャーチル	保守党	単独政権
1955年4月6日	アンソニー・イーデン	保守党	単独政権
1957年1月10日	ハロルド・マクミラン	保守党	単独政権
1963年10月19日	アレック・ダグラス＝ヒューム	保守党	単独政権
1964年10月16日	ハロルド・ウィルソン	労働党	単独政権
1970年6月19日	エドワード・ヒース	保守党	単独政権
1974年3月4日	ハロルド・ウィルソン	労働党	少数派政権 →単独政権
1976年4月5日	ジェームズ・キャラハン	労働党	単独政権
1979年5月4日	マーガレット・サッチャー	保守党	単独政権
1990年11月28日	ジョン・メージャー	保守党	単独政権
1997年5月2日	トニー・ブレア	労働党	単独政権
2007年6月27日	ゴードン・ブラウン	労働党	単独政権
2010年5月11日	デーヴィッド・キャメロン	保守党	連立政権 →単独政権
2016年7月13日	テリーザ・メイ	保守党	単独政権 →少数派政権

出所：著者作成
注記：単独政権は単独多数派政権を意味する。

の総選挙で躍進した自由民主党と連立を組まざるを得なかった。これはイギリスにとって戦後初の連立政権であった。

二〇一五年の総選挙では、保守党が単独過半数を得たが、次の一七年の総選挙では、保守党が第一党になりながらも過半数の議席に達しなかった。結局、保守党は北アイルランドの保守系地域政党である民主統一党から閣外協力を取り付け、少数派政権を樹立した。戦後で二度目の少数派政権であるが、一九七四年の労働党政権のケースよりも存続期間が長くなっている。

この事実に示されるように、イギ

リスの二党制は動揺している。しかし、多党制に移行したとまではいいがたい。少なくとも、一九九三年の五五年体制崩壊後、連立政権が常態化し、かつ自民党を中心とする政権が大部分を占める日本と比較するならば、二党制としての性格がなおも顕著である。

日英の違い①——政治制度

以上にみてきた日本とイギリスの違いの原因はどこにあるのか。まず政治制度が異なっていることが挙げられる。

その一つは、日本で衆議院、イギリスでは庶民院と呼ばれる下院の選挙制度である。前述したように、日本では小選挙区制の比重が高いとはいえ比例代表制との並立制が採用されているが、イギリスは単純小選挙区制であり、定数六五〇の全てが小選挙区制によって行われている。

小選挙区制がイギリス全体で実施されるようになったのは、一八八五年以降である。その前後から比例代表制の導入を求める運動が展開されてきたが、小選挙区制の持続力は強い。二〇一一年には小選挙区制の枠内で有権者が投票の際に順位付けを行い、相対多数ではなく絶対多数（有効投票の過半数）で当選者を決める選択投票制の導入を問う国民投票が実施されたが、否決された。

イギリスの単純小選挙区制は、「デュベルジェの法則」を通じて、二党制を生み出す。近年、イギリスでは二大政党の合計の得票率が大幅に減少しており、二〇一七年の総選挙こそ八二・三%に回復したが、二〇〇五年以降、三回連続で七割を割り込んだ。それでも議席率では八五%を上回り続けている。この事実は、一面で二大政党に対する有権者の支持の空洞化を意味するが、もう一面では二党制の持続性を示している。

ただし、国政以外に目を転じると、イギリスでも小選挙区制ではない選挙制度が部分的に存在している。地方分権改革に伴って設置されたスコットランド議会とウェールズ議会では、追加議員制度と呼ばれる小選挙区比例代表連用制が採用された。また、ヨーロッパ議会選挙では、北アイルランドを除き、比例代表制が導入された。いずれも一九九九年のことであったが、これが国政に影響を及ぼし、近年の多党化の一因になっている。

また、小選挙区制が二党制をもたらすという「デュベルジェの法則」は、正確には選挙区単位でしか作用しないということにも注意を要する。とりわけスコットランド国民党のような有力な地域政党の台頭は、多党化を促進する効果が強い。

ところで、下院の選挙制度と並ぶ、もう一つの制度の違いは、上院である。両国とも二院制を採用しているが、日本では参議院、イギリスでは貴族院が設置されており、位置づけや権限、議員の選出方法などが異なっている。

戦前の貴族院を廃止して設置された日本の参議院は、国民の選挙によって選ばれる。首相の指名、法案の再可決、予算の議決、条約の承認などで衆議院の優越が憲法上定められているが、それ以外は両院が対等である。それに対して、イギリスの貴族院は非公選であり、聖職・一代・世襲の各貴族から構成され、民主的正統性に乏しい。したがって、庶民院の選挙権が拡張されたことを背景に、一九一一年を画期として貴族院に対する庶民院の優越が確立し、現在に至っている。

日本でも衆議院で可決された法案は、参議院で否決された場合、衆議院で三分の二以上の賛成で再可決すれば、成立する。その意味で衆議院は優越しているが、三分の二というハードルは非常に高い。それに対してイギリスでは、貴族院が否決したり、修正したりした場合でも、庶民院は一年以上の間を置いて二会期連続で法案を可決すれば、成立させることができる。もちろん、法案の棚上げ、修正、先延ばしなどにつながることもあるが、日本の参議院に比べると、イギリスの貴族院は権限が弱い。

円滑な政権運営の観点から、日本の与党は衆議院のみならず参議院でも多数派形成を余儀なくされる。しかし、前述したように、参議院は衆議院に比べて比例性が高く、より多党制的である。日本で連立政権になりやすい原因は、衆議院の選挙制度だけでなく、参議院の権限や選挙制度にも見出される。

日英の違い②——政党の支持基盤

日本の方が多党制的であることは、以上にみてきた政治制度からおおむね説明することができるが、自民党の優位については、それだけでは理解できない。そこで考えなければならないのが、支持基盤の問題である。

一般的にいって、政党システムを規定する要因として重要なのは、選挙制度とともに支持基盤である。セイモア・リプセットとステイン・ロッカンの著名な論文によると、ヨーロッパでは歴史的にプロテスタントとカトリック、国家と教会、支配的文化と周辺的文化、農業と工業、資本家・使用者と労働者といった社会的亀裂が発生した。一九二〇年代に生成したこうした社会的亀裂が、一九六〇年代に至るまで政党システムを規定してきた。いわゆる「凍結」仮説であり、イギリスもこの例に漏れない。[17]

ヨーロッパでも近年、社会の個人化が進展し、政党が特定の社会集団によって支えられる状況が崩れてきているが、それでもイギリスでは別の政党に議席が移る可能性が低い安全議席（セーフ・シート）が少なくない。民間団体の選挙改革協会は、二〇一〇年総選挙について総定数六五〇の五六・六％にあたる三六八議席が安全議席であり、その五一・六％の一九〇議席が保守党、四〇・八％の一五〇議席が労働党であったと推計している。地域的にはイングランド北東部や北アイルランドなどに多い。[18]

安全議席の計算は容易ではないが、日本についてみると、この点で自民党が優位を占めていることは間違いない。例えば、同じく大敗した衆院選の小選挙区の結果をみると、自民党は二〇〇九年に六四議席を得たが、民主党は二〇一二年に二七議席にとどまった。また、川人貞史は、大政党の得票率の変動が大きいことが日本の特徴であるが、自民党も一定のナショナル・スウィング（全国一律の振り子のような得票変化）にさらされてきたとはいえ、民主党のそれは驚くほど巨大であると分析している。[19]

自民党が全国的に安定した議席を得ているのに対し、民主党およびその後継政党は、北海道や愛知県など一部の地域で自民党に拮抗する議席を確保しているにすぎない。このことは、都道府県議会議員の党派別の構成をみると明らかである。一九九〇年代以降も自民党は一貫して五割前後の比率を維持している。それに対して民主党は、政権を握っていた二〇一一年の一六・七％がピークである。両党の支持基盤の厚みの違いは、三倍以上に達する都道府県議会議員数の差に如実に示されている（1―⑨）。

地域での非自民勢力の脆弱性には、地方議会の選挙制度が影響しているという主張もある。[20]例えば、都道府県議会の選挙制度は、基本的に都市部が大選挙区制、農村部が小選挙区制の混合であるため、農村部に強い自民党に有利に働く。自民党は相対的に弱い都市部

1-⑨ 都道府県議会の党派別議席率の推移（1989～2017年）

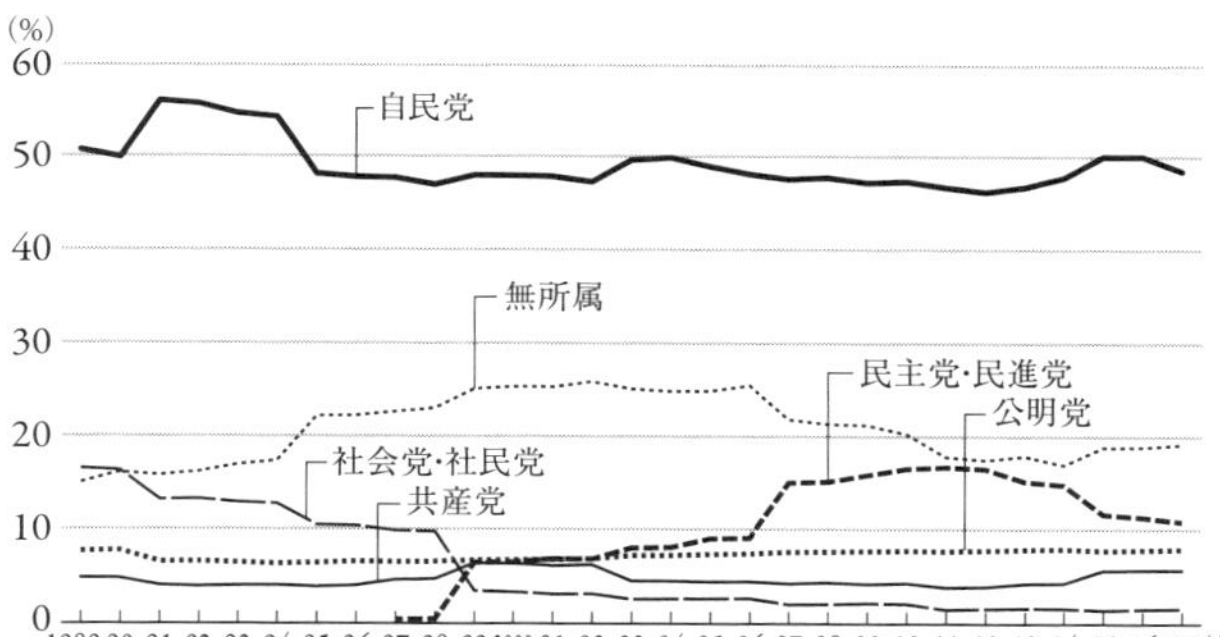

出所：総務省『地方公共団体の議会の議員及び長の所属党派別人員調等』各年版より著者作成。

で得票に比例的に議席を獲得できる一方、農村部では議席を独占できるからである。しかし、それが可能なのは、そもそも自民党が農村部を中心に強固な支持基盤を築いているためであり、選挙制度だけでは説明できない。

小選挙区比例代表並立制も、支持基盤の違いによって、異なる作用を政党に及ぼしていると考えられる。すなわち、支持基盤が厚く、かつ公明党と緊密な選挙協力を行う自民党は、小選挙区制の効果で過大な議席を得られるのに対して、支持基盤が弱体な民主党などは、無党派層からの集票に右往左往せざるを得ず、そこに比例代表制の効果が加わり、分裂を起こしがちになる。

1――ローレンス・C・ドッド（岡沢憲芙訳）『連合政

権考証』政治広報センター、一九七七年、二〇―二四ページ。
2――モーリス・デュベルジェ（岡野加穂留訳）『政党社会学』潮出版社、一九七〇年、第二部第一章。
3――ジョバンニ・サルトーリ（岡沢憲芙・川野秀之訳）『現代政党学（Ⅰ・Ⅱ）』早稲田大学出版部、一九八〇年。
4――前掲、ドッド『連立政権考証』二六八ページ。
5――篠原一『連合時代の政治理論』現代の理論社、一九七七年、飯坂良明・岡沢憲芙・福岡政行『連合政治への潮流』東洋経済新報社、一九七九年。
6――佐藤誠三郎・松崎哲久『自民党政権』中央公論社、一九八六年、一五ページ。T. J. Pempel, ed., *Uncommon Democracies*, Cornell University Press, 1990.
7――小沢一郎（インタビュー）「九〇年代政界再編はわが手で」（『中央公論』一九九〇年一月）一五五―一五八ページ。
8――小沢一郎『日本改造計画』講談社、一九九三年、第一部。
9――以下、中北浩爾『現代日本の政党デモクラシー』岩波新書、二〇一二年、第一―四章。
10――中北浩爾「マニフェスト」（前掲、日本再建イニシアティブ『民主党政権 失敗の検証』）。
11――川人貞史「小選挙区比例代表並立制における政党間競争」（『論究ジュリスト』第五号、二〇一三年）、増山幹高「小選挙区比例代表並立制と二大政党制」（『レヴァイアサン』第五二号、二〇一三年）。
12――田中愛治「自民党衰退の構造」（田中愛治ほか『二〇〇九年、なぜ政権交代だったのか』勁草書房、二〇〇九年）二―一一ページ。
13――前掲、中北『自民党――「一強」の実像』第四章。
14――山田真裕『二大政党制の崩壊と政権担当能力評価』木鐸社、二〇一七年。
15――以下、イギリス政治については、小堀真裕『ウェストミンスター・モデルの変容』法律文化社、二〇一二年、近藤康史『分解するイギリス』ちくま新書、二〇一七年、高安健将『議院内閣制』中公新書、二〇一八年。

16——今井貴子『政権交代の政治力学』東京大学出版会、二〇一八年。

17——Seymour M. Lipset and Stein Rokkan, "Cleavage Structures, Party Systems, and Voter Alignments," S. M. Lipset and S. Rokkan, eds., *Party Systems and Voter Alignments*, The Free Press, 1967, pp. 1-64.

18——Electoral Reform Society, "Do you live in a safe seat?," April 10, 2015. https://www.electoral-reform.org.uk/do-you-live-in-a-safe-seat/

19——前掲、川人「小選挙区比例代表並立制における政党間競争」八一—八五ページ。

20——砂原庸介『分裂と統合の日本政治』千倉書房、二〇一七年。

第二章

連立の政治学

1 連立形成の理論

連立政権とは何か

政治改革後の日本政治は、一時的に二大政党化が進みながらも、二党制にはならず多党制であり、その下で連立政権が基本的に続いてきた。まず、連立政権に関して若干の整理を行っておきたい。

多党制の下では複数の政党間で合従連衡、すなわち連合が繰り返されるが、それには三つのレベルが存在する。第一は、選挙である。例えば、衆議院の小選挙区や参議院の一人区では、複数の政党が相討ちを避けるため、候補者調整を行ったり、特定の候補者を一緒に支援したりといった選挙協力を実施する。

第二は、国会である。日本の国会は法案や予算案の議決が過半数、衆議院の法案の再可決が三分の二で行われるなど、会派の議席数が基本になって運営されている。与党が野党の一部を切り崩そうとするのに対して、野党は結束を固め、与党と対峙しようとする。議席数という明確な数をめぐるゲームが繰り広げられることから、歴史的にみても野党間の国会共闘は頻繁に組まれてきた。

2-① 連合政権の類型

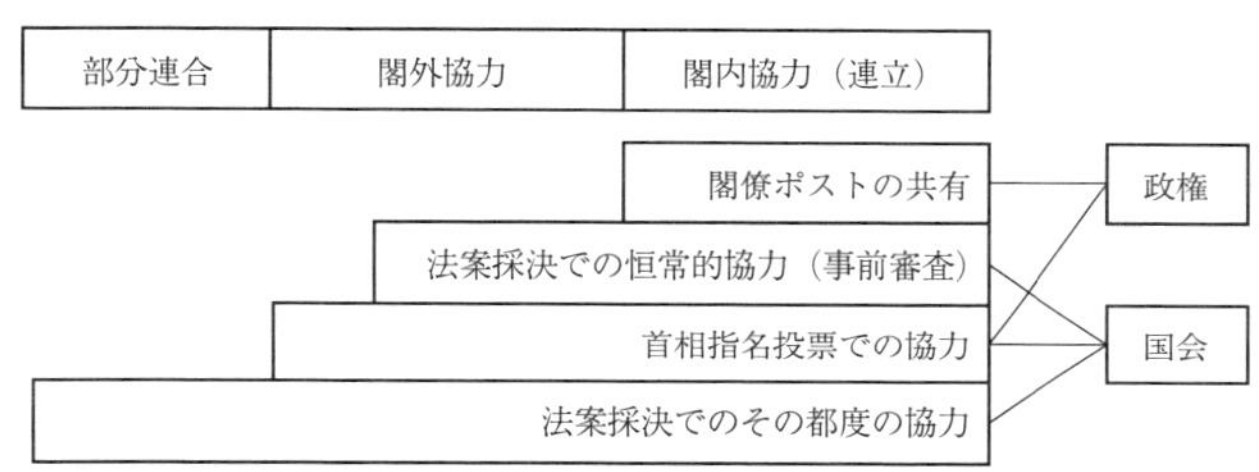

出所：著者作成。
注記：事前審査は、羽田政権のさきがけはなし、第2次橋本政権の社会党・さきがけはあり。

第三は、政権である。議院内閣制では内閣の存続が国会の信任に基づくし、内閣が作成する法案や予算案も国会の議決を経て成立するので、国会と政権の二つのレベルでの与党間の連合は必然的に重なり合う。しかし、政権のレベルの政党間連合には、閣僚をはじめ政府のポストを共有するという独自の側面がある。

複数の政党がそれぞれ閣僚などを送り出し、国会に加えて政権のレベルで連合することを「閣内協力」と呼ぶ。閣僚ポストを獲得して与党になることは、政権を維持する上で大きな責任を負うことを意味するから、閣内協力は基本的に安定した政権運営につながる。この閣内協力に基づく連合政権を指して、日本では「連立政権」という言葉が用いられる（2―①）。

それに対して、連合政権でありながら連立政権ではないのが、閣僚を送り込まず、国会のレベルだけで連合する「閣外協力」である。首相指名投票や内閣不信任決議案での連携のほか、内閣が提出する法案や予算案への協力、それらの国会提出前の与党間の事前審査がなされる場合もある。野党が閣外協力にとどめるのは、選挙などへの考慮から閣内協力を避ける一方で、自らの政策を実現したい場合などである。

さらに、閣外協力すら実現できず、国会での個別の法案の採決などの際、与党が野党からその都度協力を取りつけるような政党間連合は、「部分（パーシャル）連合」と呼ばれる。これは日本特有の用語であるが、政権運営からみると安定性を欠き、政策的な譲歩の幅も大きくなりがちである。

閣外協力や部分連合は不安定さを免れないが、諸外国に目を転じると、与党が議会の過半数の議席を持たない少数派政権は決して稀ではない。例えば、スウェーデンでは戦後、社会民主労働党（社民党）の単独政権が多くの期間を占めるが、議会での法案の採決の際、共産党・左翼党の協力を見込めるという背景から、その大半は少数派政権である。また、前述した一九七四年や二〇一七年のイギリスのように、二党制で単独政権の伝統が強い国では、最大政党が過半数を獲得できなかった場合、過渡的なものとして少数派政権が樹立される。

それでは、多党制の下で連立政権はどのようにして形成されるのか。これは政治学で頻繁に取り上げられてきたテーマであるが、大きくいって二つの理論が存在する。[1]

その一つは議席数というサイズ（規模）に着目する理論であり、政党の目標として公職追求を重視するモデルである。閣僚をはじめとするポストをなるべく多く獲得しようとする諸政党の合理的な行動の結果、政権の樹立に必要な過半数の議席を超える「勝利連合」が形成されると考える。

この理論で最も基本的な考え方は、過半数の議席を超える際に不要な政党を含まない「最小勝利連合」である。過剰な議席を持つ連立政権が作られた場合、それぞれの連立与党に配分されるポストの数が減ってしまうから、過半数を超えるのに不可欠ではない政党を排除するのが合理的な行動となる。

これを前提として、最小勝利連合のうち最も過半数に近い「最低規模勝利連合」が形成されると主張したのは、ウィリアム・ライカーである。例えば、定数一〇〇の議会で五つの政党が存在し、A党が四〇、B党が二五、C党が二〇、D党が一〇、E党が五議席を持っているとする。この場合、過半数の五一議席以上の最小勝利連合は、A＋Bの六五、A＋Cの六〇、A＋D＋Eの五五、B＋C＋Dの五五の四つであるが、そのうち最低規模勝利連合は議席数が最も少ないA＋D＋EもしくはB＋C＋Dとなる[2]（2―②）。

2-② サイズの理論

政　党	議席数
A	40
B	25
C	20
D	10
E	5
計	100

出所：加藤「政党と政権」233ページ。

それに対してマイケル・レイサーソンは、連立交渉の容易さと与党間の結束という観点から、最も少ない数の政党で構成される最小勝利連合が選択されると論じた。すなわち、上記の議会についていうと、四つの最小勝利連合のうち、三つではなく二つの政党が連立を組むA＋BかA＋Cとなる。[3]

連立形成にあたって、閣僚をはじめとする公職はどのように配分されるのか。政党の目標として公職追求が重視されるから、この点は重要である。一般的には、各政党が有する議席数に比例して配分されると考えられている。連立形成が議席数に基づくゲームである以上、この主張は説得的である。

ところが、現実には各政党のバーゲニング・パワー（交渉力）は、議席数のみに還元できない。例えば、上記のライカーの理論では、A＋D＋EとB＋C＋Dの両方の組み合わせに含まれるD党が、いずれの連立政権を選ぶかを決めることができる。また、レイサーソンの理論でも、A＋BとA＋Cの両方の選択肢に入っているA党が決定権を持つ。こうした各政党が有する交渉力を数値化する試みもなされている。[4]

しかし、以上みてきたサイズの理論には弱点がある。過半数を超える議席数で連立形成を説明するのは簡明である半面、政党の目標を公職追求だけと考えるのは現実からみてあまりにも単純すぎる。それとも関連して、実際には少数派政権や過大規模連立政権が存在するが、その理由を十分に説明できない。

政策距離の理論──政策追求モデル

このようなサイズの理論の限界を突破し、それを補うものとして登場したのが、もう一つの政策距離の理論である。

現実的にみて、いくら過半数に達するからといって、イデオロギー的に大きな距離がある左右両極の政党が連立を組むことは考えにくい。極端にプラグマティックな政党でない限り、政党の目標には公職追求だけでなく、政策追求も存在する。そこで、議席数に加えて政策距離を考慮に入れる連立形成の理論が台頭した。諸政党は自らの政策の実現を目指すので、政策的に近い政党同士が連立を組むことになる。

ロバート・アクセルロッドは、「隣接最小距離勝利連合」が形成されると説いた。それは、政策的に互いに隣接する複数の政党間で連立が形成されるという考え方である。過大規模連立政権になったとしても、政策的にみて連立を組む諸政党の中間に位置する政党は排除されない。したがって、サイズの理論を基本的に前提にするとはいえ、必ずしも最小勝利連合になるわけではない。[5]

また、アブラム・デ・スワンは、連立を組む政党間の政策距離の最大値、つまりイデオロギー的に両端に位置する政党間の政策距離が最小になるような隣接最小距離勝利連合、すなわち「最小政策距離連合」が形成されると主張した。これも最小勝利連合に必ずしもならない。[6]

政策距離の理論からみて、交渉力が強い政党は、中央に位置する「メディアン政党」である。それは左―右のような一つの政策的な次元で、端の方から順番に政党を並べた際、いずれの側から政党の議席数を加えていった場合でも、その議席を加えたことで過半数を超えるような政党を指す。つまり、隣接最小距離理論において、それを排除しては連立が形成できない政党である。したがって、メディアン政党は強い交渉力を持ち、場合によっては、少数派政権を樹立することが可能である。

このように政策距離の理論は、少数派政権や過大規模連立政権が存在する理由を説明できる。とりわけ政策追求だけであれば、連立政権に加わらず、閣外協力やパーシャル（部分）連合を行い、政策決定に影響を及ぼすという選択肢があるから、少数派政権が形成されやすくなる。

メディアン政党と並んで重要なのが、連立与党の政策距離の中間に位置する「緩衝政党」である。連立政権の形成や維持にとって与党間の政策的な妥協は不可欠であり、そのための仲介役を果たしうる政策位置に存在する緩衝政党の役割は重要となる。なお、本書では緩衝政党の概念を少し緩やかに用いる。

以上みてきたように、政策距離の理論の説明力は、単純なサイズの理論に比べて高いが、大きな限界も存在する。例えば、政策距離をどう測定するかである。選挙公約の分析をはじめ様々な試みがなされているが、決して容易ではない。社会・経済問題だけでなく、外交・安全保障、宗教や文化など、政策的な争点は現実には複数あるから、その間のウェイトづけがなされなければならないが、それぞれの政党によって違う。

しかも、政党間の政策距離や争点の重要性については可変性が高い。情勢次第で変わりうるが、政治的にも操作可能であり、そこから単純に連立形成が導き出されるわけではない。そうしたこともあって、連立形成という結果に基づき、政党間の政策距離や争点の重要性を導くという後知恵的な解釈に陥りがちである。

新制度論からみた連立形成

以上、一九六〇年代から七〇年代に発展してきた連立形成理論を紹介してきたが、八〇年代以降、新制度論が台頭すると、それに基づく連立形成理論もみられるようになった。

連立形成にあたって、いくつかの仮定を置いた上で個々のアクターの合理的な行動に着目してモデル化するよりも、それに枠をはめて方向づけるゲームのルールとしての制度に注目するのである。

例えば、カーレ・ストロムらは、連立交渉に与える制度的要因を大きく五つに分けて説明している。すなわち、内閣形成ルール、内閣運営ルール、議会ルール、政党ルール、外部の拒否権集団である。[7]

第一の内閣形成ルールとしては、ある議席数以下の政府が樹立されることを防ぐ憲法上の規定が代表的なものである。しばしば言及されるのは、ドイツ連邦議会の建設的不信任の制度である。ドイツでは、連邦議会の総議員の過半数の投票で首相が選出されるが、不信任決議についても総議員の過半数をもって後任者が選出された場合にのみ成立するという制度が採用されている。

そのほか、ベルギーには内閣がフランス語系とオランダ語系の同数の閣僚から構成されなければならないという憲法上の規定が存在する。イタリアなどでは国家元首たる大統領が首相選定で重要な役割を果たすことが定められているため、その職にある人物に近い政党の交渉力が高まることになる。

第二の内閣運営ルールに移ると、内閣の連帯責任が求められる国では、政策的にまとまりを持つ連立が形成されやすくなるという。その例としては、スウェーデンやイギリスが挙げられる。日本国憲法の第六六条も、「内閣は、行政権の行使について、国会に対し連帯して責任を負ふ」と規定している。

第三の議会ルールは、憲法改正の際の特別多数が代表的な例である。ストロムらはベルギーを挙げているが、日本も同様であり、衆参両院の総議員の三分の二以上の賛成によって憲法改正が発議される。この論文では触れられていないが、二院制や委員会制度も、連立形成に影響を及ぼす。

ストロムらは、議会ルールのなかに選挙制度を含めている。具体的に述べると、アイルランドの単記移譲式比例代表制、フランスの小選挙区二回投票制、イギリスの単純小選挙区制などは、選挙前連合形成につながりやすい。この点は日本について重要なので、後に詳述する。

第四の政党ルールとしては、特定の政党が政府から排除されている場合がある。かつてのイタリア共産党やファシズムの系譜を引くイタリア社会運動、イギリス議会でのアイルランド民族主義のシン・フェイン党が挙げられる。さらに、選挙の前に特定の政党連合が形成されていることがある。

第五の外部の拒否権集団としては、かつてイタリアに対してアメリカが共産党の政権参加を禁じた例などが指摘される。ただし、これを制度と呼ぶかについては疑問符を付けうるであろう。

これらの制度は政党の連立形成に際しての合理性に枠をはめるにすぎず、そもそも現実の政党が合理的に行動するかどうかは別の問題である。党組織のあり方によって、党首をはじめとする執行部のリーダーシップは制約を受けるし、公職追求と政策追求のいずれを重視するかも、政党によって大きく異なる。具体的な政治プロセスを分析する際には、そのことを十分に留意しておく必要がある。

2 連立理論の発展

連立のライフ・サイクルと連立合意

以上みてきたように、従来の連立理論では、政権形成の側面について主たる関心が寄せられてきたが、それが連立政権の持続性にどう影響しているかという問題も合わせて論じられた。例えば、前述のドッドの研究は数量分析を行い、最小勝利内閣の方が過大規模内閣や過小規模内閣よりも存続期間が長いことを明らかにしている。[8] 連立は「生」と「死」の両面に関して検討されてきたといえる。

これを敷衍するならば、連立をライフ・サイクルとして捉える視角につながる。カーレ・ストロム、ヴォルフガング・ミュラーらの著書は、連立のライフ・サイクルを四つの段階に分けて理解する。[9] すなわち、政権形成、統治、政権終了、選挙である。このうち統治は政権運営と言い換えることができるであろう（2―③）。

ここで重要なのは、この四つの段階が完全には独立しておらず、相互作用を伴いながら回転していくことである。例えば、政権形成が直前の選挙から大きな影響を受けることはいうまでもない。しかし、それだけでなく、将来の、とりわけ次の選挙の見通しの下で政権形成がなされる。

政権形成は、選挙だけではなく、その後の政権運営も見据えながら行われる。そこで注目されるのが、「連立合意」である。連立政権が深刻な内部対立によって瓦解することは、参加する各政党にとって大きな痛手となるので、円滑な政権運営が可能になるよう、あらかじめ連立形成の段階で合意を結んでおくのである。

2-③ 連立のライフ・サイクル

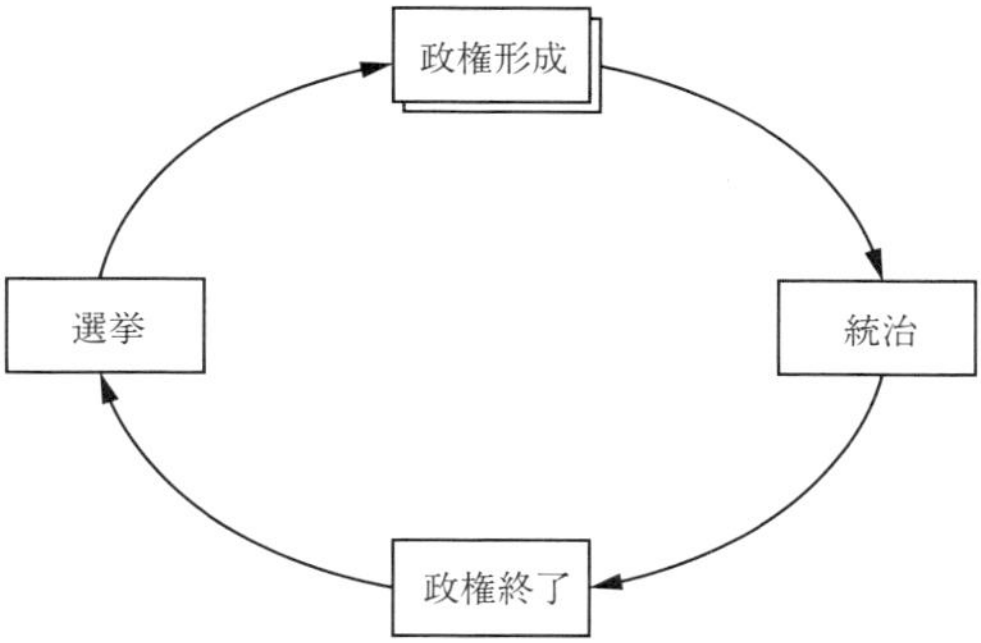

出所：Strøm, Müller and Bergman, *Cabinets and Coalition Bargaining*, p. 10.

同書に収録されたストロムとミュラーの論文によると、連立合意が締結される背景には、連立による政権運営が抱える困難があるという。政党間の政策の違い、将来の不確実性、騙したり誤魔化したりといった一部の政党の機会主義的な行動の三つである。それらを抑制する機能が連立合意には存在する。

連立合意は、各政党の代表によって締結されるが、それぞれの内部の正式の決定プロセスで承認を受け、一定の拘束力を持つ。ただし、正式のものもあれば、非公式の紳士協定や口頭了解もあるし、秘密のものすらある。選挙直後に締結されるケースが多いが、選挙前に結ばれる例も少なくない。連立のあり方によって、あるいは国や時代によって、様々な形態をとるのである。

文章の長さはもちろん、内容も多様である。一五カ国、二六二の連立政権の事例を分析した前述のストロムとミュラーの論文によると、ほとんどの国では、九割以上が政策に関する内容である。その次に多いのが、議会での採決の際の規律などに関する連立の内部手続きについてであり、平均で六・四％を占める。閣僚などのポスト配分は、極めて少ない。それは文字に残す必要がなく、適切でもないと認識されているからである。

妥協を促す政策調整の手続き

ところが、連立合意によって全ての政策をあらかじめ定めておくことはできない。限られた字数では詳細に書き込むことができないし、戦争や経済危機など突発的な事態も生じうる。したがって、連立を組む政党間で政策上の合意を円滑に形成できるよう、連立合意には政策調整の手続きが盛り込まれる。

それでは、いかなる制度の下でどのような政策調整の手続きが採用されることが、連立政権の維持にとって有益なのか。連立のライフ・サイクルを踏まえて、この問題について検討したのが、ラニー・マーティンとゲオルグ・ヴァンベルクである[10]。

彼らによると、連立政権は三つの特徴を持つ。第一は、複数の異なる政策を有する政党が妥協して一つの政策を決定し、実施しなければならない。ところが、第二に、それぞれの政策の主導権は、特定の政党から送り込まれる大臣の手に委ねられる。しかも、第三に、連立を構成する各政党は別々に選挙を戦わなければならない。それゆえ、各大臣は連立合意に盛り込まれた政策を無視して、所属政党が掲げる政策を実施する動機を持つ。

この「連立統治のジレンマ」を解決するには、政党間の妥協を促進するメカニズムを導入し、閣僚の独走を抑制しなければならないが、いくつかの方法がありうる。例えば、ジュニア・ミニスター、日本でいえば副大臣や政務官の活用である。そのポストを別の政党が占めることで、大臣の行動を「番犬」として監視するのである。また、閣僚委員会や与党間の協議機関も、紛争を軽減する役割を果たしうる。さらに、利益団体も「火災報知器」としての機能を持つことができる。

マーティンらは、このような議論を肯定しつつも、それ以上に重要なものとして、強い委員会制度に特徴づけられる議会制度こそが、「連立統治のジレンマ」を弱めると主張する。委員会が省庁別に組織され、広範な調査権限を持ち、制限なく議案を修正できるような議会制度の下では、連立に参加する各政党が大臣を有効にチェックすることができる。歴史的にみると、議会制度は非民主的な王権を監視し、制限を加えるために登場したが、現在では連立政権の内部の緊張を緩和する役割を果たしているという。

少し先回りしていうと、この主張は日本の事例を考える上で大きな示唆を与える。日本の国会は、ここで指摘されているような委員会制度を備えているからである。戦後の日本では、議院内閣制が導入されたにもかかわらず、国会制度としてはイギリスのウェストミンスター・モデルではなく、アメリカの権力分立型モデルが導入された。その結果、各省に対応して政策分野ごとに常任委員会が設置され、法案などの審議が基本的にそこでなされるなど、大きな権限が与えられている。

こうしたアメリカの権力分立型モデルは、内閣と国会の関係にも反映されている。衆参両院のいずれも自由に法案を修正できる一方、内閣は内閣提出法案の審議スケジュールに関与できず、いったん提出した法案を修正する権限も制約され、成立を促す手段も持たない[11]。このような日本の国会制度は、連立政権が存続する上で好都合である。

ただし、注意しなければならないのは、日本の場合、国会の強い自律性を背景として与党の事前審査制が発達し、国会審議に代わって政府に対する与党のチェックが働くようになっていることである。事前審査制とは、内閣が国会に提出する法案や予算案などを閣議決定する前に、与党の審査にかけて了承を得る慣行である。この点については後述するが、いずれにせよ、連立を組む政党間の妥協を促すような政策決定プロセスが存在することが、安定した政権運営にとって不可欠の要素なのである。

選挙前連合形成

議会制度をはじめとする政策決定プロセス以上に、日本の連立を考える上で重要な意味を持つのが、選挙と政権形成の関係についてである。この問題に関しては、ソナ・ゴールダーの「選挙前連合」形成に関する研究が注目される[12]。

選挙前連合とは何か。ゴールダーは、選挙で相互に独立して競争しない政党の集まりと定義する。具体的にいえば、選挙運動で連携したり、統一候補の擁立（選挙区）や統一名簿の作成（比例代表）を行ったり、選挙後に一緒に政権入りすることを公然と合意したりするような政党間の連合である。

この概念が重要なのは、従来の連立理論が選挙後に連立形成がなされることを暗黙の前提としていたからである。その傾向は、とりわけ新制度論が登場する以前の連立形成理論、すなわちサイズの理論や政策距離の理論に顕著である。

しかし、ゴールダーの分析によると、一九四六年から二〇〇二年にかけて先進二三カ国で実施された三六四回の選挙では、二四〇の選挙前連合が形成され、それに基づく七〇の政権が樹立された。選挙前連合に基づく政権が、フランスでは六六・七%、オーストラリアでは六五・二%、ドイツでも五三・三%に上っている。

なぜ選挙前連合が形成されるのか。ゴールダーは二つの仮説を提示する。一つは「非比例性仮説」である。先に紹介したストロムらの論文でも、次の指摘がなされていた。「比例代表制でない選挙制度は、選挙でスケール・メリットを働かせるために諸政党が選挙前にまとまるよう強いる傾向がある。選挙制度が非比例的であればあるほど、選挙前連合へのインセンティブは大きくなる」。多党制でありながら、小選挙区制のような多数決的な性格が強い選挙制度が採用されている場合、選挙前連合が形成される。

もう一つは、「シグナリング仮説」である。有権者は選挙で投票する際、将来の政権のあり方を知っておきたいという欲求を持っている。なかんずく、選挙後の政党間の協議によって政権が形成されるのではなく、選挙で直接的に政権を選択したいと望んでいる。こうした状況の下、選挙前連合は、選挙後の連立の枠組みを示す「信号装置」の役割を果たすというのである。

「ゴールダーの計量分析の結果は、「非比例性仮説」を支持し、「シグナリング仮説」を棄却した。つまり、非比例的な選挙制度という制度こそが、選挙前連合が作られる上で決定的に重要なのである。

ゴールダーの分析によると、日本についても、一九四七年から二〇〇〇年の間の二〇回の衆院選のうち二つしか選挙前連合は形成されず（一九九三年の「社会党・新生党・公明党・民社党・社民連」と「日本新党・さきがけ」）、それに基づく連立政権は存在しないとされる。しかし、一九九四年に導入された衆議院の小選挙区比例代表並立制の下、二〇〇〇年代に入って選挙前連合に基づく自公政権が定着していく。それゆえ、この概念は近年の日本政治を分析する上で極めて有用といえる。

選挙協力の様々な方法

非比例的な選挙制度が選挙前連合を生み出すとすれば、選挙協力の形態が重要な意味を持つ。ゴールダーは、選挙協力の四つの方法を示しているが、以下、日本の事例も交えなら説明していきたい。

第一に、選挙区での統一候補の擁立がある。例えば、下院にあたる国民議会で小選挙区二回投票制を採用しているフランス第五共和制では、第一回投票の際に社会党と共産党が統一候補を擁立する、あるいは第二回投票の前に友党を支援するために自党の候補者を撤退させる。イギリスでは一九八〇年代に自由党が労働党から分かれた社会民主党と、ドイツでも一九五〇年代にキリスト教民主同盟・キリスト教社会同盟（CDU／CSU）がドイツ党と、小選挙区で選挙協力を行った。

日本では、この形態の選挙協力が最も積極的に行われ、候補者調整と呼ばれている。衆議院では小選挙区が優位であり、参議院でも一人区が選挙区の多数を占めていて、票の分散による共倒れを避けるためである。ただし、それには、いくつかの方法がある。

一つは、選挙区の棲み分けである。特定の選挙区から自党の候補者を擁立する代わりに、他の選挙区を友党に譲ることである。しかし、たんなる棲み分けにとどまるのか、それとも候補者を擁立しなかった政党が、友党の公認候補に対して推薦を出し、集票活動で積極的な支援を行うのかによっても、選挙協力の効果は大きく違ってくる。自民党と公明党は、この面で高い水準の選挙協力を行っている。

もう一つの方法は、無所属候補への相乗りである。選挙区の棲み分けは複数の選挙区間で候補者を調整するのに対して、こちらは一つの選挙区内で調整する方法だといってよい。政党間の対立が激しく、ある政党が公認候補を擁立するのでは、他党が積極的な支援をしにくい場合などに、この方法が用いられる。日本では非自民勢力によってしばしば行われるが、候補者が無所属である以上、政党間の選挙協力としては問題が多いといわざるを得ない。

第二に、比例代表の統一名簿が挙げられる。これも選挙協力としてはレベルが高く、イスラエル、オランダ、ポルトガル、ギリシアといった国々でみられる。日本では衆参両院の比例代表で大政党に有利なドント式が採用されていることなどから、統一名簿の作成が過去に繰り返し追求されたが、複数の政党の名簿の結合が認められていないこともあって、実現していない。

第三に、二票の使い分けがある。日本の衆議院の小選挙区比例代表並立制のように二票制を採用している場合、政党のリーダーが支持者に対して一票を自党に、もう一票を友党に投じるよう訴える。例えば、小選挙区比例代表併用制を採用しているドイツの連邦議会では、比例代表で議席を得る最低得票率を五％とする阻止条項があるため、CDU／CSUが連立パートナーの自由民主党に支援を与えることがある。

この二票の使い分けは、日本では主に自民党と公明党の間で行われている。衆議院の小選挙区では自民党が圧倒的に多数の候補者を擁立し、公明党が支援している。それゆえ、小選挙区の棲み分けと相互推薦・支援に加えて、自民党の小選挙区の候補者が「比例は公明」という訴えかけを支持者に向けて実施している。同じような票の交換は、参議院の一人区・二人区と比例区の間でもなされている。

第四に、類似したものとして選好投票の順位づけがあり、政党のリーダーが支持者に対して第一順位を自党に、第二順位を友党にするよう求める。例えば、オーストラリアの下院である代議院では、小選挙区優先順位付投票制が採用されており、落選者の票が優先順位に従って残りの候補者に移譲され、過半数の得票を獲得した当選者が出るまで続けられる。この制度の下、国民党と自由党は、労働党に対抗して恒常的に選挙協力を行い、連立を組んできた。このタイプの選挙協力は制度上、日本では存在しえない。

3　二ブロック型の多党制

選挙前連合と多党制

以上みてきた選挙前連合についての研究は、サルトーリに代表される政党システム論を再考する契機を含んでいる。

ゴールダーは、選挙前連合がなされるような多党制を規範的にみて高く評価できると主張する。すなわち、多党制であるがゆえに有権者は選挙で幅広い選択肢を持ち、民意が議会に正確に反映される一方で、二ブロック化によって二党制と同じく有権者が直接的に政権を選択できるからである。

実は、サルトーリは穏健な多党制の特徴の一つとして、二極化した連立政権指向の政党配置を挙げていた。基本的に単独政権ではなく連立政権になるとはいえ、政権選択選挙が行われる二極システムである点で、穏健な多党制は二党制と同一であり、多極システムである分極的多党制と異なる。穏健な多党制は選挙前連合を伴い、分極型多党制は選挙前連合を伴わないと対比することができよう。

ところが、穏健な多党制という概念は通常、そのように理解されていない。サルトーリは、三~五の政党が存在し、政党間のイデオロギー距離が比較的小さく、求心的に競合しているという特徴も指摘しており、こちらの方がもっぱら注目されてきた。もちろん、それは妥当である。なぜなら、サルトーリの政党システムを分類する基準は、政党数と政党間のイデオロギー距離に置かれているからである。

やや別の視角からサルトーリの穏健な多党制をめぐる問題点を指摘し、政党システムの新たな類型を提案したのが、岡崎晴輝である。[13] 岡崎は二つの軸を設定する。一つの軸は民意の反映であり、政党数に従い、一党制、二党制、多党制（穏健、分極、原子）と分ける。もう一つの軸は政権交代と政権選択の可能性であり、政権非交代（非競争、競争）と政権交代（非選択、選択）に区別する。

民意の反映という面で優れているとされる穏健な多党制は、有権者が選挙の際に政権選択を行いうるか否かを基準に、三つに分類されている。すなわち、政権交代がない「多極共存型」、政権交代があるが政権選択は不可能な「連立交渉型」、政権交代があり政権選択も可能な「二大連合型」である。

ゴールダーが多党制下の選挙前連合を称揚したのと同じく、岡崎も二大連合型の穏健な多党制を高く評価する。二党制と同じく政権選択が可能でありながら、二党制とは違い民意の反映が可能な政党システムだからである。なお、かつて筆者も、多様な民意を反映しつつ政権選択選挙が行われるような政党システムとして、二大政党ブロック制を肯定的に論じたことがある。[14]

小選挙区比例代表混合制と政党システム

何を基準に置くかによって、政党システムは様々な分類が可能である。ここでは、以上の議論を踏まえつつ、選挙制度の効果に絞って分類を行いたい。

選挙制度の観点から政党システムを分類したのは、デュベルジェであった。政党数に基づいて一党制、二党制、多党制という類型を示したが、選挙を通じた競争が存在しない一党制を除外した上で、小選挙区制が二党制をもたらし、比例代表制が多党制を生み出すと主張した。「デュベルジェの法則」である。

これに関して注目されるのが、近年活発に研究されている小選挙区比例代表混合制である。従来、選挙制度については、小選挙区制と比例代表制の二分類が多くなされてきた。しかし、一九九〇年代以降、世界各国で選挙制度改革が実施され、これら二つを組み合わせる混合制が多くの国々で採用された。

前述したように、小選挙区比例代表混合制には、組み合わせの方法によっていくつかの類型が存在する。最も基本的なのは、並立制と併用制である。このうち並立制は、小選挙区と比例代表を別々に選挙する制度であり、一九九四年の政治改革によって日本で採用された。それに対して、ドイツで長年実施されてきた併用制は、基本的に比例代表制であり、各政党の議席は比例代表の得票率に応じて配分され、その枠内で小選挙区の当選者に優先して議席を割り当てる。

したがって、基本的に併用制の方が比例代表制としての、並立制の方が小選挙区制としての性格が強い。ただし、同じ並立制であっても、比例代表に対して小選挙区の定数を多くしたり、比例代表の定数を複数の選挙区に分割したり、小選挙区の票を比例代表の票に読み替える一票制を採用したりすれば、より小選挙区制の色彩が濃くなる。逆に、小選挙区の獲得議席が少ない政党に優先して比例代表の議席を配分する連用制を導入すれば、並立制の一種であっても比例代表制に近づく。

それでは、小選挙区比例代表混合制はいかなる政党システムをもたらすか。マシュー・シュガートとマーティン・ワッテンベルクは、二ブロック化した多党制になると予想した。[15] 実際、分析の対象とした一〇カ国のうち、ロシア、ボリビア、ベネズエラ、メキシコを除く、ドイツ、ハンガリー、イスラエル、イタリア、日本、ニュージーランドの六カ国で、そうした政党システムが形成されていると主張した。

並立制と併用制を比べると、どうか。シュガートとワッテンベルクの研究によると、小選挙区制の性格が強い並立制のイタリア、日本、ハンガリーの方が、競合する二つのブロックが選挙前に形成され、有権者が選挙で政権を選択でき、選挙後にはいずれかの政党もしくは選挙前連合が過半数に近い議席を占め、政権を樹立する傾向が強いことが、数量分析を通じて明らかになった。

以上から、選挙制度と政党システムに関して、デュベルジェの主張を修正しつつ、以下のようにいえる。小選挙区制は二党制を、小選挙区比例代表混合制、とりわけ並立制は二

2-④　本書の政党システムの類型

選挙制度	小選挙区制	小選挙区比例代表混合制		比例代表制
		並立制	併用制	
政党システム	二党制	多党制		
		二ブロック型	多極型	

出所：著者作成。

ブロック（二極）型の多党制を、比例代表制は多極型の多党制を生じさせる、と。これは、それぞれの選挙制度の非比例性に関わっている。したがって、小選挙区二回投票制をはじめ、非比例性について小選挙区制と比例代表制の中間に位置する選挙制度も、小選挙区比例代表混合制と同じく、二ブロック型の多党制をもたらす（2―④）。

イタリアとドイツの事例

以下、シュガートとワッテンベルクの編著に収録された論文などを参照しながら、小選挙区比例代表混合制を採用する国々の事例をみていきたい。

日本と類似した選挙制度改革を一九九三年に実施したのが、イタリアである。[16] 不安定な分極的多党制をもたらしていた比例代表制が廃止され、上下両院の議席の四分の三を小選挙区、四分の一を比例代表で選ぶ並立制が導入された（上院が一票制、下院が二票制）。伊藤武によると、翌九四年の総選挙では左右中道の三陣営に分かれたが、九六年の総選挙を契機として中道右派の「自由の極（家）」と中道左派の「オリーブ連合」への二ブロック化が進展し、その間で政権交代が実現した。

二〇〇五年には再び選挙制度が改革され、「多数派プレミアム付き比例代表制」が導入される。下院についてみると、全国で最大得票を得た連合に最低でも五四％の議席を割り当てる制度であり、比例代表制でありながら小選挙区制と近似する効果を持った。翌〇六年の総選挙では二ブロック化が一層進展し、さらに〇八年総選挙では中道左派の民主党と中道右派の自由国民への二大政党化が進んだ。

次にドイツをみてみよう。第二次世界大戦後の西ドイツで採用され、統一後も連邦議会の選挙制度として継承されたのは、小選挙区比例代表併用制である。この制度については前述したので繰り返さないが、小選挙区制が加味されているとはいえ、基本的に比例代表制であり、並立制に比べて二ブロック化の効果は緩やかである。

加藤秀治郎によると、西ドイツでは一九六〇年代に入り、総選挙に際して政党が連立パートナーを明示する慣行が定着した。例えば、二大政党の間でキャスティングボートを握る自由民主党は、六一年と六五年はＣＤＵ／ＣＳＵ、七二年、七六年、八〇年には社会民主党、八三年、八七年は再びＣＤＵ／ＣＳＵとの連立を打ち出して選挙戦を戦った。ただし、そうならなかった例もあり、六九年などが該当する。[17]

しかし、河崎健は、一九九〇年のドイツ統一後、総選挙で連立パートナーを明示しないことが増えてきたと指摘する。従来のCDU/CSU、社民党、自民党の三党に加え、緑の党や左翼党が台頭した結果、選挙後に議席数が確定しないと、どのような連立の組み合わせが可能かが分からなくなったからである。[18] 他に選択肢がないため、二大政党による大連立も頻繁に成立している。ドイツの併用制は並立制に比べて二ブロック化の効果が弱く、それが影響して二ブロック型から多極型に移行したと考えられる。

ただし、イタリアでも、経済危機と政治腐敗が深刻化するなか、既成政党を批判するポピュリズム政党の五つ星運動が二〇一三年の総選挙で躍進を遂げると、二ブロック型の多党制が流動化し始めた。こうしたなか、一七年に小選挙区比例代表並立制が再び導入され、両院とも一票制を採用し、比例代表を細分化したものの、小選挙区と比例代表の定数がおよそ四対六と配分され、かつてに比べて比例代表制的な性格が強められた。一八年総選挙では五つ星運動が最大政党になるなど、多極型の多党制に傾きつつある。

日本の政党システムを再考する

以上みてきたように、選挙制度が政党システムを大きく規定することは確かだが、その一方で、新党の登場や支持基盤の変容などによっても政党システムは変化しうる。日本についてはどうか。[19]

まず検討すべきは、一九九四年の選挙制度改革によって、従来の中選挙区制が小選挙区比例代表並立制に変わったことが、日本の政党システムに与えた影響である。この選挙制度改革が実施された目的は、自民党の一党優位政党制を政権交代可能な二党制に変えることに置かれていた。また、民主党への政権交代が実現した二〇〇九年前後には、その目的が達成された、少なくともその方向に向かっていると考えられた。

しかし、これまで検討してきたように、小選挙区三〇〇、比例代表二〇〇、一一ブロック単位、二票制という内容の小選挙区比例代表並立制は、前年にイタリアで導入された並立制と近似しており、基本的に二党制ではなく二ブロック型多党制をもたらすものであった。その後、小選挙区と比例代表の定数の配分は若干修正が加えられてきたが、骨格は変わっていない。

中選挙区制が一党優位政党制を生み出したという認識についても、疑問がある。中選挙区制は一つの選挙区から三～五名の当選者を出す一種の大選挙区制であり、論理的には多極型の多党制につながる。一九五五年までは、実際にそうであった。社会党統一に対抗すべく保守合同が実現し、自民党の一党優位政党制が成立したが、その背景には国際的な冷戦や国内の階級対立の激化という選挙制度以外の要因があった。

一党優位政党制は、複数の政党の間で選挙を通じた競争が行われているにもかかわらず、一つの政党が過半数の議席を一貫して確保し、政権交代が事実上発生しないような政党システムであるが、サルトーリ自身、それを「〈クラス〉ではなく一つの〈タイプ〉である」と位置づけている。つまり、一党優位政党制の基準は政党数ではなく、政党間の特殊な権力配分のパターンにすぎず、二党制からも多党制からも生じうる。[20]

中選挙区制下の自民党一党優位政党制は、多極型多党制が変形したものであるが、小選挙区比例代表並立制下の現在の自民党「一強」は、二ブロック型多党制が形を変えたものだといえる。要するに、一九九四年の政治改革を背景として、一党優位政党制から二党制に変化したのではなく、一党優位の多極型多党制から一党優位に近い二ブロック型多党制に移行したというのが、本書の基本的な認識である。

前章の最後で論じたように、「一強」と呼ばれる自民党の優位は、それが有する支持基盤の厚さに起因しているが、それだけではない。自民党が二ブロック型多党制を生み出す小選挙区比例代表並立制の下、連立パートナーの公明党と緊密な選挙協力を行うことに成功していることも、重要な原因である。それに対して、非自民勢力の選挙協力は、低いレベルにとどまってきた。その意味で、二つのブロックは非対称的である。この点については連立政権の持続性に関わるので、改めて論じることにする。

4　ポスト五五年体制期の連立政権

連立政権を分類する

以上の連立理論や政党システムの分析を踏まえるならば、一九九三年以降のポスト五五年体制期の連立政権はどのように捉えることができるだろうか。

まず時期については、大きく五つに分けることができる。第一期は、細川護煕、羽田孜を首相とする非自民・非共産の連立政権である。第二期は、村山富市内閣と橋本龍太郎内閣の自民党・社会党・さきがけの自社さ政権である。第三期は、小渕恵三から麻生太郎に至る自公政権である。第四期は、鳩山由紀夫・菅直人・野田佳彦を首相とする民主党中心の連立政権である。第五期は、第二次安倍晋三内閣以降の自公政権である。

次に、それぞれの政権の連立形成のあり方に関して考えたい。具体的には、与党が衆参両院で占める議席率、および最小勝利連合、過大規模連合、過小規模連合のいずれかという分類についてである（2―⑤）。

一覧表に明らかだが、衆議院では最小勝利連合が非常に少ない。過小規模連合も例外的であり、過大規模連合がほとんどを占めている。このことはサイズの理論（公職追求モデ

2-⑤　日本の歴代政権（1993～2019年）

内閣名	成立年	与党（成立時）	衆議院与党議席率	衆議院連立形成	参議院与党議席率	参議院連立形成
細川護熙	1993	非自民8党派[1]	50.9	過大規模	52.4	過大規模
羽田孜	1994	非自民7党派[2]（さきがけ）	35.6	過小規模	24.6	過小規模
村山富市	1994	自民・社会・さきがけ	59.5	過大規模	65.5	過大規模
橋本龍太郎①	1996	〃	57.9	過大規模	61.1	過大規模
橋本②	1996	自民（社会・さきがけ）	47.8	単独・少数	44.0	単独・少数
小渕恵三	1998	自民	52.8	単独・多数	42.1	単独・少数
小渕改造1	1999	自民・自由	60.8	過大規模	46.4	過小規模
小渕改造2	1999	自民・自由・公明	71.6	過大規模	56.3	過大規模
森喜朗①	2000	自民・公明・保守	67.2	過大規模	54.8	過大規模
森②	2000	〃	56.5	過大規模	54.4	過大規模
小泉純一郎①	2001	〃	57.9	過大規模	54.8	過大規模
小泉②	2003	自民・公明	58.1	過大規模	56.3	最小勝利
小泉③	2005	〃	68.1	過大規模	56.6	最小勝利
安倍晋三①	2006	〃	67.5	過大規模	56.2	最小勝利
福田康夫	2007	〃	70.2	過大規模	43.8	過小規模
麻生太郎	2008	〃	70.0	過大規模	43.4	過小規模
鳩山由紀夫	2009	民主・社民・国民新	67.1	過大規模	51.2	最小勝利
菅直人	2010	民主・国民新	65.4	過大規模	50.8	最小勝利
野田佳彦	2011	〃	64.2	過大規模	45.5	過小規模
安倍②	2012	自民・公明	67.7	過大規模	42.6	過小規模
安倍③	2014	〃	68.6	過大規模	55.8	最小勝利
安倍④	2017	〃	67.3	過大規模	62.4	過大規模

出所：『朝日新聞』より作成。
注記：（ ）は閣外協力。
(1)社会・新生・日本新・公明・民社・さきがけ・社民連・民改連。
(2)新生・日本新・公明・民社・自由・旧「改革の会」・民改連。

ル）だけでは連立形成を説明できないことを示している。しかし、政策距離の理論（政策追求モデル）によって説明可能かといえば、そうとはいえない。非自民連立政権や自社さ政権など、与党間の政策距離が大きいケースが少なくないからである。自公政権も、そのなかに含まれるであろう。

他方、参議院をみると、衆議院と比較して、最小勝利連合が多い。与党の議席率についても、衆議院よりも参議院の方が低い。つまり、参議院では多数派形成が困難であり、連立形成にとって非常に重要なポイントになっていることがうかがわれる。

その主な原因は、選挙制度にある。衆議院と比較して参議院の方が、比例性が高い。参議院は現在、定数が二四二で、三年ごとの半数改選である。改選される議員数は、一〜六人区で実施される選挙区が七三、全国単位の非拘束名簿式の比例代表制で行われる比例区が四八である。参議院の方が比例性が高いことは、二大政党の議席占有率の低さや有効政党数の多さなど、前に紹介したデータに示されている。

したがって、最大政党は参議院では衆議院よりも低い議席率しか得られず、多数派形成が難しい。そのことを顕著に示しているのは、参議院で過小規模連合が少なくないことである。参議院こそが多数派形成の主戦場という印象すらある。

閣内協力による連立政権ではなく、閣外協力もみられる。具体的には、羽田内閣のさきがけ、第二次橋本内閣の社会党とさきがけである。ただし、これらは例外的である。

ポスト五五年体制期になっても、単独政権は存在する。しかし、そのうち衆参両院での多数派形成に成功した例はない。第二次橋本内閣は、衆参両院で少数派政権であったが、閣外協力を得た社会党とさきがけを加えると、両院で過大規模連合であった。それに対して小渕内閣は閣外協力を欠き、衆議院では多数派政権であったが、参議院では少数派政権にとどまり、苦しい政権運営を余儀なくされた。

連立形成に影響を及ぼす諸制度

衆議院で過大規模連合が多い原因について、サイズの理論や政策距離の理論では説明が難しいとしたら、制度的要因に着目する必要がある。この章の冒頭で示した政権、国会、選挙の三つのレベルについて、政党間の連合に影響を与える制度をみていきたい。

第一に政権であるが、日本国憲法は首相（内閣総理大臣）が国会議員のなかから国会の議決で指名されること、衆参両院が異なった議決をした場合、衆議院の方が優越することなどを定めている。首相指名投票は、過半数の票を得た議員がいなかった場合、上位二名による決選投票が実施され、相対多数で決する。国務大臣の選出に関しても憲法上、文民かつ過半数が国会議員という制約しかない。政権形成についてみると、衆議院で最小勝利連合が生まれやすい制度が採用されている。

それに対して、第二の国会については、衆議院で過大規模連合を生み出す制度がいくつか存在する。

一つは、委員会中心主義である。内閣が安定した国会運営を行うためには、与党が議長だけでなく、全ての常任委員会で委員長および野党と同数の委員を確保する安定多数を得る必要がある。現在、衆議院は定数が四六五議席、過半数は二三三議席であるが、安定多数は二四四議席以上である。また、全ての常任委員会で与党が委員長および過半数の委員を占めるのが絶対安定多数であり、二六一議席以上である。

もう一つは、二院制である。首相指名投票だけを考えれば、衆議院の過半数を確保すればよいが、円滑な政権運営を考えると、参議院でも過半数の議席が求められる。しかも、参議院は比例性が高い選挙制度を採用しているので、多数派形成のハードルが高い。衆議院で過大規模連合になりがちなのは、権限が比較的対等な二院制を採用していることが大きく作用している。

衆議院の優越が認められているのは、首相の指名、内閣不信任決議、予算の議決、条約の承認である。法案の議決に関しては、予算や条約の関連法案を含めて衆議院の優越は強くなく、衆議院で可決しても参議院で否決されると、衆議院が三分の二以上の多数で再可決しなければ成立しない。しかも、参議院は衆議院から受け取って以降、六〇日間も法案をたなざらしにしておくことが可能である。また、日本銀行の総裁など首相や大臣が国会の同意を得て任命する国会同意人事についても、かつては一部に衆議院の優越が存在したが、現在は存在しない。

衆議院で過半数の議席を有する与党が、参議院で過半数の議席を持たない「ねじれ国会」に陥ると、政権運営は困難を極める。しかも、勝者総取りの衆議院の小選挙区や参議院の一人区で激しく競合する与野党は、妥協することが難しい。「ねじれ国会」を解消する目的で衆議院の第一党と第二党が連立を組む「大連立」がこれまで何度か試みられたが、いずれも実現しなかったのは、それゆえである。

しかし、衆議院で過大規模連合が頻発している理由を参議院での多数派形成のみに求めることはできない。なぜならば、二〇一六年の参院選の結果、自民党は衆参両院で過半数の議席を確保したにもかかわらず、公明党との連立を解消しなかったからである。その原因は、自民・公明両党が選挙前連合を形成していたことにある。

そこで、第三の選挙である。繰り返し述べてきたように、衆議院の小選挙区比例代表並立制は、政党間の選挙協力を促進する。一人区が勝敗を左右する参議院の選挙制度も、衆議院ほどではないにせよ、同様の効果を持つ。政党間の連合の主眼が選挙協力に置かれ、それが継続的なものである以上、政権形成や国会運営の面では必要のない政党を含む過大規模連合が成立しやすくなる。

ただし、選挙協力を積極的に促進する制度が、日本には存在しない。例えば、ヨーロッパのいくつかの国とは異なり、比例代表選挙で政党の候補者名簿の連結が認められていない。この制度が導入された場合、単独で戦うよりも他党と名簿を連結した方が、死票が減って議席が増えるので、選挙協力を促進する効果を持つことになる。[21]

自公政権の持続性①——政策調整の手続き

以上、ポスト五五年体制期の連立形成についてみてきたが、連立のライフ・サイクルでいえば、政権形成そのものよりも、政権運営や議会選挙という別の段階の制度が大きな影響を及ぼしていることが分かる。

同じことは、連立政権の持続性についてもいえる。一九九九年に始まる自民党と公明党の連立政権は、三年あまりの民主党政権による中断を挟み、一六年以上の長期にわたって継続し、ポスト五五年体制期の唯一の安定した連立の枠組みとして存在している。しかも、両党間の政策距離は小さくないにもかかわらず、過大規模連合になっても連立が解消されない。ここでは自公政権の高い持続性の理由について、これまでの検討を踏まえて、二つの仮説を示しておきたい。

第一の仮説は、政権運営の仕組みに関してである。政策的な違いが少なくない自民・公明両党は、妥協を促すような政策調整の手続きを構築し、それが連立政権の持続に寄与してきたのではないかというものである。

この点については、先に紹介したマーティンとヴァンベルクの研究が参考になる。彼らは政党間の妥協を促進するメカニズムとして、副大臣や政務官といった閣僚の下にあるジュニア・ミニスターの活用、閣僚委員会や与党間の協議機関、利益団体などに加えて、強い委員会制度に特徴づけられる議会制度を挙げた。

確かに、戦後にアメリカの権力分立型モデルが導入された日本の国会は、強い委員会制度を備えるなど内閣に対して高い自律性を持つ。しかし、内閣提出法案の国会審議に直接関与できない内閣は、議院内閣制としては過度に不安定な国会運営を余儀なくされる。それを緩和するために発達したのが、与党が国会提出前に法案の審査を行い、国会審議で所属議員に党議拘束をかける事前審査制である。与党は内閣提出法案に影響力を行使する機会を確保し、内閣も法案の国会での成立を確実にすることができる。

したがって、国会審議の前の事前審査のプロセスを通じて、与党間の政策調整がなされることが大切になる。もちろん、政権形成の段階で、連立合意によって政策上の妥協を図っておくことも重要である。しかし、それで全ての政策をあらかじめ縛ることは不可能であるし、状況の変化を織り込んでおくこともできない。

後に詳述するように、自民・公明両党は、制度的には与党政策責任者会議の設置、非制度的には幹部間の重層的な人脈の構築など、互いの妥協を促すような政策調整の仕組みを作り上げてきた。こうした仕組みを通じて、なかんずく議席数に勝る自民党が、公明党に対して自制的に振舞い、一定の譲歩を行ってきた。この政策調整のメカニズムは、五五年体制下で発達をみた自民党の事前審査制をベースとし、自社さ政権以降、修正を加えつつ定着してきたものであった。

それに対して、非自民連立政権や民主党を中心とする連立政権は、この点で失敗し、連立の瓦解を招いた。その一因は、イギリス政治をモデルとして、二党制とトップダウン型の政策決定が目指されたことにある。連立政権という実態が軽視され、マイナー・パートナーへの配慮やそのための仕組みを欠いていた。

自公政権の持続性②――選挙協力

もう一つの仮説は、選挙協力についてであり、こちらの方がより重要である。すなわち、両党間の緊密な選挙協力が自公政権の持続性を高めているというものである。

一九九四年の政治改革によって衆議院の中選挙区制が廃止され、小選挙区比例代表並立制が導入された結果、政党間で小選挙区を中心に選挙協力を行い、選挙前連合を形成することが合理的な行動になった。それに加えて参議院でも、一人区をはじめ選挙協力を行うメリットが存在する。

ポスト五五年体制期に入っても、一九九三年に成立した細川内閣は、政治改革を目標にしたのであって、その実現を前提に形成されたわけではない。しかし、政治改革が実現すると、細川政権の末期から、新たな選挙制度の下で実施される衆院選に向けて、次第に選挙協力の構築が重要な課題として浮上してくる。

ところが、選挙協力は容易ではなかった。候補者調整は常に難航したし、政党間の政策距離の大きさも障害になった。さらには、小選挙区比例代表並立制が果たす機能に関する認識についても一致をみず、二ブロック化に抗して第三極の形成を目指す動きが繰り返し顕在化した。与党が選挙で激しく競合するようでは、持続性のある政権にはなり得ない。実際、非自民連立政権や自社さ政権は、それが一因となって崩壊した。

自自公政権に始まる自民党と公明党の連立政権も、国会運営の必要性から発足したにすぎず、選挙協力については十分な成算を持ち合わせていなかった。実際、自由党は有効な選挙協力が構築されないことに不満を持ち、連立から離脱した。ところが、自民・公明両党は選挙協力を行うメリットが相互に少なくなく、当初は大きな摩擦を生じながらも、徐々に選挙協力を深化させていった。

自公政権に比べると、民主党・社民党・国民新党からなる連立政権は、選挙協力が不十分であった。その原因は様々だが、一因としては民主党が二党制を目指していたことにある。そのことは民主党が政権交代選挙のマニフェストに衆議院の比例代表の定数の削減を掲げたことに示されているが、参院選を目前に控えていながら社民党を連立離脱に追いやり、鳩山内閣の瓦解を招いた。

民主党政権が崩壊した後、再び自公政権が復活した最大の理由は、野党時代にも各地域で崩れなかった両党間の選挙協力にある。自民・公明両党間では、集団的自衛権の行使容認にみられるように、政策的な摩擦も少なくない。しかし、互いの妥協を促すような政策調整の仕組みとともに、双方に大きなメリットを生み出す緊密な選挙協力が、自公政権を持続させている。

以上のように選挙協力をめぐって、自民・公明両党と非自民勢力との間では非対称性が存在する。小選挙区比例代表並立制が二ブロック型多党制へのドライブをかけているのは確かだが、それに有効に対応して公明党と緊密な選挙協力を行っているのは自民党である。他方、非自民勢力は十分なブロックの形成に成功してこなかった。支持基盤の分厚さに加えて、このことが自民党の「一強」をもたらしているといえる。

1――以下、篠原一「連合政治の理論的諸問題」（同編『連合政治Ⅰ』岩波書店、一九八四年）、森正「連合政治の分析視角」（慶応義塾大学『法学政治学論究』第二七号、一九九五年）、加藤淳子「政党と政権」（川人貞史ほか『現代の政党と選挙〔新版〕』有斐閣、二〇一一年）。

2――William H. Riker, *The Theory of Political Coalitions*, Yale University Press, 1962.

3――Michael Avery Leiserson, *Coalition in Politics: A Theoretical and Empirical Study*, Ph. D. Dissertation, Yale University, 1966.

4――日本については、森正「日本における政党連立モデル――交渉力指数による接近」（『オペレーションズ・リサーチ』第五六巻第四号、二〇一一年）などがある。

5――Robert Axelrod, *Conflict of Interest: A Theory of Divergent Goals with Applications to Politics*, Markham, 1970.

6――Abram de Swaan, *Coalition Theories and Cabinet Formations: A Study of Formal Theories of Coalition Formation Applied to Nine European Parliaments after 1918*, Elsevier, 1973.

7――Kaare Strøm, Ian Budge and Michael J. Laver, "Constraints on Cabinet Formation in Parliamentary Democracies," *American Journal of Political Science*, Vol. 38, No.2, 1994.

8――前掲、ドッド『連合政権考証』第八章。

9――Kaare Strøm, Wolfgang C. Müller and Torbjörn Bergman, *Cabinets and Coalition Bargaining: The Democratic Life Cycle in Western Europe*, Oxford University Press, 2008.

10――Lanny W. Martin and Georg Vanberg, *Parliaments and Coalitions: The Role of Legislative Institutions in Multiparty Governance*, Oxford University Press, 2011.

11——大山礼子『日本の国会』岩波新書、二〇一一年、第一・二章。

12——Sona Nadenichek Golder, *The Logic of Pre-Electoral Coalition Formation*, The Ohio State University Press, 2006.

13——岡崎晴輝「サルトーリ再考」(日本政治学会編『年報政治学二〇一六—Ⅱ 政党研究のフロンティア』木鐸社、二〇一六年)。

14——中北浩爾「政権選択のその先へ」(『世界』二〇〇九年九月)。

15——Matthew Soberg Shugart and Martin P. Wattenberg, eds., *Mixed-Member Electoral Systems: The Best of Both Worlds?*, Oxford University Press, 2001.

16——伊藤武「政党競合の二ブロック化論をめぐる考察」(『専修法学論集』第一〇四号、二〇〇八年)、伊藤武「イタリア」(網谷龍介・伊藤武・成広孝編『ヨーロッパのデモクラシー［改訂第二版］』ナカニシヤ出版、二〇一四年)。

17——加藤秀治郎・楠精一郎『ドイツと日本の連合政治』芦書房、一九九二年、九二—九三ページ。

18——河崎健「ドイツにおける統合と代表の論理」(日本政治学会編『年報政治学二〇一五—Ⅱ 代表と統合の政治変容』木鐸社、二〇一五年)二三ページ。

19——日本の政党システムに関する研究は少なくないが、理論に基づき包括的に検討した最近の著作として、待鳥聡史『政党システムと政党組織』東京大学出版会、二〇一五年。

20——前掲、サルトーリ『現代政党学(Ⅱ)』第Ⅱ部六—五。

21——一九九四年の政治改革の際、細川内閣の与党間で「名簿連結」方式が検討されたが、社会党の内部の意見調整に時間がかかり、見送られたという。山花貞夫「社会党は新時代にどう対応すべきか」(『月刊社会党』一九九四年三月)一〇ページ。

第三章

非自民連立から自社さへ

1　細川内閣の成立と政治改革

八党派からなる連立政権

一九九三年八月九日、細川護熙を首相とし、非自民・非共産の七政党と一会派（民主改革連合）からなる連立政権が成立した。ここに三八年の長きにわたる自民党長期政権は終わりを告げた。いわゆる五五年体制の崩壊である。単独政権の時代は終焉し、連立政権の時代が幕を開けることになる。

これに先立って行われた七月一八日の衆院選の結果は、自民党二二三、社会党七〇、新生党五五、公明党五一、日本新党三五、民社党一五、日本共産党一五、さきがけ一三、社会民主連合四、無所属三〇であった。自民党は、総定数五一一の過半数を割り込みながらも最大政党の座を保ったことから、政権を維持しても不思議ではなかった。

それにもかかわらず、非自民連立政権が発足した第一の理由は、宮沢内閣に対する不信任決議案に賛成した社会・新生・公明・民社・社民連の五党が、選挙協力を行うとともに、自民党に代わる連立政権の樹立を目指す合意を結んでいたからである。新生党は自民党から分かれて結成されたが、その分、自民党に対する敵意が強かった。しかし、これらの五党の議席を合計しても一九五であり、過半数どころか自民党にも及ばなかった。
キャスティングボートを握ったのは、緊密な選挙協力を行い、合併も予定していた日本新党とさきがけであった。さきがけは新生党とは違い、不信任案に反対した上で自民党を離れたのであり、反自民ではなく、むしろ新生党に対する反発の方が強かった。日本新・さきがけ両党の四八議席が「自民」と「反自民」のいずれに与するかによって、連立政権が決まる。元自民党幹事長で、新生党の代表幹事を務めていた小沢は、日本新党の細川護熙代表に首相ポストを提示し、取り込みを図った。

こうしたなか、日本新党とさきがけは、七月二三日に「政治改革政権の提唱」を行い、自ら主導権を握ろうとした。すなわち、小選挙区二五〇、比例代表二五〇の小選挙区比例代表並立制の導入を中心とする政治改革を年内に実現する、それを受け入れる党議決定を行った政党と連立を組むと表明したのである。[1] 両党は自民党を含む大連立も視野に入れていたが、自民党は党議決定までに至らず、結局、それを全面的に受け入れた社会・新生両党などと連立政権を作ることになった。

このように、非自民連立政権が発足した第二の理由は政治改革であったが、最大与党の社会党は積極的に賛成していたわけではなかった。並立制が導入された場合、保守二党体制に飲み込まれてしまうという懸念が社会党内では強かった。しかし、連立に参加しなければ、自民党中心の連立政権が成立し、一層不利な選挙制度が導入されることが予想された。いわば「進むも地獄、退くも地獄」という状況であった。そこで、政権交代という大義に殉じざるを得なかったのである。[2]

ポスト配分と連立合意

自民党長期政権を打破した細川政権は、極めて高い内閣支持率をもって国民に迎えられた。しかし、その一方で深刻な弱点を抱えていた。

第一に、八つもの党派によって構成されており、かつ抜きん出た議席数を持つ政党が存在しないという欠点である。そこで、首相以外の閣僚ポストを社会六、新生五、公明四、民社一、さきがけ一、社民連一、民間人二と、おおむね議席数に比例して配分し、バランスをとるとともに、与党党首を全て閣僚として取り込んだ。日本新党は首相ポストだけであったが、統一会派を組むさきがけの武村正義代表を官房長官に据えるなど、首相官邸を日本新党とさきがけで押さえた。

閣僚の配置は、巧みに行われた。女性を三名、民間人を二名起用し、清新さを打ち出す一方で、羽田孜副総理・外相、藤井裕久蔵相、熊谷弘通産相など、政権運営の経験が豊富な新生党に主要閣僚を任せた。また、懸案の政治改革については、不満分子を多数抱える社会党に責任を持たせようと、山花貞夫委員長を政治改革相に、佐藤観樹副委員長を自治相に就けた。

第二の弱点は、政策距離の大きさである。憲法や外交・安全保障政策などをめぐって、もともと自民党政権の中枢を担っていた新生党と、護憲や非武装中立を党是にしてきた社会党との間には、大きな隔たりがあった。その調整は、連立合意の作成を通じて図られた。七月二九日に各党党首が署名した「連立政権樹立に関する合意事項」と「八党派覚書」が、それである。[3]

小沢新生党代表幹事の側近の平野貞夫参議院議員と交渉を行った社会党の久保亘副委員長によると、争点は第一に日本国憲法、第二に外交・安全保障政策、第三に戦後五〇年に際しての歴史認識についてであった。

結局、これら三点のいずれも新生党が社会党に大きく譲歩した。第一については、「憲法の解釈はこれまでの政府の解釈による」ではなく、「わが国憲法の理念及び精神を尊重」と書き込み、第二に関しては、「これまでの政府の政策を継承しつつ」と前置きする一方で、「世界平和と軍縮のための責任を果たし役割を担う」と明記した。第三については、「かつての戦争に対する反省を踏まえ、世界及びアジアの平和と発展のために協力する」と謳った。

もちろん、日米安保条約の継承、原子力発電の容認、PKOを含む国連への協力など、社会党が政権運営の継続性を重視して従来の自民党政権の基本政策を受け入れたことも大きかったし、税制改革をはじめ、協議すべき課題として残された政策も少なくなかった。しかし、社会党に対する新生党の妥協が、連立形成を可能にした。その理由を久保は「小沢氏の政権への執念」に求めている[4]。

トップダウン型の政策決定過程

この「合意事項」と「覚書」は、政策調整の手続きに関しては明確に定めていなかった。それについて与党間で決定されたのは、細川政権発足後の八月一一日、公表されたのは八月一三日であった（3―①）。

形式的にみるならば、その特徴は二点ある。一つは、政府・与党二元体制である。各党の党首が閣僚に就任し、党務はナンバー・ツーの代表幹事・書記長が中心的に担う。この点では、与党の事前審査制にみられる従来の自民党政権と同じ政策決定プロセスが採用されたことを意味した。政府と与党の間には政府・与党首脳会議と政府・与党連絡会議が設置され、調整が図られた。

その上で、もう一つの特徴としては、政府に対する与党の優位であり、与党代表者会議

3-① 非自民連立政権の政策決定システム

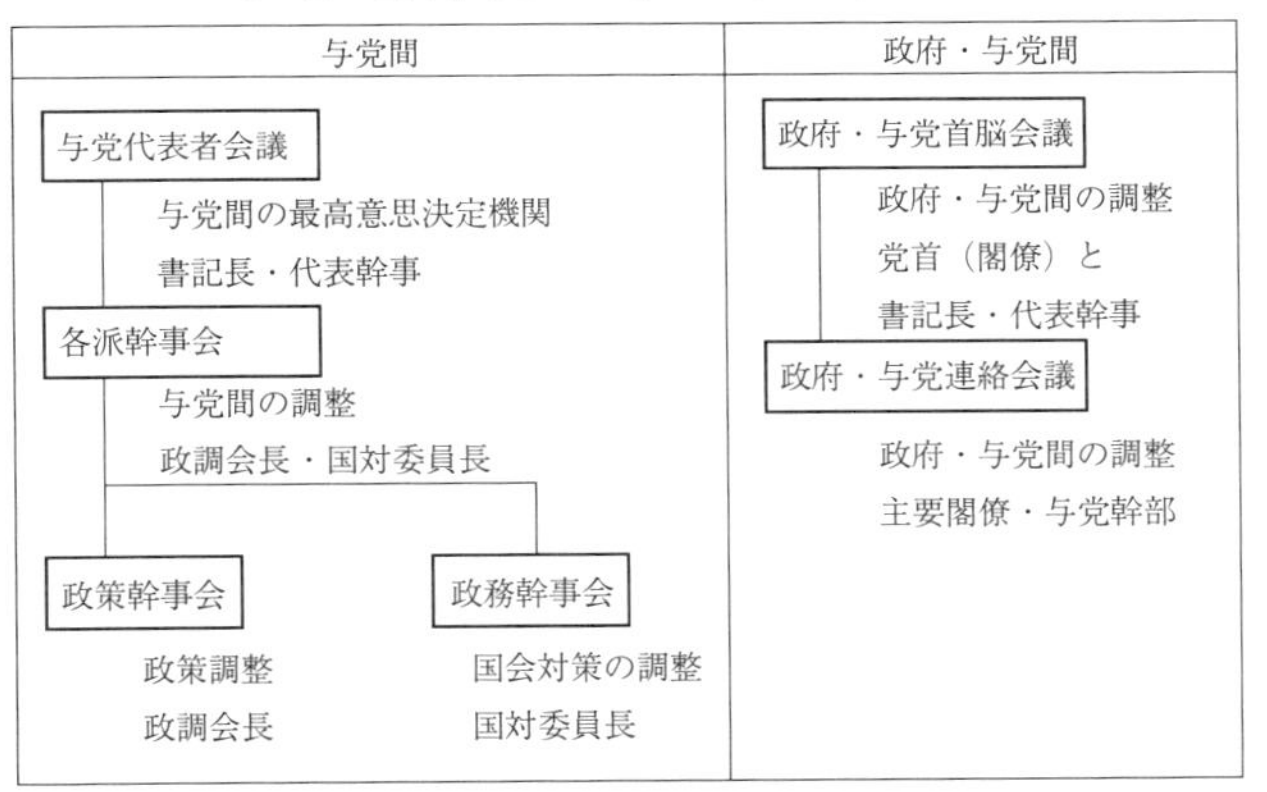

出所：浜谷「連立政権与党における政策調整・決定の仕組みと手法の変容」9ページ、渡辺嘉蔵『渡辺力三政治日記（下）』日本評論社、2000年、viiページなどより著者作成。

に連立与党の最高意思決定権を付与したことである。公明党の市川雄一書記長の証言では、すでに細川政権の発足前後、政策調整の手続きの大枠が合意され、連立与党の党首は首相と個別に会談せず、各党の代表幹事・書記長からなる与党代表者会議の場で調整するという口頭了解が行われていたという。[5]

与党代表者会議の下には、政務・政策の実務を担う各派幹事会が設けられ、各党の政調会長から構成される政策幹事会と、国会対策委員長からなる政務幹事会がそれぞれ設置された。しかしながら、その権限は弱かった。政策幹事会には課題ごとのプロジェクトチームなどが徐々に置かれるようになる。だが、次年度の予算編成に向けて、ボトムアップの事前審査のプロセスを担う省庁別チームの設置が正式に決まったのは、ようやく半年後のことであった。[6]

連立与党の政策決定は、従来の自民党政権とは違い、与党代表者会議がトップダウンで行った。そのような仕組みが導入されたのは、与党間の政策距離が大きく、決められなくなることを避けるためであったが、リーダーシップを重視する小沢一郎の民主主義観も影響した。しかも、正式の議事録は作成されず、出席者も極めて限られた。

与党代表者会議は、社会党の赤松広隆書記長、新生党の小沢一郎代表幹事、公明党の市川雄一書記長、民社党の米沢隆書記長、さきがけの園田博之代表幹事の五名から構成された。このうち議論を牽引したのは、元自民党幹事長として政権運営の経験や政財官界の人脈を豊富に持つ小沢であり、かねてから親しい関係にあった市川公明党書記長や米沢民社党書記長と協力して主導権を掌握した。それに対して、社会党の赤松書記長や後任の久保亘書記長は、与党代表者会議の座長でありながら、守勢に回りがちであった。

小沢一郎、市川雄一の「一・一ライン」をいらだたせたのは、党内民主主義を重視する社会党の書記長が、重要事項について「一任」を取り付けて与党代表者会議に臨めず、その都度、党内に持ち帰って機関決定を経なければ合意できなかったことである。小沢は後年、こう苦々しく振り返っている。「あの党は本当に時間がかかる。それから、体質的に自民党と一緒で、要するに「五五年体制」なんです」[7]。

ただし、座長の書記役としてメンバー以外で唯一、常時の出席が認められていた社会党政策審議会の浜谷惇事務局長によると、与党代表者会議で多数決による決定は一度たりとも行われなかった。「合意事項」に「各党は、誠意をもって協議を行い、合意を得て」と書かれている通り、全会一致が基本原則であったという[8]。

それゆえ、与党代表者会議で合意に達しない場合、細川首相への「一任」を取り付けることで突破が図られた。細川の回想によると、この首相一任は与党間の対立が深まるとともに増加していった[9]。それは政府・与党二元体制の揺らぎを意味した。与党代表者会議を通じた「一・一ライン」の主導にせよ、細川首相のトップダウンにせよ、いずれの場合も党首を含む閣僚は政策決定の枠外に置かれがちであった。

与党間の対立の深まり

細川政権は短命に終わったので、最初から与党間の対立が激しかったと考えられがちだが、必ずしもそうではなかった。連立合意にみられるように、当初、小沢や市川は社会党が党内事情から自説を主張すると、それなりに受け入れたし、社会党も連立維持を重視して妥協を重ねた。それは、衆院選の敗北の責任をとって辞任した山花に代わり、社会党の主体性を重視する村山富市が委員長に就任した後も同じであった。[10]

まず九月一七日に召集された臨時国会に際して、邦人救出とはいえ自衛隊機を海外に派遣することを可能にする自衛隊法の改正問題が浮上した。従来の社会党の立場からすれば、これは到底容認できなかった。しかし、自民党が議員立法として同じ趣旨の法案を国会に提出し、社会党が反対した場合、他の与党が自民党案に賛成する構えをみせると、社会党は連立を維持するため、若干の歯止めをかけただけで賛成に回った。

より深刻だったのは、最終期限が一二月一三日に設定されていたガットのウルグアイ・ラウンド（多角的貿易交渉）でのコメ市場の部分開放の問題であった。社会党は自民党と並んで農村選出議員が多く、絶対反対を主張していたが、外交交渉でまとまったミニマム・アクセス（最低輸入量）と六年後の関税化を盛り込む調整案について、部分開放には反対しつつも首相の判断を了解するという結論を最終的に出した。

このコメ市場の部分開放問題について、細川首相は、社会党の連立離脱、内閣不信任決議案が可決された際の総辞職や解散・総選挙といった最悪の事態まで想定しながら、小沢と緊密に連絡を取りつつ対応した。[11] 結果的に強硬策が功を奏したのだが、苦しい譲歩を強いられた社会党は不満をため込んだ。他方、細川や小沢は、社会党は結局は妥協するという認識を持ち、トップダウン型の政策決定に傾斜していくことになる。

以上のような社会党との対立に加え、連立政権の内部ではもう一つの対立が顕在化しつつあった。それは、さきがけ代表でもある武村官房長官と小沢・市川の「一・一ライン」との間の対立であった。そもそも両者の間には、合意を重視するのか、リーダーシップを強調するのかという民主主義観、あるいは国際貢献のあり方などをめぐって違いが存在したが、政権運営に関しても対立を深めていった。

その争点の一つは、連立政権の主導権である。小沢らが与党代表者会議を通じて主導権を握ったのに対して、さきがけは武村官房長官、鳩山由紀夫副長官、田中秀征首相特別補佐といった陣容で首相官邸を押さえ、党首会談で決めることを主張するなど、「一・一ライン」の主導に抵抗した。もう一つの争点は、野党の自民党との関係である。必ずしも反自民ではなかった武村は、円滑な政権運営のために自民党との接触に努めたが、小沢はそれを利敵行為とみなした。こうした両者の対立は、予算の越年編成問題をめぐって深刻なものとなる。

細川は、首相を支える官房長官としての仕事に徹しない武村に不満を抱く一方、厳しい政権運営を迫られるなかで、連立与党の大黒柱である小沢への依存を深めていった。日本新党も統一会派を組むさきがけとの関係を悪化させ、徐々に新生党に接近した。それに対して、社会党とさきがけが「一・一ライン」との対抗上、次第に結びつくようになる。このようにして、連立与党は二極化していった。

2　なぜ非自民連立は分裂したのか

政治改革の実現

以上のように連立与党が二極化していくなか、細川内閣が瓦解に向かう転機になったのは、政治改革の実現であった。政治改革関連四法案が成立するに至るまでには、八月九日の細川内閣の発足後、三つの段階が存在した[12]。

第一段階は、政府案の作成である。「連立政権樹立に関する合意事項」には小選挙区比例代表並立制について具体的な内容が明記されていなかったため、与党間の調整が再度なされなければならなかった。

新生党は小選挙区三〇〇、比例代表二〇〇の定数配分、一票制などを主張したが、日本新党、さきがけ、社会党の意見が通り、小選挙区二五〇、比例代表二五〇、二票制、全国単位の比例代表などで合意に達した。この背景には、第一章で論じたように、二党制か、穏健な多党制かという政党システムをめぐる対立が存在していた。

第二段階は、九月一七日からの臨時国会、とりわけ衆議院で審議入りして以降である。

自民党は小選挙区三〇〇、比例代表一七一、一票制、都道府県単位の比例代表という対案を示したが、これをめぐって連立与党は奇妙なねじれを起こした。この時期、小沢や市川は社会党への配慮などから比例代表の比重が高い政府案の実現を目指したのに対し、武村は小選挙区を重視する自民党との妥協を模索したのである。

細川首相は、一一日一五日に河野洋平自民党総裁とトップ会談を行い、社会党の執行部がどうにか受け入れられる範囲の妥協案を提示した。結局、トップ会談は決裂したが、その際に提示した内容に沿って政府案を修正した。小選挙区二七四、比例代表二二六とする修正政府案は、一八日に衆議院で造反者を出しながらも可決された。

第三段階は、一一月二六日に参議院で審議が開始されて以降である。土井ブームの追い風を受けて一九八九年の参院選で勝利した社会党は当時、参議院で多くの議席を持っていた。一九九四年一月二一日、政治改革に消極的な社会党から造反者が続出し、参議院本会議で修正政府案が否決されてしまう。

これを受けて、細川首相は二八日に河野自民党総裁と再度のトップ会談を行い、小選挙区三〇〇、比例代表二〇〇、一一ブロック単位の比例代表に変更することなどで合意した。翌日、施行期日を削除した修正政府案が衆参両院で可決され、三月四日、トップ会談での合意を盛り込む改正案が成立した。

この政治改革の実現は、細川政権にとって重要なターニング・ポイントになった。第一に、社会党の我慢が限界に達したことである。自党から大量の造反者を出した結果とはいえ、トップ会談で小選挙区制の比重が高められ、それを容認せざるを得なかったことは、社会党からみて最悪の結果であった。第二に、細川政権としても、連立与党を結束させていた政治改革という目標を失うことになった。

国民福祉税騒動

政治改革に決着をつけたトップ会談から一週間後の二月三日の未明、細川首相は緊急記者会見を開き、国民福祉税の創設について発表を行う。当時三パーセントであった消費税を廃止して国民福祉税を導入し、税率を七パーセントにするという内容であった。

その背景には対米関係があった。当時、日本はアメリカから貿易黒字の削減のために内需拡大を求められており、その一環として大幅な減税を実施しなければならなかった。それによる歳入不足を補うため、中長期的には高齢化社会の到来に対応するため、大蔵省が国民福祉税の導入を図ったのである。このタイミングになったのは、予算編成の日程と日米首脳会談の接近ゆえであった。

大蔵省と組んで国民福祉税の導入を主導したのは、小沢一郎である。小沢が武村と対立しつつ、予算の越年編成を主張したのも、政治改革の実現に加え、消費税を引き上げるためであった。小沢からすれば、税率を当初案の一〇%から七%に引き下げ、消費税を廃止して国民福祉税を創設するという内容にしたのは、消費税反対の看板を掲げる社会党に対する大きな妥協であった。小沢の言い分では、久保書記長も「政府の考えとしてやることは一応、仕方ない」と了解したという[13]。

ところが、久保の証言は異なる。その前日、細川首相が与党代表者会議のメンバーに国民福祉税の導入を説いたのに対して、久保は明確に反対意見を述べ、首相への一任も拒否した。中断の後、再び一任を求められ、「総理が自分の意思でおやりになるということであれば、私が何を言いようがあろう。ただ、社会党としては反対だ、ということだけははっきり申し上げる」と返答した。しかし、細川首相は社会党の主張を無視し、「一任」を得たと勝手に判断して、国民福祉税構想を表明したのだという[14]。

両者の言い分は大きく異なるが、小沢や細川が社会党の反対を承知の上で従来と同じく最終的には受け入れるであろうという見通しを持ち、首相一任で国民福祉税を性急に導入しようとしたことは確かである。だが、その思惑は完全に外れた。度重なる譲歩に不満を募らせていた社会党は翌日、連立離脱も辞さずという決意を示しつつ、国民福祉税の撤回を求めることを決めた。

それだけでなかった。関係閣僚であるにもかかわらず、武村官房長官、大内啓伍厚相の両党首が決定の蚊帳の外に置かれたため、さきがけと民社党も強く反発した。また、発表があまりにも唐突であったことに加え、細川首相が税率七パーセントの根拠について「腰だめの数字」と記者会見で発言したことが世論の批判を招き、結局、与党代表者会議は二月四日に国民福祉税を白紙に戻すことを決めた。

国民福祉税騒動にみられる細川内閣の政策決定プロセスの本質的な問題は、与党代表者会議を通じた「一・一ライン」の主導よりも、政府・与党二元体制を揺るがす「一任」による細川首相のトップダウンにあった。その決断は、政権運営上の考慮からなされ、連立与党の結束を軽視するものであった。コメ市場の部分開放問題に関して「どの道、八党派による無理な連立は短期政権が宿命」と日記に書いた細川は、小沢以上に連立のマイナー・パートナーへの配慮を欠きがちであった[15]。

細川は後年、「一・一ライン」の主導という見方を強く否定して、次のように語っている。「小沢さんは与党のまとめ役だったが、私が知る限り、物事を決めるときは、必ず相手の判断を求めながら議論を進めていましたよ。実はコメ市場の開放でも、政治改革の取り扱いでも私とは多少、考えの違いがあったんだが、結局は私の考えで進めさせてもらった[16]」。

新たな選挙制度に向けた政界再編

細川・河野トップ会談で政治改革の実現が決まると、小選挙区比例代表並立制の下での衆院選の実施を視野に入れた政界再編構想が次第に浮上してくる。

そもそも、新生党が二党制を目標に据え、小選挙区制の性格を強めることを主張したのに対して、日本新党とさきがけは穏健な多党制を目指し、比例代表のウェイトが高い並立制の導入を図った。ところが、非自民連立政権を率いる立場にある細川首相は、自民党への対抗上、連立与党を結集した新党の結成を模索するようになる。政権運営の必要性に加えて、このことが細川と小沢の接近をもたらした。

細川日記をみると、政治改革関連四法案が国会に提出されてから一カ月足らずの一九九四年一〇月一〇日、細川と小沢は会談を行い、政界再編が不可欠という認識を共有し、連立与党の解党と新党の結成について話し合っている。その二週間後には、細川が日本新党を解党して新党に参加する意向を小沢に示し、さきがけと社会党が障害だと述べている。[17] だが、この段階では政界再編の動きは水面下にとどまっていた。

国民福祉税騒動から一〇日後の一九九四年二月一四日、小沢は読売新聞に掲載されたインタビューで「一つの政党として選挙戦は戦わざるを得ない」と述べ、「細川さんがキャップで総理大臣でいいと思っている。それで良いという人が集まればいい」と発言した。その解説記事によると、小沢は非自民の枠組みの維持を目指す一方、自民党を分裂させるとともに、社会党左派を排除して、新たな選挙制度に対応する新党を結成し、二党制を実現するという構想を持っていた。

こうしたなか、連立与党の間では統一会派を設ける動きが顕在化し、くすぶり続ける。その背後には、新党結成を目指す細川や「一・一ライン」が存在した。ところが、保守二大勢力に対抗する社民・リベラル勢力の結集を目指す社会党の村山が反対し、さきがけの武村や民社党の大内とともに共同戦線を張って抵抗した。小選挙区比例代表並立制の下で実施される衆院選にいかに臨むかについて、与党間では足並みが揃わず、次第に対立が激化したのであった。

二月二三日の細川日記には、武村との会話が次のように記されている。「出来るだけ八党派がまとまらないと闘えないという私の考えに対し、武村氏は私が折にふれて「穏健な多党制」と言ってきたことと違うではないかと反発す。私は価値観が多様化している今日の社会において、必ずしも二大政党に収斂するとは思えず。また好ましきことにもあらず。何回かの総選挙を経て遠からず「穏健な多党制」が実現するだろうとの見通しなるも、来るべき次の選挙においては、自社寡頭政治たる五五年体制を粉砕せずんばあるべからず。

本格的再編はその後にならん」[18]。

この時期、両者の主導権争いは、内閣改造をめぐって繰り広げられていた。かねてから小沢は、官房長官であるにもかかわらず勝手な発言を繰り返し、自民党と気脈を通じる武村の更迭を細川に対して迫っていた。細川も、自分を支えない武村を官房長官から他の重要閣僚に横滑りさせるべく、内閣改造を行おうとした。ところが、武村が代表を務めるさきがけや社会・民社両党の抵抗を受け、最終的に三月二日に断念した。しかし、新党結成に向けた動きは続けられた。

八党派連立の解体と羽田内閣

こうした状況のなか、細川首相が四月八日に突然、退陣を表明する。その理由として挙げられたのは、佐川急便グループからの借り入れなど自らの金銭スキャンダルであり、それが国会審議の障害になっていたことであった。

細川辞任をきっかけとして、非自民の枠組みは解体に向かうが、複雑なプロセスを辿る。四月一五日、さきがけは新生・公明両党主導の新政権作りに反発して、連立与党が推す首相候補を支持しつつも、閣外協力に転じることを決めた。同日、さきがけを除く連立与党は、政策協議を始める。社会・民社両党は、連立離脱に踏み切った場合、それをめぐって自党の分裂を招きかねないと判断し、さきがけに同調しなかった。

ところが、細川内閣の際とは違って、連立協議は難航した。新生党が細川内閣の経験を踏まえて、社会党の抵抗を事前に抑え込んでおきたいと考え、譲歩を拒んだからである。争点は二つあった。一つは、北朝鮮の核開発問題への対応であり、新生党の小沢代表幹事が朝鮮半島有事の際の自衛隊の後方支援を主張したのに対して、社会党の久保書記長は反対した。もう一つは、消費増税の明記をめぐる対立であった。結局、久保によると、「非常に難しい双方の立場を折衷したものとなった」[19]。

小沢が連立協議で強硬な姿勢をとった一因には、自民党の渡辺美智雄元副総理の擁立工作を進めていたことがあった。小沢は、「渡辺さんを立てれば、社会党の二、三十人が反乱を起こしても大丈夫だ」と考えていた。渡辺は離党を決意し、小沢から条件として示された八〇名の同調者を募った。しかし、結局うまくいかず、断念した[20]。そこで、社会党を含む連立与党が一致して推せる首相候補として、新生党の羽田党首に落ち着いた。

四月二二日、社会党や新生党をはじめとする七党派によって「新たな連立政権樹立のための確認事項」が結ばれ、二五日、羽田が国会で首相に指名された。さきがけが閣外協力に転じたとはいえ、連立の枠組みは大筋で維持されたかにみえた。

ところが、その夜、新たな事態が発生した。衆議院で新生党、日本新党、民社党などが統一会派「改新」を結成し、届け出たのである。改新は社会党の議席数を上回り、自民党に次ぐ第二会派となった。そのねらいは、羽田政権の組閣で閣僚ポストを多く獲得する、国会運営の主導権を社会党から奪う、新たな選挙制度に対応する新党結成につなげる、といったことにあるとみられた。

改新の結成を主導したのは、民社党の大内委員長であった。村山・武村と共同戦線を張っていた大内が、それまで反対していた統一会派を推進した理由は何だったのか。それは、公明党との関係にあった。民社党のなかでも労働組合に依存せず、立正佼成会をはじめ創価学会と対立する新宗連（新日本宗教団体連合会）から支援を受けていた大内は、公明党を含まない新党の結成を目指し、その第一歩として公明党を外した統一会派を作ろうとしたのである[21]。

大内は社会党の村山委員長と会談して了解を取り付けたと説明したが、それは大いなる誤解であった。しかも、首相指名直後の統一会派の結成はあまりに唐突であり、露骨な社会党外しとみられても仕方なかった。社会党は信義に反すると強く反発し、二六日未明、連立からの離脱を決定した。

四月二八日に発足した羽田内閣は、社会党の連立離脱によって少数派政権となり、苦しい立場に追い込まれた。なお、首相を除く閣僚ポストは、新生八、公明六、民社二、日本新一、自由一、改革の会一、民間一と配分された。

3 自社さ政権の誕生

社会党首班の村山内閣の成立

社会党は連立を離脱したとはいえ、一九九四年度予算の成立までは羽田内閣に協力する方針を示していた。そこで、六月二三日の予算の成立を待って、自民党は内閣不信任決議案を提出した。ここに政局は一気に流動化する。

この頃、社会党の内部は割れていた。村山委員長の側近の野坂浩賢国対委員長らは、細川政権の時期から自民党との連立を模索し、森喜朗自民党幹事長に近い亀井静香などと接触を重ねていた。それに対して、久保書記長は非自民連立への復帰を目指し、羽田内閣にいったん総辞職するよう求めていた。

この段階でキャスティングボートを握ったのは、社会党とさきがけであった。社会党は六月二一日、新たな政権構想を決定していた。連立形成の主導権を握ろうとしたのである。さきがけは二四日、その社会党案を大筋で了承した上で、社会党に対して村山委員長を首相候補にするよう求めた。

羽田首相は二五日、辞任表明を行った。政治改革を推進する観点から中選挙区制の下での解散・総選挙を避けるという理由に加えて、社会党が連立に復帰することへの期待も抱いていたようである。[22]しかし、新生党の小沢代表幹事に率いられる連立与党は、社会党に歩み寄る姿勢を示さなかった。

社会党とさきがけは二七日、社会党案をベースにさきがけの主張を付け加えて、共通の政権構想を取りまとめた。「新しい連立政権の樹立に関する合意事項」である。これを受けて、社会党は二八日から二九日にかけて連立与党と政策協議を行うが、物別れに終わった。それに対して、政権への復帰を渇望する自民党は、社会党とさきがけの「合意事項」を受け入れた。それればかりか、村山を首相候補として推す意向も伝えた。

連立与党が社会党とさきがけの「合意事項」を拒否したのは、両党を連立に復帰させるよりも、自民党を分裂させて連立を組み替えることを考えていたからである。それゆえ、最終的に羽田の再登板は断念され、その代わりに海部元首相が自民党を離党し、連立与党の首相候補になることが決まった。

二九日の首相指名投票は、村山と海部の一騎打ちとなった。自民党はその直前の両院議員総会で村山に投票することを決めた。党首の村山が首相候補であったため社会党からの造反も抑えられ、第一回投票で村山二四一、海部二二〇、決選投票で村山二六一、海部二一四という結果となり、村山が首相に指名された。[23]

これを受けて、三〇日の未明に開かれた社会・自民・さきがけの三党首会談で、「合意事項」が口頭了解ながら正式に確認され、三党連立政権を樹立することが合意された。同日、社会党の村山委員長を首相とする自社さ政権が成立した。

首相を除く閣僚ポストは、自民党一三、社会党五、さきがけ二と、おおむね議席数に比例して配分され、河野が副総理兼外相、武村が蔵相と、両党首が重要ポストで入閣した。社会党の五十嵐広三が官房長官、さきがけの園田博之が官房副長官に就任し、首相官邸は社会・さきがけ両党が押さえた。自民党は連立与党で圧倒的多数の議席を占めたが、政権に復帰するために自制したのである。

自民・社会両党の政策的な歩み寄り

自社さ政権は、自民党と社会党という五五年体制下で長期にわたり鋭い対抗関係にあった両党が連立を組んだ点で、驚きをもって迎えられた。もちろん、共通点はあった。自民党は、新生党を結成した小沢によって下野を強いられた。また、社会党とさきがけは細川政権の下、「一・一ライン」に主導権を握られ、連立からの離脱を余儀なくされた。反小沢の情念が、自社さ政権を生み出したのである。

しかし、自民党と社会党の間の政策距離の大きさは、明らかであった。「緩衝政党」としてさきがけが一定の役割を果たし、連立与党の数が三つに減ったことも調整を容易にしたが、それに加えて自民・社会両党が政策面で相互に大きく歩み寄ったことが、歴史的にみて異例の連立政権を下支えした。

自民党の政策的な譲歩は、社会党とさきがけが作成した「新しい連立政権の樹立に関する合意事項」を全面的に受け入れたことである。[24] そこには、「現行憲法を尊重」「軍事大国化の道を歩まず」といった表現が盛り込まれていた。北朝鮮の核開発問題についても、近隣諸国と協力して交渉によって解決することが謳われ、朝鮮半島有事となった場合も、憲法の範囲内の措置にとどめると書かれていた。

歴史認識に関しても、「新政権は、戦後五〇年を契機に、過去の戦争を反省し、未来の平和への決意を表明する国会決議の採択などに積極的に取り組む」という一文が置かれた。これは自民党の本来の立場からすれば、容易には受け入れられない内容を含んでいた。実際、村山政権の与党間で最も紛糾することになるのは、この戦後五〇年をめぐる歴史認識問題であった。

他方、社会党の政策的な譲歩は、村山首相の発言を通じてなされた。七月一八日の所信表明演説で「日米安全保障体制を堅持」と述べ、二〇日の衆議院本会議では、それを再確認するとともに、「自衛隊は、憲法の認めるものであると認識する」、「日の丸が国旗、君が代が国歌であるとの認識が国民の間にも定着しており、私自身もそのことを尊重してまいりたい」などと答弁した。二一日の参議院本会議では、長年の社会党の党是たる非武装中立について、「冷戦構造が崩壊した今日、その政策的役割を終えた」と語った。

こうして社会党は従来の基本政策を相次いで放棄し、自民党のそれを受け入れた。党首が首相に就任し、政権運営上、二つの立場の使い分けが困難になったことを直接的な背景としたが、一九七〇年代半ば以降、積み重ねられてきた社会党改革の帰結でもあった。ただし、この基本政策の転換は、社会党の正式の手続きを経ていなかった。社会党は七月二八日の中央執行委員会と九月三日の臨時党大会で、村山首相の発言を追認する。

こうしたなか、自民党も社会党に対して一層の歩み寄りをみせた。基本理念や綱領の見直しを進め、一九九五年三月五日の党大会で「理念」「新綱領」「新宣言」の三つの文書を採択したのである。このうち「新宣言」は、最大の焦点であった憲法改正について、「二十一世紀に向けた新しい時代にふさわしい憲法のあり方について、国民と共に論議を進めていきます」と記し、日本国憲法を否定的に捉える「自主憲法の制定」の党是を事実上棚上げした[25]。

村山政権の下、自民・社会両党の協調が可能になった背景には、自民党の河野洋平、社会党の村山富市、さきがけの武村正義の三党首が日本国憲法を肯定的に捉えるリベラル派であり、相互に信頼関係が存在していたこともあった。

ボトムアップとコンセンサスによる政策調整

自社さ政権が「一・一ライン」に対抗して成立したことは、政策決定プロセスにも反映された。すなわち、三党間で了解された「合意事項」には、「連立政権与党の運営」と題する別紙が付され、「政策決定の民主性、公開性を確保」することが強調された。そして、一九九四年七月一一日に与党責任者会議が開かれ、「村山連立政権与党意思決定機構」について合意をみた[26]（3—②）。

村山内閣の政策決定プロセスは、政府・与党二元体制が採用され、連立与党による内閣提出法案の事前審査が実施された点で、細川内閣と同一であった。また、それを前提として、政府と与党の間に三党首をはじめ主要閣僚と両党幹部からなる政府・与党首脳連絡会議が設けられ、両者の調整が行われた。

村山政権の特徴は第一に、村山首相、河野外相、武村蔵相による党首会談を定例化し、閣内でも各党党首が首相に意見を述べ、チェックする機会を設けたことである。細川内閣では、代表幹事・書記長から構成される与党代表者会議が与党間の政策調整を独占し、そ

3-② 自社さ政権の政策決定システム

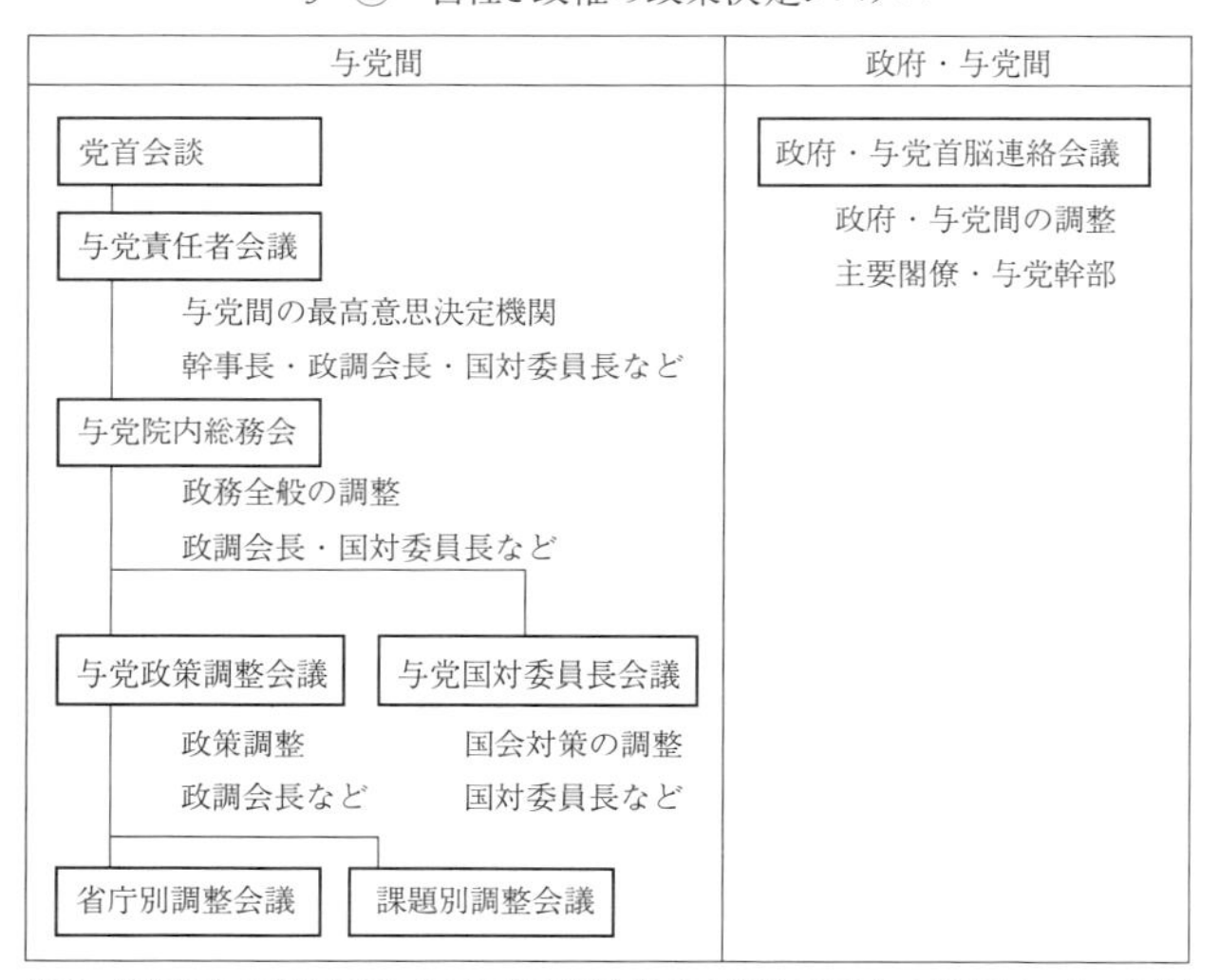

出所：浜谷「連立政権与党における政策調整・決定の仕組みと手法の変容」23ページ、『自由民主党五十年史 資料編』3167ページなどより著者作成。

こで決まらない場合には首相への一任がなされ、いずれの場合にも党首は蚊帳の外に置かれたが、それを是正したのである。

第二の特徴は、与党間の最高意思決定機関たる与党責任者会議をはじめ、各会議のメンバーの比率をおおむね自民党三、社会党二、さきがけ一とし、最大政党の自民党が過半数を占めないよう、議席数が少ない政党を過大に代表させたことである。細川内閣でも多数決による決定はなされなかった。しかし、細川内閣では全会一致であったにもかかわらず、小沢・市川・米沢の三者が連携し、与党代表者会議の主導権を握った。そうした状況を回避し、コンセンサスの形成に努めようとしたのである。

第三の特徴は、与党間の政策調整のプロセスで、与党代表者会議に権限を集中させた細川内閣とは違い、ボトムアップの手続きが採用されたことである。具体的には、重要案件や調整を要する案件については、各与党内のプロセス（自民党でいえば部会—政調審議会—総務会）と並行して、省庁別・課題別調整会議—与党政策調整会議—与党院内総務会—与党責任者会議という下から上への順序で、与党間の調整が進められた。

要するに、村山内閣の与党間の政策調整は、党首会談を定例化したり、連立のマイナー・パートナーの発言力を高めたりすることで、コンセンサスの形成に努める一方、省庁別・課題別調整会議を起点とするボトムアップの手続きを導入するものであった。八党派が連立した細川内閣とは違い、三党の連立だからこそ可能になったことは確かだが、リーダーシップを重視する小沢一郎の民主主義観へのアンチテーゼであり、従来の自民・社会両党の政策決定プロセスの反映でもあった。

こうした手続きは手間と時間がかかるという欠点を持っている。省庁別・課題別調整会議で紛糾し、結論を得ないまま正副政調・政審会長からなる与党政策調整会議に送られてきた場合、差し戻して調整を続けさせる例が少なくなかった。その目的は政策距離が大きい与党間で丁寧に合意を形成することにあった。

ただし、それでもなお合意に達しない場合もあった。村山首相は、そうしたケースについて次のように振り返っている。「結論の見出せないものについてはやむを得ないから先送りする。緊急性があってどうしても結論を出さなければならん、それでもなかなか結論が出ないような問題については、三党首が会って話をしたり、最後は総理が決断をして決めるということもいくつかあった」[27]。だが、この村山首相への一任も、細川首相の場合とは違い、ボトムアップの調整の積み重ねを前提としていた。

少なくない政策的な成果

村山内閣の政策的な成果は少なくなかった。与党三党を合計すると衆参両院で過半数を大きく上回る議席を有していたことに加え、政策的な歩み寄りや政策調整のプロセスを通じて協調が図られたことが効果を発揮した。

例えば、一九九四年九月二二日の三党首会談では、三年後に消費税を三パーセントから五パーセントに引き上げることが合意された。竹下内閣による消費税の導入に反対し、細川内閣でも国民福祉税の創設に抵抗した社会党にとって、大きな転換にほかならなかった。この最終決着に至ったのは、自民党一〇、社会党七、さきがけ三からなる税制改正プロジエクトチーム（課題別調整会議）で徹底的に議論した結果であった。

それに比べると、細川首相の国民福祉税の提案は唐突であった。さきがけの井出正一政策幹事は、当時こう語っている。「当初は私たち政策幹事会でも少し議論しましたが、大問題でして、代表者会議のみなさんにお任せしたというか、「おれたちが決めるぞ」ということになったものですから、総理が考えていらっしゃったほど政策幹事会では議論しませんでした。代表者会議のみなさんも政治改革の問題で大変な状況が続きましたから、正直なところ税制問題の議論にはあまり入っていなかった[28]」。

自社さ政権で、社会党がかなりの程度、自らの政策を実現できた分野もある。例えば、村山内閣の発足から間もなく、与党間で翌年度の防衛費の伸び率を〇・九パーセントに抑制する合意がなされたが、防衛調整会議で徹底的に協議した結果であった。

被爆者援護法も、社会党の尽力によって、一九九四年一二月九日に成立した。これは戦後五〇年問題プロジェクトチームや与党政策調整会議で検討が進められ、最終的に首相官邸が提示した調停案を与党三党が受け入れることで、実現した。国家補償が明記されなかったことなど、社会党が求めてきた内容とは乖離もあったが、従来の自民党政権下の懸案が解決に向けて前進したことは確かである[29]。「従軍慰安婦」問題に関する「アジア女性基金」の設立も、同様の意味合いを持った。

最も紛糾したのが、「合意事項」に盛り込まれていた戦後五〇年の国会決議である。これも戦後五〇年問題プロジェクトチームで検討が始められ、与党政策調整会議、与党院内総務会、与党責任者会議と調整が重ねられたが、日本が過去に行った「植民地支配」や「侵略的行為」についての「反省」を表明すべきではないという意見が、自民党の内部に根強く存在し、紛糾を続けた。

最終的に「世界の近代史上における数々の植民地支配や侵略的行為に思いをいたし、我が国が過去に行ったこうした行為や他国民とくにアジアの諸国民に与えた苦痛を認識し、深い反省の念を表明する」という案文で、自民党内の了解を取り付けた。取りまとめにあたった加藤紘一政調会長は、最終段階で「こうした」という言葉を口頭で密かに挿入し、反対をかわしたのだという。[30]

ところが、国会の採決は散々な結果に終わった。一九九五年六月九日の衆議院本会議では大量の欠席者が出て、賛成が議員総数の過半数に達せず、参議院では採決すら行われなかった。そのため村山首相は、「わが国は……植民地支配と侵略によって、多くの国々、とりわけアジア諸国の人々に対して多大の損害と苦痛を与えました」などと表明する「総理談話」を八月一五日に発表した。この村山談話は、三党首会談を経て閣議決定がなされたが、自民党出身の閣僚からも異議は出なかった。[31]

4　崩壊に向かう自社さ政権

不調に終わった参院選の選挙協力

政策距離が大きい自民・社会両党から構成されるがゆえに、当初、短命と考えられていた村山内閣は、予想に反して安定した政権運営を続け、国会での内閣提出法案の成立率も極めて高かった。

ところが、自社さ政権には無理があることも否めなかった。前述したように、社会党は保守二大勢力に対抗する「第三極」として社民・リベラル勢力の結集を図ることを目標としていた。しかし、非自民連立政権から自社さ政権へと移行する過程で、連合から支援を受ける社会・民社両党が与野党に分かれる「股裂き」が起きた。これによって社民・リベラル勢力の結集という社会党の政界再編戦略は大きく揺らいだ。

そのことが端的にあらわれたのが、選挙協力である。社会党は従来、社民・リベラル勢力の結集を目指しつつ、非自民の枠組みで選挙協力を実施する準備を進めていたが、自社さ政権の成立を受けて、この三党で選挙協力を行う方向に転換せざるを得なかった。他方、首相指名投票で海部元首相を支持した新生党、公明党、日本新党、民社党などは、新党の結成を進め、一九九四年一二月一〇日に新進党が成立する。

小選挙区比例代表並立制の下で行われる衆院選に向けて、試金石になると考えられたのが、一九九五年の参院選であった。とりわけ一人区を中心にどのように選挙協力を実現するかが注目された。しかし、自民・社会両党の選挙協力は難航した。長年、国政選挙で正面から戦ってきた両党は、全国各地で候補者が競合していたし、それぞれの地方組織や支持団体も簡単には手を組めなかったからである。

自民党は、六年前の参院選で消費税の導入やリクルート事件などによる逆風を受けて歴史的な惨敗を喫し、とりわけ一人区では三勝二三敗という惨憺たる結果に終わっていた。一九九五年は、その失地回復をかけた参院選であった。したがって、現職を多く抱える社会党との選挙協力は、自民党にとって受け入れがたい選択であった[32]。

村山内閣の成立から間もない一九九四年七月一九日、自民党は自社さ政権について理解を得るために全国代表者会議を開いた。しかし、地方組織からは、社会党との選挙協力に否定的な意見が数多く出された。そこで、選対本部長代行を兼ねる小渕恵三副総裁は「競争的共存」という考えを示し、森喜朗幹事長も次のように発言した。「政党にとって選挙は命。できるだけ独自の候補を立てるのが基本だ。しかし、候補者がまだ決まっていない選挙区や自社両党が〝すみ分け〟可能なところは協力もありうる、ということだ[33]」。

自民・社会・さきがけの三党間では連立を維持するため、選挙協力に向けた協議が進められたが、うまくいかなかった。選挙区で独自候補の擁立を見送った場合、比例区の票が減少してしまうという懸念もあり、地方組織が動かなかったからである。[34]

3-③ 1995年参院選の一人区での与党間選挙協力

○公認候補の競合

	自民党	社会党	さきがけ
公認候補数	15	7	1
自民党と		5	0
社会党と	5		0
さきがけと	0	0	

○公認候補への推薦

	自民党	社会党	さきがけ
公認候補数	15	7	1
自民党から		0	0
社会党から	0		0
さきがけから	0	0	

出所：『朝日新聞』などより著者作成。
注記：推薦には支持を含む（以下、同じ）。

結局、二四の一人区の公認候補は、自民一五、社会七、さきがけ一と擁立され、自民・社会両党は五選挙区で重複した。推薦候補を含めると、一一選挙区で衝突した。自民・社会両党間で選挙協力が実現したのは、共同推薦を行った岩手と滋賀、村山首相の地元で自民党県連が社会党の公認候補を支持した大分の三選挙区にとどまった（3—③）。

一九九五年七月二二日に実施された参院選の結果は、自民党が一人区で一五議席（うち推薦三）を獲得し、全体でも四六議席を得て、改選第一党になった。新進党の議席は、自民党に迫る四〇であり、比例区では自民党を上回った。

それに対して、社会党は改選議席の四割を失い、一人区は二議席（うち推薦一）、全体でも一六議席にとどまり、結党以来の惨敗を喫した。さきがけも三議席と伸び悩んだ。選挙協力の不振が、社会党とさきがけを直撃したのである。

自民党首班の橋本内閣の成立

この参院選の結果は、政策決定について順調な政権運営を行ってきた村山内閣を動揺させた。次の衆院選が接近するなか、村山首相が党首として社会党の立て直しに本格的に取り組まざるを得なくなったからである。村山首相は、戦後五〇年の村山談話を発表したという成果もあり、参院選後に辞意を漏らす。ただし、自民党内で河野総裁が首相に就任することへの反対が強く、三党連立を保つ上でも現状維持が望ましいという事情もあって、慰留を受け入れ、内閣改造を実行するにとどめた[35]。

参院選の結果は、自民党も揺るがした。比例区の獲得議席と、選挙区の得票の両方で新進党を下回ったからである。河野総裁は総裁選への出馬断念に追い込まれ、九月二二日、国民の間で人気がある橋本龍太郎が総裁に選出された。

一二月一五日の閣議で水俣病問題の最終解決策を決定した村山首相は、翌一九九六年一月五日、辞任を表明する。自社さ三党は八日、それまでの政策を継承し、発展させる「新しい政権に向けての三党政策合意」を結び、一一日に橋本が国会で首相に指名された。二年半ぶりの自民党首班内閣の復活であった。首相を除く閣僚ポストは、自民党一一、社会党六、さきがけ二、民間人一と、議席数に比例して配分された。

自民党首班内閣が復活したとはいえ、それまでのボトムアップとコンセンサスを重視する政策調整の仕組みは継承された。社会党とさきがけは参議院の議席を減らしたが、三対二対一の比率も維持された。また、村山・武村の両党首が閣外に出たとはいえ、社会党の久保書記長が副総理兼蔵相に、渡辺嘉蔵が官房副長官に就任するなど、三党間の連携が引き続き重視された。

しかし、力関係の変化もみられた。すでに前年の参院選の後、橋本総裁の下で加藤紘一に代わって山崎拓が政調会長に就任した頃から、自民党は強気に転じつつあったが、その傾向が橋本内閣の成立によって一層強まった。時間がかかる省庁別・課題別調整会議などに対して指示を行ったり、「一任」を求めたりする発言が増えるようになる。また、橋本内閣の成立にあたっての「政策合意」には、戦後五〇年に関する諸課題が「引き続き取り組む課題」として明記されていたが、結局、事実上棚上げされてしまう[36]。

政策決定で自民党の主導権が強まった一因には、参院選後、社会・さきがけ両党が次の衆院選に向けて混迷を深めていたことがあった。このままでは小選挙区比例代表並立制の下で壊滅的な打撃を受けることは明らかであった。そこで、村山・武村両党首を中心に両党の合併による新党結成が模索された。しかし、自民党出身者からなるさきがけの内部では、社会党との合流に対する抵抗感が強く、実現しなかった。

橋本内閣の成立から八日後の一月一九日、社会党は党大会を開催し、社会民主党に改称した。ところが、単なる党名の変更にとどまり、その後も新党問題はくすぶり続けた。最終的に社民党とさきがけは分裂し、衆議院が解散された翌日の九月二八日、両党の出身者が中心となって民主党が結成され、鳩山由紀夫と菅直人が共同代表に就任した。残った社民党とさきがけは、著しく弱体化することになった。

衆院選と閣外協力への転換

参院選で自民・社会両党の選挙協力は低調に終わった。しかし、それにもかかわらず、自民党は参院選の比例区で新進党に敗れた原因について、三党連立の枠組みを重視し、複数区で公認候補を一人に絞ったためだと考えた。衆院選での勝利を期待されて成立した自民党の橋本執行部は、全ての小選挙区での候補者擁立を方針として掲げる[37]。その後、自社さ三党間で選挙協力を実現するための協議も行われたが、結局、参院選と同じく極めて不十分なものにとどまった（3―④）。

3-④　1996年衆院選の小選挙区での与党間選挙協力

○公認候補の競合

	自民党	社民党	さきがけ	民主党
公認候補数	288	43	13	143
自民党と		41	9	139
社民党と	41		0	15
さきがけと	9	0		0
民主党と	139	15	0	

○公認候補への推薦

	自民党	社民党	さきがけ	民主党
公認候補数	288	43	13	143
自民党から		1	4	3
社民党から	3		10	0
さきがけから	10	16		18
民主党から	1	0	8	

出所：『朝日新聞』などより著者作成。
注記：民主党は与党ではないが、直前まで社民・さきがけ両党に所属していた議員によって結成されたため、参考のために記載した。

三〇〇の小選挙区で自民党は公認候補を二八八名、社民党は四三名、さきがけは一三名擁立したが、自民党と社民党が四一選挙区、自民党とさきがけが九選挙区で競合した。推薦したのは、自民党が社民党に一、さきがけに四、社民党が自民党に三、さきがけに一〇、さきがけが自民党に一〇、社民党に一六選挙区にすぎなかった。自民党が積極的に候補者を擁立し、社民・さきがけ両党と戦ったことが分かる。

衆院選の直前に社民・さきがけ両党出身者によって結成された民主党についても、同じことがいえる。民主党は一四三名の候補者を小選挙区で擁立したが、一三九名が自民党の公認候補と競合した。また、自民党は民主党に推薦を三名しか与えず、民主党は自民党に一名だけ出した。民主党を含めて考えても、自社さ三党間の選挙協力が不調に終わったことは明らかである。

一〇月二〇日、新たな選挙制度の下での衆院選が初めて実施された。自民党は公示前から二八増の二三九議席を獲得し、大幅に伸長したが、過半数には達しなかった。それに対して、新進党は四減の一五六議席と低迷し、民主党も公示前と同じ五二議席にとどまった。最も大きな打撃を受けたのは、社民党とさきがけであり、土井たか子を党首に復帰させて衆院選に臨んだ社民党は一四減の一五議席と公示前から半減し、さきがけも七減の二議席と壊滅的な敗北を喫した。

勝利したものの過半数の議席に達しなかった自民党は一〇月二二日、社民、さきがけ、民主の三党に対して連立を提案したが、社さ両党は閣僚を送り込まない閣外協力に転じることを決めた。そのねらいは、選挙戦の最中から土井党首が「市民との絆を結び直す」と表明していたように、再生に向けて主体性を確保するためであった。民主党とは一致する政策ごとに協力するパーシャル連合を組むことになった。

一〇月三一日、自社さ三党間で、「第二次橋本政権発足にあたっての三党合意」が結ばれた。注目されるのは、企業・団体献金の禁止、日米地位協定の改定、選択的夫婦別姓制度の導入など一〇項目が合意に至らず、協議を継続するとされたことである。これは三党間で政策的な歩み寄りが難しくなったことを示していた。その一方で、NPO法案の成立、男女共同参画社会の実現、現行憲法や集団的自衛権に関する政府解釈を前提とする日米ガイドラインの見直しが謳われ、村山首相談話を基本に据えることも確認された。

一一月七日に行われた首相指名投票では、自民・社民・さきがけが自民党の橋本総裁を支持し、同日、久々の自民党単独内閣として第二次橋本政権が成立した。しかし、衆参両院で過半数の議席を欠く少数派政権であり、閣外協力に転じた社民・さきがけ両党の協力が不可欠であった。自社さの枠組みは弱まりながらも、維持されたのである。

解体した自社さの枠組み

第二次橋本内閣に対する社会党とさきがけの閣外協力は、羽田内閣の際のさきがけの閣外協力よりも積極的な性格を持っていた。首相指名投票や予算の成立での協力に加え、内閣提出法案などの事前審査のプロセスに参加したからである。

第二次橋本内閣の下でも、村山内閣以来の政策調整の手続きが原則として維持された。自民党七、社民党五、さきがけ三からなる与党責任者会議が、与党間の最高意思決定機関と位置づけられ、自民党六、社民党三、さきがけ二から構成される与党政策調整会議も存置された。この数字に明らかなように、いずれの会議も特定の政党が過半数を超えるような構成にせず、コンセンサスの形成が引き続き重視された。

しかし、重要な変化もあった。「三党合意」に書き込まれたように、省庁別調整会議が廃止されたことである。与党院内総務会も廃止されたことを考えると、簡素化という目的があったとはいえ、その最大の原因は、社会・さきがけ両党がボトムアップの手続きをとるのに必要な議席数を失ったことにある。同じくマンパワー不足という理由から、プロジェクトチームを設置することもできなくなった[38]。

もっとも、ボトムアップの手続きは、与党間では失われたとしても、それぞれの党内には存在していた。実際、この省庁別調整会議の廃止について、自民党の森喜朗総務会長は、「これまで以上にわが党は政調会、総務会の政策決定過程が重要になってくる」と語っている[39]（3—⑤）。

その結果、自民党内で蓄積していた不満が和らいだ。従来、与党間とそれぞれの党内の両方でボトムアップの手続きを経ることで、丁寧な合意形成がなされた半面、調整のためのコストが非常に大きかった。また、与党間の政策調整の方が重要性を持ったが、自民党ではそれに参加できる人数が限られ、族議員の発言力も制約された[40]。各党内の政策決定プロセスを経て、与党政策調整会議で与党間の調整を行うという新たな仕組みは、コストと参加の両面で自民党からみて改善といえた。

3-⑤　閣外協力後の自社さ政権の政策決定システム

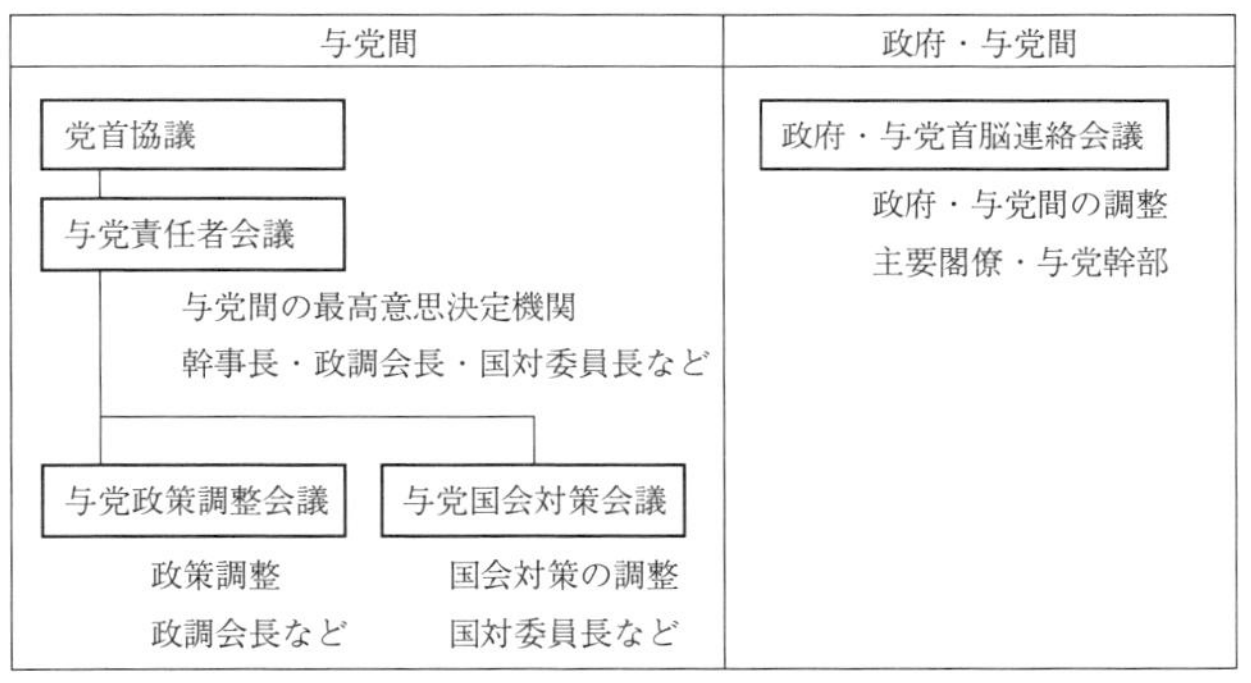

出所：『自由民主党五十年史 資料編』3171ページなどより著者作成。

こうした政策決定プロセスの変化は、衆院選の結果が引き起こしたものであり、自民党の主導権が強まったことの反映であった。さらに、自民党は積極的な勢力拡張策をとる。衆院選に敗北した新進党で内部対立が深刻化したことを受けて、その離党者などの入党・復党を進めたのである。この結果、一九九七年九月五日、自民党が四年二カ月ぶりに衆議院の単独過半数を回復した。社民党の伊藤茂幹事長によると、「自民党は傲慢になり、「与党内野党は要らない」という気分が高まった」という。

同年四月一七日、橋本内閣が社民党ではなく新進党の協力の下、駐留軍用地特別措置法の改正案を成立させるなど、すでに与党間では深刻な摩擦が生じていた。さらに、自民党が衆議院で単独過半数を回復して以降、企業・団体献金の廃止に難色を示すとともに、新ガイドラインについても独断で周辺事態法案を閣議決定したため、ついに一九九八年六月一日の三党首会談で、社民党はさきがけとともに閣外協力の解消を通告した[41]。

しかし、両党が閣外協力の解消を決意した背景には、翌月の参院選を有利に戦おうという思惑もあった。選挙協力が十分になされない以上、独自性をアピールした方がよい。実際、社民党は二四の一人区のうち七選挙区に公認候補を立てたが、二二選挙区に擁立した自民党と全てで競合した。

自社さ政権は、非自民連立政権を反面教師として政策調整のプロセスを丁寧に作り上げ、その面では一定の成功を収めたが、有効な選挙協力を行うことができず、崩壊の道を辿ったのである。

1――武村正義『小さくともキラリと光る国・日本』光文社、一九九四年、第三章、田中秀征『さきがけと政権交代』東洋経済新報社、一九九四年、第三章。
2――八月二八日の社会党全国書記長会議での山花貞夫委員長の発言(『月刊社会党』一九九三年一〇月、七七ページ)。
3――ポスト五五年体制期の連立政権の合意文書は、服部龍二「連立政権合意文書――一九九三―二〇一二」(『中央大学論集』第三五号、二〇一四年)、自由民主党編『自由民主党五十年史 資料編』自由民主党、二〇〇六年、第四章などに収録されている。

4――久保亘『連立政権の真実』読売新聞社、一九九八年、二七―三二ページ。

5――市川雄一「細川連立政権を回顧して（上）」（『月刊公明』二〇一三年九月）二六―二七ページ。ただし、山花貞夫に代わって社会党委員長に就任した村山富市が入閣せず、細川首相と個別に会談を行うようになったため、政権運営に混乱をきたしたという。

6――浜谷惇「連立政権与党における政策調整・決定の仕組みと手法の変容」（市民がつくる政策調査会編『検証 連立政権』生活社、二〇〇七年）第一節、浜谷惇『政権と社会党』オルタ出版室、二〇一五年、第四章。

7――五百旗頭真ほか編『九〇年代の証言 小沢一郎 政権奪取論』朝日新聞社、二〇〇六年、一二〇ページ。小沢・市川・米沢の関係については、一一二、一二三ページ。

8――浜谷惇元社会党政策審議会事務局長へのインタビュー（二〇一八年三月八日）。

9――細川護熙『内訟録』日本経済新聞出版社、二〇一〇年、五一五ページ。

10――以下、細川政権の政策に関しては、朝日新聞政治部『連立政権回り舞台』朝日新聞社、一九九四年、伊藤光利「連立維持か党の独自性か」（前掲、山口ほか編『連立政治 同時代の検証』）。

11――前掲、細川『内訟録』二二二―二二三ページ。

12――細川政権期の政治改革については、成田憲彦「政治改革法案の成立過程」（『北大法学論集』第四六巻第六号、一九九六年）。

13――小沢一郎『語る』文藝春秋、一九九六年、九四ページ。

14――前掲、久保『連立政権の真実』四九―五二ページ。

15――前掲、細川『内訟録』一九一ページ。

16――同右、五一九ページ。

17――同右、一一〇、一三四ページ。

18―同右、三九五ページ。
19―前掲、久保『連立政権の真実』六七―七〇ページ。
20―前掲、小沢『語る』九八ページ、山崎拓『YKK秘録』講談社、二〇一六年、九二―九三ページ。
21―梅沢昇平『ドキュメント民社党』ココデ出版、二〇一四年、二七―三〇ページ。
22―羽田孜『志』朝日新聞社、一九九六年、一四八―一五一ページ。
23―野坂浩賢『政権』すずさわ書店、一九九六年、五七―六二ページ、五百旗頭真ほか編『森喜朗 自民党と政権交代』朝日新聞社、二〇〇七年、一六三―一七八ページ。
24―「新しい連立政権の樹立に関する合意事項」(『月刊社会党』一九九四年八月)。
25―前掲、中北『自民党政治の変容』一七〇―一七三ページ。
26―前掲、浜谷「連立政権与党における政策調整・決定の仕組みと手法の変容」二〇―三〇ページ、前掲、浜谷『政権と社会党』第五章、前掲、伊藤「連立維持か党の独自性か」一五三―一七四ページ、加藤紘一「『三党同等の原則』で政策を調整」(『月刊自由民主』一九九四年一一月)。
27―梶本幸治ほか編『村山富市の証言録』新生舎出版、二〇一一年、一三八ページ。
28―井出正一・関山信之(対談)「初体験の予算編成を振り返って」(『月刊社会党』一九九四年四月)八―九ページ。
29―浜賀祐子「村山内閣と政策決定過程」(岡野加穂留・藤本一美編『村山政権とデモクラシーの危機』東信堂、二〇〇〇年)。
30―魚住昭『証言 村上正邦』講談社、二〇〇七年、一七二―一八〇ページ。
31―薬師寺克行編『村山富市回顧録』岩波書店、二〇一二年、二一〇―二一三ページ、五十嵐広三『官邸の螺旋階段』ぎょうせい、一九九七年、一二五―一二九ページ。
32―日本経済新聞社編『「連立政権」の研究』日本経済新聞社、一九九四年、六一―六六ページ。

33――『自由新報』一九九四年八月二日。
34――『朝日新聞』一九九五年五月三〇日、六月一〇日。
35――前掲、薬師寺『村山富市回顧録』一八五―一九一ページ。
36――前掲、浜谷「連立政権与党における政策調整・決定の仕組みと手法の変容」三〇―三三ページ、前掲、浜谷『政権と社会党』一九九―二一〇ページ。
37――『自由新報』一九九五年九月一二日、『朝日新聞』一九九五年一〇月二七日。
38――前掲、浜谷「連立政権与党における政策調整・決定の仕組みと手法の変容」三四―三六ページ。
39――『自由新報』一九九六年一一月一九日。
40――奥健太郎「連立政権下の与党間政策調整システム」（『東海大学紀要　政治経済学部』第四七号、二〇一五年）二二三―二二五ページ。
41――伊藤茂『動乱連立』中央公論新社、二〇〇一年、一〇二―一一四ページ。

第四章

自公政権の形成と発展

1　自自連立から自自公連立へ

新たな連立を目指す自民党

社民党とさきがけが橋本内閣への閣外協力を解消してから一カ月あまり後の一九九八年七月一二日、参院選が実施された。自民党は、衆議院に続いて参議院でも過半数を回復すべく臨んだが、改選一二六議席中四四と惨敗し、非改選と合わせても二五二議席中一〇三となり、過半数を二四議席も割り込んだ。北海道拓殖銀行の破綻、山一証券の自主廃業などバブル崩壊に伴う金融危機が深刻化していたにもかかわらず、橋本内閣が財政構造改革に固執したことが強い批判を浴び、こうした結果につながったといわれる。

すでに前年末、新進党は解党を決め、いくつかの政党に分裂していた。このうち反小沢の保守系政党の民政党および旧民社党グループの新党友愛は民主党に合流し、四月二七日に新たな民主党が結成された。参院選で二七議席（非改選との合計は四七）を獲得して躍進したのは、その民主党であった。それ以外の選挙結果は、共産党一五（二三）、旧公明党の参議院議員からなる公明九（二二）、小沢一郎が党首を務める自由党六（一二）、社民党五（一三）、さきがけ〇（三）であった。

参院選の敗北の責任を取って退陣した橋本首相に代わり、小渕恵三が自民党総裁に選出され、七月三〇日、小渕内閣が成立した。ところが、与党が参議院で過半数を持たない「ねじれ国会」に苦しめられることになる。

第一四三回臨時国会の最大の焦点は、金融機関の破綻処理の方法を盛り込む金融再生関連法案であった。小渕内閣は、民主・自由などの野党が共同で対案を作成すると、それを「丸のみ」することで、辛うじて法案を一〇月一二日に成立させた。自民党は重要法案ごとに協力相手を得るパーシャル連合でしのいだが、防衛庁の不祥事が問題化して、額賀福志郎長官が追及され、一〇月一六日、参議院本会議で問責決議案が史上初めて可決された。額賀は一カ月後、辞任を余儀なくされる。

パーシャル連合では安定した政権運営が難しい以上、自民党は新たな連立形成に向かわざるを得なかった。しかし、野党第一党として政権交代を目指す民主党が、自民党と大連立を組む可能性は当面ない。社民党やさきがけでは、参議院の過半数に遠く及ばない。そうなると必然的に、新進党から分かれた衆議院の新党平和および参議院の公明、すなわち公明党が連立のパートナーとして浮上した。

自民党が公明党にねらいを定めた理由は、議席数だけではなかった。小渕政権の発足から間もなく、親しい関係にあった新党平和の冬柴鉄三幹事長と接触し、公明党との連立を推し進めた野中広務官房長官は、こう振り返る。「公明党は少なくとも党内でぶれない。お互いに連立するのには組みやすい相手だと思いました。特に地方では公明党の力を借りなければ選挙に勝てないという経験もしました[1]」。

なぜ自由党は連立に入ったのか

ところが、反自民のスタンスをとってきた公明党が、自民党との連立に入るのは容易ではなかった。実際、参議院の首相指名の決選投票でも、公明は自民党の小渕総裁ではなく民主党の菅直人代表に投じていた。野中によると、冬柴は「いきなり自民と手を組んだのでは、支持者にとても説明できない。ワンクッション置いてもらわなければ」と返答したという。そのクッションとは、かつて自民党を分裂させ、非自民連立政権を樹立した小沢が率いる自由党のことであった。

野中は官房長官に就任した際、「小沢さんにひれ伏してでも、国会審議にご協力いただきたい」と語っていたが、公明党からの要請を受けて八月末に会談して以降、小沢との接触を重ねた。しかし、自由党は国会で民主党以上に強硬な姿勢をとっていた。金融再生関連法案についても、民主党を中心に対案を共同提出したとはいえ、公明党が小渕政権との妥協を求めたのに対して、自由党は対決を主張した。

だが、金融危機の深刻化を懸念した民主党が、自民党による野党案の「丸のみ」を受け入れると、倒閣の機会を逃したことに失望した自由党は民主党を見限り、一転して自民党との連立に向かう。臨時国会が閉じた後、自民・自由両党は一一月一九日の小渕・小沢会談で連立政権の樹立に合意した。その後も政策協議が続けられ、一九九九年一月一四日、自自連立政権が発足し、自由党から一名、野田毅が自治相として入閣した。民主党の政局の見通しの甘さが、自由党を自民党の側に追いやってしまったのである。

民主党の政権獲得戦略にも原因があった。菅代表は「小選挙区制だと連立してもなかなか選挙協力は難しい」と考え、「私はとにかく選挙で政権をひっくり返すつもりだった」と証言する。イギリス政治をモデルとする民主党は、衆院選を通じた二大政党間の政権交代を目指し、それゆえ他の野党との連携を重視しなかった。もっとも、菅も反省の弁を口にしている。「自民党は当然、野党に手を突っ込んでくるだろうから、小沢さんや「新党平和代表の」神崎武法さんらときちんと話をしておくことが必要だった」[2]。

他方、自由党が連立入りした目的は何だったのか。第一に、政策の実現である。小沢は一一月一九日の党首会談で、政府委員制度の廃止と副大臣制の導入、閣僚数の削減、国会議員定数と国家公務員数の削減、国連決議に基づく国際平和活動への参加、消費税の福祉目的税化などを求め、合意書には「党首間で基本的方向で一致した」と書かれた。その後の政策協議で、安全保障や消費税については自民党が若干巻き返したが、大筋で自由党の政策が受け入れられた。

小沢はこう振り返る。「僕は、政策合意を実現できると。これは、今の国会運営から、安全保障から、税制から何から、もう全部変えるっていう話だからね。これができるなら、それで本望だと思ったんだけどね」[3]。改革者としての小沢の面目躍如であった。

自由党が自民党と連立を組んだ第二の目的は、新進党が解党した後の選挙での生き残りである。両党首の合意書は、国と地方を通じた選挙協力を謳い、特に衆院選に関して「現職優先を原則とし、小選挙区の候補者調整を行う」と明記していた。自由党の衆議院議員三五名のなかで小選挙区選出は二三名であったが、そのうち二二名が自民党候補を破って当選していた[4]。当選一、二回の若手議員も多く、自由党にとって自民党との選挙協力は存続する上で不可欠とみられた。

公明党の路線転換

自民・自由・公明三党の関係は複雑であった。自民・公明両党は、連立を組む前提条件として、「緩衝政党」になりうる自由党を必要とし、自自連立が成立した。しかし、自由党は生き残りのため、自民党に対して政策の独自性を打ち出したり、選挙協力を求めたりした。自民党は公明党と連立を組むことで、自由党を牽制しようとした。そうした意味でも、自自連立は自自公連立に向けての重要なステップとなった。
ただし、公明党が自民党との連立に踏み切るには、それなりの時間がかかった。一九九八年一一月七日、参議院議員と地方議員からなる公明に、新進党から分かれた衆議院の新党平和が合流し、新たな公明党が正式に結成された。しかし、神崎武法代表は、結党大会の質疑や記者会見で、「自公連携、自公連立は考えていない」「野党に軸足を置いた上で国会対応とか、今後の選挙協力を考えていく」と言明した。[5]
ところが、その三日後の一一月一〇日、自民党は公明党が求めていた商品券構想を最終的に受け入れ、両党は景気対策の一環として地域振興券を発行することで合意した。これをきっかけとして、自由党に加えて公明党が自民党に協力するようになる。二七日に召集された第一四四回臨時国会では、前の国会とは打って変わって、地域振興券を盛り込む一九九八年度第三次補正予算や財政構造改革法停止法などが順調に成立した。
さらに、一九九九年一月一九日に始まる第一四五回通常国会では、自自公の連携によって参議院の過半数の議席を確保した小渕内閣が、従来であれば簡単に実現しなかったような法律を次々と成立させた。ガイドライン（新しい日米防衛協力のための指針）関連法、憲法調査会設置法（改正国会法）、国旗・国歌法、改正住民基本台帳法、通信傍受法を含む組織的犯罪対策三法などである。

こうしたなか、小渕首相は六月二八日の自民党役員会で公明党に閣内協力を要請することを正式に表明し、七月七日に神崎代表と党首会談を行い、連立参加を求めた。これを受けて、公明党は七月二四日の第二回臨時党大会で、小渕政権に閣内協力を行う方針を決定した。ただし、この党大会では、「閣外協力にとどめた方が良い」「自社さ政権での社民党の二の舞いになる」など、自民党との閣内協力に対する異論や懸念の声が上がった[6]。

公明党が自民党との連立に踏み切った背景には、地域振興券以来の政策的な歩み寄りに加え、中選挙区制の復活というねらいも存在した。しかし、党大会直後のインタビューで、この点を質問された神崎代表は、「当初はそのような議論もあったが、やはり政策実現のための連立でなければおかしいとなった」と語っている。さらに、自民・自由両党との選挙協力についても、「なかなか難しいと率直に思う」と述べた[7]。つまり、衆院選についての見通しが不十分なままの見切り発車であった。

また、閣外協力にとどめず、閣内協力まで踏み込んだ理由に関して、神崎元代表は次のように振り返る。「最初は半身の姿勢で、閣外協力から始めてはどうかと考えていたが、その年の二月と五月ぐらいに二度、小渕・野中・神崎・冬柴の四人で食事会をした際、小渕さんから閣内協力の強い要請があった。ならば、こちらも腹を据えて閣内協力した方がいいと判断した。比例定数の削減を阻止するためだったという説もあるようだが、それは違う[8]」。

ほとんど知られていないが、公明党の幹部の間にも慎重論があった。当時、副代表兼政審会長を務めていた坂口力は、こう証言する。「いつかは自民党と連立を組む時期が来るだろうと思っていたけれど、まだ時期が早すぎる、様子を見た方がよいというのが私の立場だった。新進党時代に自民党から受けた傷も、まだ癒えていなかった。しかし、冬柴幹事長が牽引し、全てを飲み込んで連立に入っていった。今から振り返ると、それが大人としての対応であり、冬柴さんには将来を見る目があったと思う[9]」。

自自公政権の成立

七月二六日に小渕・神崎会談が開かれ、自自公政権の樹立に向けて政策協議を進めることが決まった。しかし、三党間の協議は難航する。最大の焦点になったのは、衆議院の選挙制度であり、公明党と自由党が真っ向から対立した。

小沢が党首を務める自由党は、衆議院の小選挙区比例代表並立制を小選挙区制の方向に改革することを唱えた。自自連立政権が発足する際の政策協議では、比例代表の定数を五〇削減することを主張し、自民党に受け入れさせていた。自由党は政策合意に従って通常国会で公職選挙法を改正するよう自民党に求め、それが難しいとみるや、連立離脱の構えすらみせた。

これに対して公明党は、当初は小選挙区比例代表並立制を中選挙区制に戻すことを主張した。新進党が解党して公明党に戻り、中小政党になった以上、小選挙区制中心の選挙制度では生き残ることが難しかったからである。したがって、自由党が求める比例代表の定数の五〇削減については反対であった。

公明党が参議院議員と地方議員を合流させなかったことが原因で、新進党が解党せざるを得なくなったと考える小沢は、公明党の連立参加に必ずしも積極的ではなかった。しかし、この段階で自民・公明両党が連立を組むには、自由党というクッションが不可欠であった。国会最終日の八月一三日の小渕・小沢会談で、衆議院の定数削減を次期国会の冒頭で処理するという合意が成立し、自由党の連立離脱はどうにか食い止められた。

小渕首相が九月二一日の自民党総裁選で再選された後、自自公の政策協議が本格的に進められ、一〇月四日の三党首会談で「三党連立政権合意書」が署名された。懸案の衆議院の選挙制度改革については、定数を五〇削減するが、その内訳を現行の配分比率に従い小選挙区を三〇、比例代表を二〇と算出した上で、比例代表の定数の二〇削減を先行させ、次期臨時国会冒頭に処理すると明記した。

これは公明党からみて、大きな譲歩であった。自民党の森喜朗幹事長によると、公明党内を説得したのは冬柴幹事長であったが、その代わりに「次の選挙では定数三の中選挙区一五〇にしてほしい」と要請されたという。森は了承し、小沢も「わかった」といったが、結局、履行されないままに終わる。[10] 連立合意には、選挙制度改革のほか、消費税の福祉目的税化、PKOのうちPKFの本体業務の凍結解除、企業・団体献金の禁止、永住外国人への地方参政権の付与なども盛り込まれた。

一〇月五日、小渕内閣は内閣改造を実施し、ついに自自公連立政権が発足した。首相を除く閣僚数は一八であったが、公明・自由両党からはそれぞれ一名の入閣にとどまった。公明党の入閣者は神崎代表ではなく、創価学会員ですらない元東京都副知事の続訓弘（つづきくにひろ）参議院議員であり、しかも軽量ポストの総務庁長官であった。公明党は閣外協力ではなく閣内協力に踏み込みつつも、「半身の姿勢」をとったのである。

このことについて、神崎元代表は以下のように振り返る。「小沢さんから私にもっと閣僚ポストを要求しようという話があったけれども、断った。閣内協力のシンボルとして閣僚を出そうということだったので、一つでいいと私から言った。自民党の議員数が圧倒的に多く、公明党が少ないなかでの連立なので、私は閣内に入らないで党に残り、公明党の独自性を発信するという立場をとった[11]」。

2 摩擦をはらむ連立政権

政策決定プロセスと自由党の揺さぶり

自自公連立政権は、いかなる政策調整の手続きを採用したのか。結論的にいって、橋本内閣の下で社会党とさきがけが閣外協力に転じた後と類似したプロセスであった。

自自連立政権の段階で、村山内閣のような省庁別調整会議を起点とする与党間のボトムアップの手続きは採用されず、各与党内の政策決定を経た案件について、与党政策責任者会議で協議を行うというプロセスが選ばれていた（4―①）。それが自自公政権にも継承されたのである。なお、政府と与党の間には、政府・与党連絡会議と政府・与党協議会が置かれ、調整が図られた。

与党間のボトムアップの手続きが採用されなかったのは、自民党の意向や制度の持続性から説明できるが、連立のマイナー・パートナーの議席数も影響したと考えられる。自自公政権が発足した時点で、各与党の衆参両院議員数は、自民党が二六五と一〇五、公明党は四二と二四、自由党は三九と一二であった。五〇名前後の国会議員数では、省庁別の会議体に参加するのに必要なマンパワーが不足していた。この点で自社さ政権のさきがけは

4-① 自自政権の政策決定システム

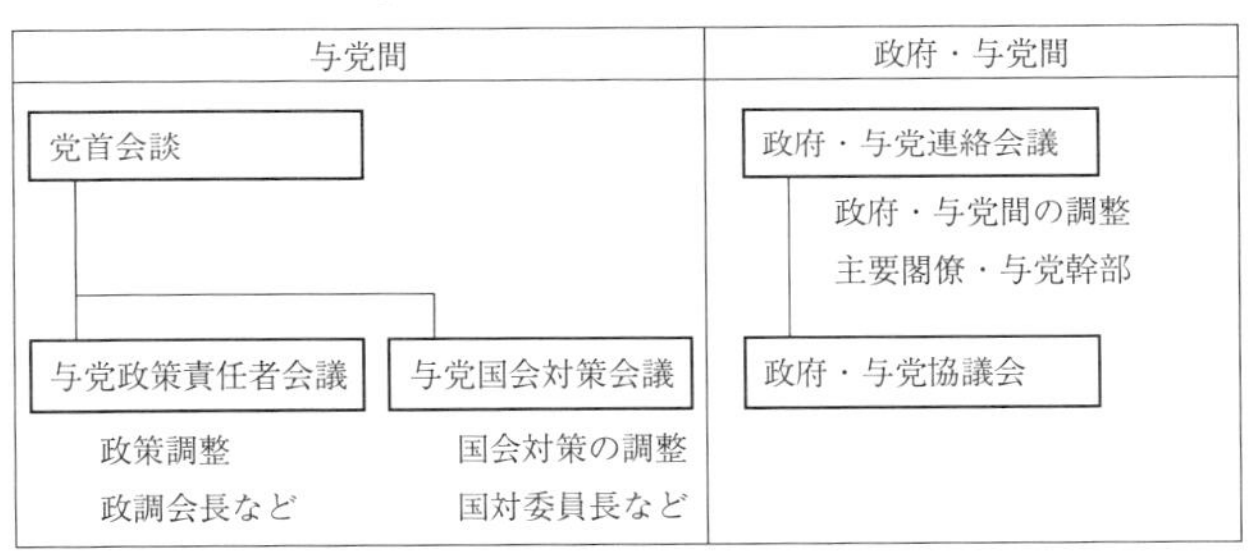

出所：『読売新聞』1999年2月12日などより著者作成。

背伸びをしすぎ、その結果、党勢の衰退を招いてしまったといえる。

省庁別の会議体は置かれなかったが、課題別のプロジェクトチームが与党政策責任者会議の下に設置され、与党間の懸案事項について検討を行った。自自連立政権下では当初、「経済・税制」「中央省庁再編・公務員定員削減」「安全保障の基本原則」「国会議員の定数削減」「政府委員制度の廃止・副大臣制度の導入」の五つが置かれ、自自公政権が発足した直後には、「円の国際化」「行政評価システム」をはじめ一二のプロジェクトチームを設けることが与党政策責任者会議で合意された。[12]

自自公政権の発足によって、小渕内閣は与党が衆議院で七割、参議院でも六割近い議席を占めたが、内部対立に悩まされることになる。自自公政権は自社さ政権に比べて与党間の政策距離が小さかったとはいえ、自由党が独自性を発揮すべく、連立離脱カードを使いながら自らの政策を実現しようとしたからである。そのための梃子として用いたのが、連立合意であり、与党政策責任者会議の下のプロジェクトチームであった。

すでに自由党の要求に従い、自自連立政権下の一九九九年七月二六日、政府委員制度の廃止、副大臣制度の創設、党首討論の導入などを盛り込む国会審議活性化法が制定されていた。さらに、自自公政権が発足した後の二〇〇〇年二月二日、衆議院の比例定数を二〇削減する改正公職選挙法が成立した。ところが、それ以外の「三党連立政権合意書」に盛り込まれた消費税の福祉目的税化などは、実現の見通しが得られなかった。そして、二月末になると、プロジェクトチームの大半が休眠状態に陥ってしまった[13]。

自由党の小沢党首は、小渕首相について「党首同士がサインまでした合意内容を実行しないのでは、とても誠実とは言えない」と批判する。それに対して自民党の森幹事長は、こう回想する。「小沢氏は難しいことばっかり言うわけですよ。そして、小渕さんらに「そんなこと、やればいいんだよ」と簡単に言うんだ。……自民党のように大きな所帯で円満にやっていこうとすれば、簡単にはいくわけがない[14]」。政策はもちろん、小沢のトップダウンの政治手法も、自民党には受け入れ難かったのである。

自自公から自公保へ

自由党は政策的な独自性を発揮する一方、生き残りのため自民党に対して選挙協力を求めた。自自公の「三党連立政策合意書」にも、「次期総選挙においては、小選挙区の候補者調整を行う」と明記されていた。

しかし、自民・自由両党間の候補者調整は、全くといっていいほど進まなかった。前回の衆院選で自民・新進両党に分かれて戦った経緯があり、自由党との連立合意がなされた直後の自民党の全国幹事長会議でも、「自由党は、ともに天をいただくことができない相手として選挙を戦った」という声が出ていた。[15] また、公明党とは違って組織票を持たない自由党と選挙協力を行うメリットが、そもそも自民党には乏しかった。

自由党は局面を打開すべく、一気に自民党との保守合同を模索する。それを自民党に打診したのは、自自公政権が成立した一カ月後の一一月六日のことであった。しかし、自民党内では党を割り、野党に転落させた小沢に対する憎悪が依然として強かったし、候補者調整で不利になる可能性がある議員、前回の衆院選で新進党と激しく争った地方組織などからも強い反発が出され、立ち消えになった。[16]

ところが、合流論は再燃する。小沢代表が二〇〇〇年三月四日に小渕首相と会談を行い、両党が解党して対等に合併することを求める一方、受け入れられない場合、連立から離脱すると伝えたためである。衆議院議員の任期満了が半年後に近づいていた。自由党からすれば、自民党との選挙協力ができないまま連立に残り、衆院選を迎えることは、何としても避けたいところであった。

対等合併を受け入れがたい自民党は、ここに至って自由党との連立解消を決意する。そして、四月一日に三党首会談が開かれ、自由党の連立離脱が正式に決まった。ところが、その際の心労からか小渕首相は脳梗塞で倒れ、快復しないまま死去する。自民党は最高幹部が急ぎ相談して、森幹事長を後継総裁に据えることを決めた。森によると、公明党も総裁就任に賛意を示したという。

その一方で自民党は、公明党との間の「緩衝政党」を確保するため、連立を離脱した自由党の分断工作を進めた。最終的に衆議院議員二〇名、参議院議員六名をもって保守党が結成され、二階俊博運輸相が閣内に留まることになる。[17] 保守党の存在感を特に参議院で高めるために、党首の予定であった野田毅を幹事長に回し、元女優で参議院議員の扇千景を党首に据えたのも、自民党の工作によるものであった。

保守党は、自民党の事実上の衛星政党であり、自民党による近い将来の吸収合併が予定された。自自公政権から自公保政権に移行する過程で、自公政権という性格が格段に高まったのである。四月五日、自民党は「政策の継続性」を謳う「三党連立政権合意」を公明・保守両党と結んだ上で、森内閣を成立させた。

ところが、自公保政権は決して安定的とは言い難かった。確かに、自由党が連立から離脱した結果、政策決定上の不安定要因は取り除かれた。しかし、自民党と自由党を決裂させた選挙協力という問題が、自民・公明両党の間にも残されていた。

十分に成功しなかった自公の選挙協力

自民党にとって、公明党との選挙協力にはメリットが少なくなかった。公明党は新宗教で最大の教団の創価学会を支持母体として持ち、堅固な集票力を誇っていたからである。公明党にとっても、小選挙区制を中心とする選挙制度の下で生き残るには、自民党との選挙協力が不可欠と思われた。

しかし、公明党は自民党と連立を組んだ時点で二三名の小選挙区の候補者を抱え、その大部分が自民党の立候補予定者と競合していた[18]。自民党の執行部は公明党との選挙協力に積極的であったが、競合関係にある候補者や、これまで国政選挙で公明党や新進党と戦ってきた地方組織には否定的な意見が少なくなかった。例えば、二〇〇〇年一月一八日に開かれた自民党の全国幹事長会議では、「自自公の選挙協力については慎重に対応すべき」といった意見が続出した。

そこで、森総裁の下で自民党幹事長に就任した野中広務は、四月二一日に党所属の衆参両院議員に「通達文」を送付し、「連立政権及び連立与党を否定・批判する発言」などを慎むよう求め、違反した場合には処分すると伝えた[19]。公明党との候補者調整を進めるのと並行して、党内の引き締めを図ったのである。

自民・公明・保守三党は五月一九日、衆院選の共通公約として景気回復の実現を前面に掲げる「自・公・保与党三党のめざす基本政策」を策定し、二六日には候補者調整を決着させた。この段階で残っていた公明党の候補者二一名のうち、三名が引退したり比例代表に回ったりして、一八名が小選挙区に立候補することになった。自民党は一四の選挙区で譲歩し、八名が比例代表に転出、五名が立候補を撤回、一名が他の選挙区に移動した。自民党の執行部が公明党との選挙協力を重視したことは明らかである。

しかし、公明党が公認候補を擁立する一八の小選挙区のうち、四つについては自民党との調整がつかなかった。具体的には、東京一七区で平沢勝栄と競合した山口那津男のほか、千葉二区の富田茂之、静岡一区の大口善徳、高知一区の石田祝稔である。そればかりか、自民党から立候補予定であった五名が、小選挙区を公明党に譲ることを拒否し、無所属で立った。野中幹事長は、公認漏れの候補を支援した者を処分し、無所属で当選しても追加公認しない考えを示したが、効果に乏しかった[20]（4―②）。

六月二五日に実施された衆院選の結果は、与党全体で二七一と絶対安定多数を確保しつ

4-② 2000年衆院選の小選挙区での与党間選挙協力

○公認候補の競合

	自民党	公明党	保守党
公認候補数	271	18	16
自民党と		4	4
公明党と	4		0
保守党と	4	0	

○公認候補への推薦

	自民党	公明党	保守党
公認候補数	271	18	16
自民党から		14	12
公明党から	161		13
保守党から	202	18	

出所：『朝日新聞』などより著者作成。

つも、公示前の三三五を大きく割り込んだ。自民党は二七〇議席から二三三に減らし、単独過半数に達しなかった。ただし、定数が二〇削減されて四八〇になったことを考えると、善戦したともいえた。

それに対して、公明党は三一議席と、公示前から一一も減らした。特に小選挙区の当選が七にとどまるなど、自民党との選挙協力の成果を十分に得られなかった。山口那津男をはじめ自民党との競合区で全敗し、東京一七区では自民党の候補者調整を拒否して無所属で立候補した森田健作に敗れ、東京二〇区と神奈川六区は公認漏れ候補との共倒れに終わった。一六のうち四つの小選挙区で自民党の公認候補とぶつかった保守党も、小選挙区のみの七議席に減らした。

公明党の神崎代表は衆院選後、こう述べている。「公明党が自民党候補を推薦した小選挙区では、公明党支持者の皆さまから懸命なご支援をいただき、実効性のある選挙協力をすることができました。しかし、自民党から公明党への選挙協力については、率直に言って十分な結果を出すことができませんでした」。これに関して、自民党の機関紙も「わが党の他党への協力は、必ずしも所期の成果を達成したとはいえない」と認めざるを得なかった。[21]

自民党内でくすぶる公明党批判

この衆院選で自民・公明両党の選挙協力が十分になされなかった一因には、従来、自民党を支持してきた立正佼成会や霊友会など有力な宗教団体が、創価学会を支持母体に持つ公明党との連立に反対していたという事情があった。例えば、前回の衆院選で二二八名の自民党候補を推薦した立正佼成会は、公明党との連立を容認する候補者の推薦を見送り、三八名に絞り込んだ。そこにはYKKと称される加藤紘一、山崎拓、小泉純一郎の三名のほか、白川勝彦や平沢勝栄も名前を連ねていた。[22]

少し時間を戻そう。自民党は、公明党が非自民連立政権に参加したことを受けて、政教分離問題を中心に創価学会への批判を強めた。国会での質問や機関紙などを通じて攻撃するだけでなく、自民党所属議員による「憲法二十条を考える会」、立正佼成会など反創価学会の宗教団体や有識者による「四月会」なども結成された。さらに自社さ政権が成立し、公明党が新進党に合流すると、宗教法人法の改正や池田大作名誉会長の証人喚問などのカードを用いて激しい揺さぶりをかけた。

ところが、一九九七年末に新進党が解党を決定するや否や、自民党は一転して公明党に接近する。一九九八年四月二八日、自民党の機関紙『自由新報』は、創価学会に対する謝罪記事を掲載した。参院選を目前に控えて自社さの枠組みが解体するなか、公明党と協力関係を構築する上での障害を取り除いたのであった。自民党は次第に「四月会」と距離を置くようになり、「憲法二十条を考える会」も休眠状態に陥った。[23]

参院選で敗れた後、自民党は公明党との連立に向かうが、内部では反対意見がくすぶり続けた。例えば、自社さ政権の下で政調会長と幹事長を務めた加藤紘一は、「あれほどまでに熾烈な宗教政党批判を繰り広げたにもかかわらず、自民党がその対象とした公明党と連立するとは、あまりにもご都合主義ではないかという批判があることは当然だろう」と書き、閣外協力にとどめるよう主張した。[24] 加藤は現職の小渕に対抗して一九九九年九月二一日の自民党総裁選に出馬した。

小渕首相が総裁選で再選を果たすと、一〇月五日に自自公政権が成立する。しかし、加藤が憂慮した通り、回復基調にあった内閣支持率は低下した。そうしたなか、公明党との連立に反対する意見書を自民党議員一九名で発表した加藤側近の白川勝彦が、「政教分離を貫く会」を結成した。[25]

森内閣の支持率も、首相の失言などが重なって低迷を続けた。二〇〇〇年六月二五日の衆院選でいったん持ち直したが、再び下落傾向に陥る。そこで、反主流派の立場をとっていた加藤は、盟友の山崎とともに動いた。民主党などの野党が提出する内閣不信任決議案に賛成することを表明したのである。ところが、野中幹事長を中心に強力な切り崩し工作が行われ、加藤派は分裂状態に陥った。内閣不信任決議案も、一一月二一日未明の衆議院本会議で否決された。

この「加藤の乱」が鎮圧されたことで、自公保政権は不安定要因を取り除いたかにみえた。ところが、森内閣の支持率は引き続き低迷し、二〇〇一年の参院選を前に総辞職を余儀なくされる。そして、その後継の自民党総裁に就任したのは、加藤の盟友で公明党に批判的な小泉純一郎であった。

しかし、逆説的なことに、自民・公明両党の連立は、小泉政権の下で動揺を繰り返しながら、次第に安定化していくことになる。

3 小泉政権と政策決定プロセスの安定化

小泉首相の登場と公明党

森後継を決める自民党総裁選は、二〇〇一年四月二四日に実施され、小泉純一郎の勝利に終わった。「古い自民党をぶっ壊す」と叫び、派閥政治や利益誘導政治の打破を訴え、巨大なブームを巻き起こした結果であった。

当初、総裁選での勝利が予想されたのは、橋本元首相である。橋本が率いる最大派閥の平成研究会は、小渕恵三を会長として結成されたが、その源流は竹下登の経世会、さらには田中角栄の木曜クラブにさかのぼる。基本的に財政出動を重視し、外交・安全保障政策でも親中的なハト派であり、公明党とは政策的に近かった。人脈の面でも国会対策などを通じて公明党と緊密な関係を長年にわたって続け、それが小渕首相の下で自自公連立が成立する重要な伏線となった。

それに対して、小泉は違った。福田赳夫が創設し、森喜朗首相をオーナーとする清和会に所属したが、どちらかというと同派はタカ派として知られた。小泉自身、反経世会・平成研のスタンスが強かった。加藤紘一・山崎拓との三者同盟であるＹＫＫは、そもそも経世会の自民党支配に対抗するために結成され、政策的にも平成研が牙城としてきた郵政事業の民営化を熱心に唱えてきた。小泉が公明党との連立に否定的な態度をとったのは、そうした背景が存在していた。

公明党の神崎元代表は、次のように証言する。「我々は誰が総理になろうが閣内協力を続けていこうと考えていたけれども、橋本氏の方に親近感を感じていた。平成研とは良好な関係を保ってきたし、政策的にもハト派だから。小泉氏らの清和会はタカ派で政策的に合わない。そういう意味で、橋本総裁になってもらった方がありがたいと考えていたことは事実だ。小泉氏の方も、公明党は平成研と仲がいいし、あまり面白くない連中だと思っていたのかもしれない[26]」。

小泉政権は四月二六日に発足するが、その直前に連立合意をめぐって公明党との間で深刻な対立が生じた。神崎はこう振り返る。「「連立合意」を結ばない、「この指止まれ」でやりたいというんですから。政策協定も合意もないまま、首相指名選挙で他党の党首の名前を書くことなんてできません。押し合いへし合いして、森（喜朗元首相）さんの尽力もあって、連立合意をまとめることができたので、私たちも小泉さんの名前を書くことができたんですね[27]」。

この自公保の「三党連立政権合意」には「構造改革なくして景気回復なし」という文言が盛り込まれ、郵政民営化についても「具体的な検討を進める」と明記されたように、公明党は小泉の新自由主義的改革に大筋で賛成する立場をとった。公明党が最も警戒したのは、総裁選のなかで小泉が靖国神社を終戦記念日に公式参拝すると明言していたことである。小泉政権が発足する前日の三党首会談で、神崎代表は靖国参拝の見送りや集団的自衛権に関する憲法解釈の維持を求めた。

ところが、公明党の要請に対して、小泉は明確な同意を与えなかった。[28] そして、八月一三日に靖国神社を参拝する。中国や韓国との関係を重視するとともに、国家神道の復活を警戒する公明党にとって、それは受け入れがたい行為であった。小泉政権の下、連立を組む自民・公明両党の間の政策距離は拡大したのである。

回避された事前審査制の廃止

総裁選で「古い自民党をぶっ壊す」と叫んで勝利した小泉首相は、郵政事業や道路公団の民営化をはじめとする新自由主義的改革を推進し、それに反対する派閥や族議員を「抵抗勢力」と呼んで攻撃した。郵政族や道路族などが自民党の事前審査のプロセスを通じて抵抗したため、それを突破すべく小泉は官邸主導を強めた。

官邸主導のための条件は、すでに橋本内閣によって整えられていた。いわゆる橋本行革である。具体的にみると、内閣機能が強化され、首相の閣議での発議権の明記、内閣官房の権限と組織の拡充、内閣府の創設などが実行された。その一環として内閣府に設置された経済財政諮問会議が、小泉内閣になって本格的に始動する。小泉首相を議長とする経済財政諮問会議で策定された「骨太の方針」が閣議決定され、それに基づいて予算編成が行われるようになった。

さらに、小泉首相は自民党の事前審査制の廃止を企図する。前述したように、事前審査制とは、内閣が国会に提出する法案（内閣提出法案）や予算案などを閣議決定する前に、与党の審査にかけて了承を得る慣行である。

小泉の総裁選での公約に従って設置された自民党の国家戦略本部は検討を進め、二〇〇二年三月一三日、下部組織の国家ビジョン策定委員会が「政治システム（New Decision-Making System）」と題する提言を取りまとめた。そこで最初に提案されたのは、①首相を中心とする内閣主導体制を構築する、②官僚主導はこれを排除する、③いわゆる「族議員政治」とは決別する、という「小泉三原則」であった。これを実現するために、日本版マニフェストの創設、内閣・与党の政策決定の一元化などが謳われた。

この報告書の眼目は、事前審査制の廃止にあった。政調会の部会―政調審議会―総務会の三段階からなる自民党の事前審査制は、官邸主導の妨げとみなされ、「事前承認制」から「事前審議制」への移行が主張された。自民党は内閣提出法案を事前に審議し、その結果を内閣に伝えるが、国会に提出する際の条件にはしないと書かれた。しかも、事前審議は部会のみでよいとされ、必要に応じて政調審議会に諮るが、原則としてそれを最終的な審議の場とし、総務会の権限を極力弱めようとした。

こうした自民党の動きは、連立を組む公明・保守両党の反対を巻き起こした。小泉首相が政策決定を政府に一元化するよう自民党に指示したことが報じられると、二〇〇一年一二月一〇日の政府・与党連絡会議で、公明党の神崎代表が「三党連立政権だから、首相官邸と与党三党で意思疎通を十分図るようお願いしたい」と要望し、保守党の野田党首も同調した。国家ビジョン策定委員会の報告書についても、「与党が政府に意見を言うのは当たり前であり、事前審査を廃止する必要はない」という異論が両党から出された[29]。

与党による事前審査のプロセスを破壊することへの公明・保守両党の懸念に加え、自民党の内部からも総務会の役割を事実上否定した部分などに大きな反発が沸き起こった。結局、小泉首相も事前審査制の廃止については断念せざるを得なかった。すなわち、二〇〇二年七月二九日、国家戦略本部・政治制度改革本部・行政改革推進本部の合同でまとめられた「政治システム改革についての提言」は、事前審査制の廃止に一切言及せず、見送りを事実上決めたのである[30]。

自公政権への移行と政策決定プロセスの安定化

官邸主導の進展が事前審査制の廃止にまで至らんとするなか、それに強い危機感を抱いた公明党は一つの行動に出ていた。二〇〇一年一二月一三日、神崎代表が小泉首相と会談し、「官邸（政府）と与党との連携を緊密にするため、例えば「首相補佐官」というものを連立与党各党から出すことを検討してはどうか」と提案したのである。また、経済財政諮問会議のメンバーに公明党の坂口力厚労相を加えるよう求めた。[31] しかし、いずれについても小泉首相は受け入れなかった。

公明党の神崎元代表は、この事実を否定する。「確かに、党内に官邸情報が入ってこないから、首相補佐官を出した方がいいという意見はあった。ただ、それも良し悪しで、首相補佐官を送ると結局、取り込まれてしまい、官邸で決まったことを押し付けられてしまう。そのように判断したので、私から小泉首相に首相補佐官を出したいとは言っていない」[32]。首相補佐官に関する神崎の要請は、事前審査制の廃止による政策決定の政府への一元化を牽制するためのものにすぎなかったということであろう。

結局、事前審査制の廃止が断念される一方、公明党からの首相補佐官の起用も見送られたことを受けて、公明党は政府・与党二元体制を前提とする与党間の政策調整のプロセスを通じて官邸主導にチェックを入れることになる。このことが示されたのが、個別政策に関する政府・与党協議会と、与党政策責任者会議の下に置かれた協議会やプロジェクトチームのどちらで、特定の政策について話し合うのかをめぐる駆け引きである。

政府と与党の間には、首相・与党党首などから構成される政府・与党連絡会議と、官房長官・与党幹事長などからなる政府・与党協議会の二つが置かれていた。小泉首相は官邸主導を実現しつつ与党の了解を得るため、これらとは別に個別政策に関する政府・与党協議会を積極的に設置した。例えば、道路関係四公団民営化に関する政府・与党協議会、三位一体の改革に関する政府・与党協議会などである。

経済財政諮問会議に代表を送り込んでいない連立与党としては、それへの参加を通じて発言力を高められる一方、議論の主導権が政府に握られてしまうデメリットがあった。そこで、公明党は、政府・与党協議会よりも、与党間の協議会やプロジェクトチームを重視した。前者が「政府・自民党」対「公明党」の構図になりがちなのに対して、自民・公明両党からほぼ同数が参加する後者の方が自らの主張を反映させやすいからである。

保守党は二〇〇二年一二月二五日、民主党の離党者とともに保守新党を結成していたが、その翌年の一一月二一日に自民党に合流した。自自公連立政権の成立から四年を経て「緩衝政党」の必要性がなくなり、いよいよ自公政権に移行したのである。保守党・保守新党が連立の一角を占めていた段階では、「自民党・保守（新）党」対「公明党」という構図になることが多かったが、自公政権に移行すると、与党間の政策調整での公明党の発言力は一段と高まった。[33]

このようにして、小泉政権の下で自公政権の政策決定プロセスが固まっていった。議席数に勝る自民党が首相官邸を占め、政府の主導権を握るが、与党間の事前審査の手続きを通じて公明党が自民党と少なくとも形式上は対等な発言権を持ち、両党間の合意形成を図るというものである。そして、これは公明党が自民党のブレーキ役を自任したことと対応していた。

ブレーキ役としての公明党

小泉が総裁に就任することで、自民党と公明党の間の政策距離は広がった[34]。そこで、公明党は苦しい政策的な対応を強いられる。公明党が求める中選挙区制の復活や定住外国人への地方参政権の付与などについては、党首間で何度も合意が結ばれながら、先送りが繰り返された。その一方で、小泉首相は自らの信念を変える姿勢をみせなかった。

その典型的な例は、前述した靖国神社への参拝である。小泉首相は就任した二〇〇一年の八月一三日を皮切りに、退陣した二〇〇六年の八月一五日まで、毎年一回の参拝を欠かさなかった。公明党の神崎代表は、その都度、遺憾の意を示すコメントを出したが、全くといっていいほど効果がなかった。

公明党が最も厳しい対応を迫られたのは、二〇〇三年七月二六日に成立したイラク復興支援特措法に基づく、自衛隊の派遣問題であった。イラク戦争後、治安が不安定なままのイラクに自衛隊を派遣することについて、公明党の支持者の間では批判的な意見が強かった。公明党は小泉首相に対して慎重な判断を求める一方、神崎代表が現地のサマワを視察した上で派遣容認の結論を出すことによって、支持者の理解を得た。

その一方で、公明党が小泉政権で自民党に一定の歯止めをかけたことも確かであった。例えば、憲法改正とそのための国民投票法の制定、集団的自衛権の行使容認を可能にする憲法解釈の変更、防衛庁の「省」への昇格、教育基本法の改正などは、小泉政権の下では実現しなかった。自民党は公明党に配慮して、こうした緊急性の乏しい政策課題については先送りしたのである。

公明党は自民党と連立を組むにあたり、「右傾化への歯止めや、政治腐敗防止への監視役も果たします」と表明していたが、小泉政権が成立して以降、神崎代表が「国家主義的な動きが強まるならブレーキ役になる」といった発言を繰り返すようになる。実際、公明党は二〇〇二年の党大会で採択した運動方針に、次の一節を置いた。「小泉内閣になって〝右傾化〟の懸念が指摘されてきた。公明党は、集団的自衛権の行使論議などに反対を表明し、「ブレーキ」役を果たした」。

公明党は、憲法や外交・安全保障の分野でブレーキをかける一方、社会保障政策についてはアクセルの役割を担った。すなわち、道路公団や郵政事業の民営化をはじめ、小泉政権が推進した新自由主義的改革を支持しつつも、数度にわたる児童手当の拡充、基礎年金の国庫負担割合の引き上げを含む二〇〇四年の年金改革、がん対策基本法の制定の推進など、福祉を充実させる上で主導的な役割を果たしたのである。

神崎代表は二〇〇四年の自民党大会で挨拶を行い、「自民党は国という大きな視点に立って物事を考え、私たちは生活者の視点で考える」と述べた。国家的観点に立つ自民党が政権運営を牽引し、「大衆とともに」を党是として平和と福祉を重視する公明党が、その弊害を是正する。政策決定プロセスと同じく、自民・公明両党間の役割分担が意識されていたといえる。こうして自公政権は政策面で安定化していった。

公明党の神崎代表は、このように振り返っている。「政策も何でも互いに遠慮なく主張すべきは主張して、真剣に調整した。その意味で、自公の盤石な基盤は小泉時代にできたといえると思います」。神崎によると、政策調整に加えて、「いざ連立を組んでみると「公明党は選挙でもよくやっている」ということになった」ことも、小泉政権下で自公連立が安定化していった理由だという[35]。そこで、次に自民・公明両党の選挙協力の深化についてみていきたい。

4　深化する自公の選挙協力

小泉ブームと二〇〇一年参院選

森内閣の下で実施された二〇〇〇年六月二五日の衆院選で、公明党は議席を大幅に減らした。それは自民党との選挙協力が不調に終わった結果と考えられた。神崎代表は、「一方通行だった。支持者にも一生懸命応援したのに見返りがなかった、という気持ちはあると思う」と語った。翌年の参院選での選挙協力についても、一人区では公明党が公認候補を擁立せず競合しないとはいえ、難しいというのが、神崎の見通しであった。「公明党が候補者を立てる五選挙区には自民党も立てるだろうから競争的共存関係だ」。

確かに、衆院選での自民党に対する公明党の貢献は小さくなかった。朝日新聞の出口調査によると、公明党候補がいない選挙区では、比例区で公明党に投票した有権者の約七割が自民党候補に投票した。仮に公明党との選挙協力がなされなかった場合、自民党の獲得議席は三五減の一九八議席にとどまったと算定された。選挙協力と連立形成の両面で、自民党は公明党抜きでは政権維持が難しかったのである。

ところが、自民党の内部では公明党との選挙協力に批判的な意見が少なくなかった。その急先鋒がＹＫＫであった。小泉は、衆院選の総括のための意見聴取の席で、こう語った。「「選挙区は自民、比例は公明」と平気で言うようになっちゃった。私は「変人」と言われているから公明党の推薦を断ることができたが、多くの人は一票でも多くほしいから言えない。公明党の推薦を断れる候補はいったい、何人いるか」。

　このように語る小泉が自民党総裁に就任したことで、参院選での両党の選挙協力は一層不透明になった。しかも小渕・森両内閣とは打って変わって小泉政権が非常に高い内閣支持率を得たため、自民党は公明党との選挙協力の必要性を低下させた。こうしたなか、二〇〇一年六月二〇日に会談した自民党の山崎拓、公明党の冬柴鉄三の両幹事長は、「中央で選挙協力をするのは難しい」という認識で一致した。その結果、前年の衆院選とは異なり、党執行部の主導による「上から」の選挙協力は積極的には行われなかった（4―③）。

4-③　2001年参院選の一人区での与党間選挙協力

○公認候補の競合

	自民党	公明党	保守党
公認候補数	27	0	0
自民党と		0	0
公明党と	0		0
保守党と	0	0	

○公認候補への推薦

	自民党	公明党	保守党
公認候補数	27	0	0
自民党から		0	0
公明党から	21		0
保守党から	19	0	

出所：『朝日新聞』などより著者作成。

参院選は七月二九日に実施され、自民・公明・保守の与党三党が、改選数を一上回る七八議席を得て、非改選と合わせ過半数を超える一三八議席を確保した。過去二回の参院選で四〇議席台と低迷していた自民党が、小泉ブームの追い風に乗り、改選数で三増の六四議席と大勝した。特に二七ある一人区では、二五で勝利を収めた。それに対して公明党は、現状維持の一三議席であった。

公明党の神崎代表は、記者会見でこの結果を「大勝利」と総括した。選挙区では、自民党候補と競合した三人区の四名、四人区の一名、合計五名の公認候補が全員当選したほか、比例区で過去最高の八一九万票を集め、八議席を獲得したからである。

これは明らかに自民党との選挙協力の結果であった。一人区を中心に競合していない選挙区で自民党の公認候補を支援する見返りとして、比例区での票の上積みに成功したのである。神崎代表は、「前回（昨年の衆院選）に比べ、それぞれの地域でそれなりの選挙協力の実も上がってきたのではないかという気もする」と述べている。この参院選は、候補者など地域主導、いわば「下から」の選挙協力が深まる端緒となったという点で、自公連立にとって重要な意味を持った。[36]

分水嶺としての二〇〇三年衆院選

自民・公明両党の選挙協力が飛躍的に進展したのが、二〇〇三年一一月九日に実施された衆院選である。

すでに政権発足から二年半が経ち、当初に比べて内閣支持率が低下し、小泉ブームに陰りがみられた。また、公共事業費の削減によって建設業界が打撃を受けるなど、新自由主義的改革を一因として自民党の支持基盤の弱体化が進んだ。そこで、九月二〇日の総裁選で再選を果たした小泉首相は、北朝鮮の日本人拉致問題で注目を集めた安倍晋三を幹事長に抜擢し、衆院選に臨んだ。しかし、九月二四日に民主党が自由党と合併し、二大政党の一角としての地歩を固めた。小泉内閣としては苦しい選挙戦となった。

こうしたなか、自民・公明両党は積極的に選挙協力を行った。一つは、小選挙区の候補者調整である。自民党は二七七、公明党は一〇、保守新党は一一の小選挙区で公認候補を擁立し、自民・保守新両党間では三名が競合したが、自民・公明両党は完全な棲み分けに成功した。公明党が公認候補を絞り込み、前回から八つも減らしたことが寄与した。また、前回は五九・四％であった自民党候補に対する公明党の推薦率は七一・五％に、公明党候補への自民党の推薦率も七七・八％から一〇〇％に上昇した（4―④）。

もう一つは、小選挙区と比例代表の間の票の交換である。自民党本部は、小選挙区で公

4-④　2003年衆院選の小選挙区での与党間選挙協力

○公認候補の競合

	自民党	公明党	保守新党
公認候補数	277	10	11
自民党と		0	3
公明党と	0		0
保守新党と	3	0	

○公認候補への推薦

	自民党	公明党	保守新党
公認候補数	277	10	11
自民党から		10	8
公明党から	198		8
保守新党から	217	10	

出所：『朝日新聞』などより著者作成。

明党の支援を受ける見返りに、自民党候補が「比例は公明」と訴えることを認めていなかった。そのように訴えた候補者が小選挙区で敗れ、自民党の比例代表の枠で復活することについては、党内でも強い批判があった。ところが、この衆院選を契機として、小選挙区の候補者調整に加え、小選挙区と比例代表の票のバーターが地域主導で進んでいった。

具体的にいえば、小選挙区の自民党候補が、公明党の求めに応じて個人後援会の名簿を提供するケースが数多くみられた。公明党はそれを手掛かりとして、比例代表で公明党に投票するよう働きかける。自民党の候補者本人が支持者に対して「比例は公明」と呼びかけることはもちろん、公明党のポスターの掲示、演説会への公明党候補の出席なども行われた。公明党の小選挙区の候補者についても、自民党は機関紙の特集号の発行、総裁・幹事長による応援演説などの支援を実施した。[37]

衆院選の結果、民主党が一七七議席と躍進した。他方、共通公約を掲げて戦った自民・公明・保守新の与党三党は、四八〇議席中二七五と絶対安定多数を確保したが、公示前を下回った。自民党は二三七議席で過半数に届かず、公明党に票が回った比例代表では民主党に敗れた。それに対して公明党は、前回と比べて小選挙区が二議席、比例代表が一議席増え、小選挙区九、比例代表二五、合計三四議席となった。特に比例代表の票数が前回よりも九七万票増加し、八七三万票になったことが注目された。

公明党の神崎代表は「大勝利」と評価した上で、自民党との選挙協力に関して次のように語った。「小選挙区では、前回に比べると早い段階で選挙協力ができ、自民党から推薦をいただきました。……自公両党は四年間の「連立の信義」を重んじることでより協力関係が深まってきつつあると言えます[38]」。

自民党は不振であったが、それでも政権の座を維持できたのは、公明党との選挙協力のおかげであった。読売新聞の出口調査によると、公明党候補がいない小選挙区で自民党候補に投票した公明党支持者の割合は、前回から一一ポイント増の七二％であった。一方、自民党が公明党に譲った一〇の小選挙区で、自民党支持者が公明党候補に投票した割合は、前回から一八ポイント増の五六％であった[39]。伸長する民主党に対抗して、自民・公明両党の選挙協力が深まったことが分かる。

小泉首相は、衆院選後の記者会見で、次のように公明党への謝意を表明した。「ここ三年間、お互いの違う点は良く協議して調整していこうと、公明党とは緊密な協力で国会運営や政策協議を進めてきた。その間の経験で、お互いの信頼感が醸成されてきたと思う。選挙を通じ保守新党を含め三党に信任を与えてほしいと訴えてきたし、今後とも公明党との協力関係を維持していきたい[40]」。小泉のスタンスの変化は、自民・公明両党の選挙協力の深化を象徴していた。

郵政選挙を支えた公明党

公明党の東順治元国対委員長は、次のように振り返っている。「〇〇年衆院選や〇一年参院選では「『比例区では公明党』なんて死んでもいえるか」という自民党関係者が少なくありませんでした。ところが、〇三年衆院選や〇四年参院選になると、様相が一変します。自民党議員が「比例は公明」と積極的に言うようになったのです。小選挙区制で当選するため、藁をもすがる思いで創価学会にすがる、そのためには何でもやる、という風潮が強まったように感じました[41]」。

この言葉に表れているように、保守新党が自民党に合流し、自公政権になって初めての本格的な国政選挙となった二〇〇四年七月一一日の参院選では、自民・公明両党の選挙協力が一層進展した。自民党本部は、選挙区の自民党候補が「比例は公明」と訴えることを禁止する方針を確認したが、徹底することができなかった。公明党は前年の衆院選で支援した自民党の衆議院議員にも働きかけ、「比例は公明」と訴えるよう要請した。

選挙結果は、自民・公明両党が合計で六〇議席を獲得し、非改選と合わせて一三五議席となり、過半数を維持した。しかし、自民党は二七の一人区のうち一三で敗れ、選挙区で三四、比例区で一五、合計で四九議席にとどまり、前回を一五議席下回ったばかりか、五〇議席を勝ち取った民主党に敗れた。他方、公明党は堅調であり、選挙区三、比例区八、合計一一議席を獲得した。選挙区は二議席減らしたとはいえ、全員当選を成し遂げた。比例区は議席が前回と同じであったが、得票は四三万票増え、八六二万票であった。

ここからは、民主党の台頭に伴う厳しい選挙情勢が、自民・公明両党間の地域主導の選挙協力を促進するという構図が浮かび上がる。自民党本部も「比例は公明」を禁じる一方で、公明党との選挙協力に細心の注意を払い、単独過半数の回復に必要な五六議席ではなく、五一議席を目標に掲げた。自公連立が揺らぐ印象を与えれば、公明党の支援が弱まり、五一議席すら危うくなるという判断からである。[42]

小泉首相にとって、公明党は頼もしいパートナーになっていた。それは民主党と選挙で戦うためだけではない。新自由主義的改革を推進し、党内の「抵抗勢力」と戦う上でも、公明党と手を結ぶことが有効であった。そのことが如実に示されたのが、二〇〇五年九月一一日の衆院選である。これより前、自民党から大量の造反が出た結果、衆議院を辛うじて通過した郵政民営化法案は、八月八日の参議院本会議で否決された。小泉首相は衆議院の解散に踏み切り、郵政民営化の賛否を問うと宣言した。

公明党は当初、選挙での勝利について確信を持てず、解散の実施に反対していたが、小泉の判断を覆せないとみるや了承し、選挙準備を整えるために投開票日を一週間だけ遅らせてもらった。神崎代表は、次のように証言する。「こちらはおかげで態勢作りができたんですが、自民党も刺客を立てたり、いろいろ手間取っていたので、選挙後、当の小泉さんから「あれで助かったよ」と言われました」。郵政選挙が圧勝に終わると、自民党と緊密に選挙協力を行い、ぶれなかった公明党に対して、小泉首相は感謝の気持ちを口にしたという[43]。

自民党は一五年ぶりに単独過半数となる二九六議席を獲得し、公明党と合わせて総定数四八〇の三分の二を超えた。公明党は、準備不足から小選挙区については現職の九名の擁立に抑え、うち八名が当選を果たした。比例代表では過去最高の八九九万票を獲得したが、投票率の上昇によって二三議席にとどまった。公示前から三減の三一議席であったとはいえ、この結果は、神崎代表の総括によると、「大善戦」「大健闘」であった。郵政民営化法案は一〇月一四日に成立した。

最後まで崩れなかった自公の結束

郵政選挙の後、小泉後継を決める二〇〇六年九月二〇日の自民党総裁選で勝利したのは、安倍晋三であった。[44] かつて安倍は公明党に敵対的であり、衆議院に初当選した翌年には「四月会」の会合に出席し、創価学会を批判した過去を持っていた。ところが、小泉政権の下で自民党幹事長に就任し、二〇〇四年の衆議院埼玉八区の補選を指揮した際、公明党の集票力によって自民党候補が競り勝った経験から姿勢を変えた。九月二六日に第一次安倍政権が成立する四日前には、創価学会の池田大作名誉会長と会談を行った。

しかし、「戦後レジームからの脱却」を掲げる安倍首相は、小泉以上に公明党との政策距離が大きかった。第一次安倍政権の下、教育基本法の改正、防衛庁の「省」昇格、憲法改正のための国民投票法の制定などが次々と実現する。公明党は、それらに一定のブレーキをかけた上で賛成した。すなわち、教育基本法に「愛国心」を盛り込みつつも国家主義的な色彩を文言上弱め、防衛省に移行しても専守防衛や文民統制など基本政策が変わらないことを確認し、憲法改正の手続きも「加憲」論に基づき関連事項ごとにした。

小泉政権以来の諸懸案について妥協点を見出した自民・公明両党は、二〇〇七年七月二九日の参院選に向けて、選挙協力を一層深化させた。複数区のうち公明党が公認候補を擁立しない千葉で自民党候補を支援する代わりに、競合する愛知と埼玉で自民党が公明党候補に推薦を出さないながらも協力することが、幹事長間で確認されたのである。ただし、郵政民営化法案に反対した造反議員を自民党に復党させ、参議院の比例区に擁立したことは、公明党に回る比例票を減少させるものとして摩擦を生じさせた。

選挙結果は、相次ぐ閣僚の不祥事や「消えた年金」問題などによって、与党にとって厳しいものになった。猛烈な逆風が吹くなか、自民党は改選六四を大きく下回る三七議席しか得られなかった。公明党も選挙区で五名中三名が落選し、比例区の七名と合わせて九名にとどまったばかりか、自民党との「与党協力区」とされた愛知と埼玉で落とし、比例区の得票数も七七七万票に減少した。与党の議席は非改選との合計で一〇三となり、参議院の過半数を割り込んだ。

自公政権はこれ以降、「ねじれ国会」に苦しめられる。安倍首相が退陣すると、福田康夫が自民党総裁に就任し、民主党との大連立を進めた。その際、民主党の小沢代表は、自公政権に楔を打ち込むべく公明党を連立から外すことを要求した。しかし、福田首相の代理人として交渉にあたった森元首相は、これを拒否し、小沢に受け入れさせた[45]。最終的に福田政権の下での大連立は実現しなかったが、自民党にとって公明党が不可欠のパートナーになっていたことを示すエピソードである。

衆議院の任期満了が近づくなか、福田に代わり、国民に人気がある麻生太郎が自民党総裁に就任した。二〇〇八年九月二四日に麻生内閣が発足すると、公明党は早期解散を求めた。だが、結局、世界金融危機の発生で先送りされ、公明党は不満を抱きながらも、その判断に従った。二〇〇九年八月三〇日の衆院選での自民・公明両党の候補者調整は高水準であり、小選挙区での公明党候補への自民党の推薦率は一〇〇%、自民党候補に対する公明党の推薦率も前回の八二・四%から九四・一%に上昇した。

ところが、政権交代を求める民主党への強烈な追い風を前にして、与党間の選挙協力は無力であった。自民党は一一九議席にとどまり、結党以来初めて衆議院第二党に転落した。公明党も、八名を擁立した小選挙区で全員落選し、比例代表は八〇五万票を得たものの二一議席にとどまり、結党以来最低となった。ここに自公政権はひとまず終わる。しかし、自民・公明両党が最後まで結束を保ち、一緒に下野したことは、三年後の自公政権の復活につながった。

1――五百旗頭真ほか編『野中広務 権力の興亡』朝日新聞出版、二〇〇八年、一六六―一六七ページ。以下、自自公政権の成立に至る野中の証言は、同書、一六一―一八九ページ、野中広務『老兵は死なず』文藝春秋、二〇〇三年、七二―一〇四ページ。
2――五百旗頭真ほか編『菅直人 市民運動から政治闘争へ』朝日新聞出版、二〇〇八年、一八三ページ。
3――ＮＨＫ「永田町 権力の興亡」取材班『永田町 権力の興亡 一九九三―二〇〇九』日本放送出版協会、二〇一〇年、一三八ページ。
4――『朝日新聞』一九九八年一一月二〇日。
5――『公明新聞』一九九八年一一月八日。以下、公明党が自民党との連立に踏み切る過程については、公明党史編纂委員会『大衆とともに――公明党五〇年の歩み』公明党機関紙委員会、二〇一四年、二三八―二四五ページ。
6――『公明新聞』一九九九年七月二五日、二七日。
7――『朝日新聞』一九九九年七月二八日。
8――神崎武法元公明党代表へのインタビュー（二〇一八年四月七日）。
9――坂口力元公明党副代表（元厚労相）へのインタビュー（二〇一八年一二月五日）。
10――森喜朗『私の履歴書 森喜朗回顧録』日本経済新聞出版社、二〇一三年、二〇六―二〇七ページ。
11――神崎武法元公明党代表へのインタビュー（二〇一八年四月七日）。
12――『読売新聞』一九九九年二月一二日、一〇月一三日、一九日、一一月一九日。
13――『朝日新聞』二〇〇〇年二月二八日。
14――前掲、五百旗頭ほか編『小沢一郎 政権奪取論』一六八ページ、前掲、五百旗頭ほか編『森喜朗 自民党と政権交代』二二六ページ。
15――『自由新報』一九九八年一二月八日。
16――『読売年鑑 二〇〇〇年版』読売新聞社、二〇〇〇年、一〇一ページ。
17――前掲、野中『老兵は死なず』一四四―一五八ページ、前掲、森『私の履歴書 森喜朗回顧録』二〇七―二一三ページ、前掲、魚住『証言 村上正邦』一九八―二一一ページ。
18――『朝日新聞』一九九九年一一月一七日、二〇〇〇年三月一一日。
19――『自由民主』二〇〇〇年二月一日、五月九・一六日。
20――『朝日新聞』二〇〇〇年五月二七日、三一日、六月二日。
21――『公明新聞』二〇〇〇年六月三〇日、『自由民主』二〇〇〇年七月四・一一日。
22――『朝日新聞』二〇〇〇年六月一七日。
23――前掲、薬師寺『公明党』第七章。
24――加藤紘一『いま政治は何をすべきか』講談社、一九九九年、一三―一四ページ。
25――白川勝彦『自自公を批判する』花伝社、二〇〇〇年。
26――神崎武法元公明党代表へのインタビュー（二〇一八年四月七日）。
27――「話の肖像画 公明党元代表・神崎武法（四）」（『産経新聞』二〇一八年一月一一日）。
28――『公明新聞』二〇〇一年四月二六日、『朝日新聞』二〇〇一年四月二六日。
29――『公明新聞』二〇〇一年一二月一一日、『読売新聞』二〇〇一年一二月一一日、一七日、二〇〇二年三月二三日。
30――前掲、中北『自民党――「一強」の実像』一〇三―一〇八ページ。
31――『公明新聞』二〇〇一年一二月一四日、『朝日新聞』二〇〇一年一二月一四日、『読売新聞』二〇〇一年一二月一四日、一六日。
32――神崎武法元公明党代表へのインタビュー（二〇一八年四月七日）。
33――読売新聞政治部『自民党を壊した男 小泉政権一五〇〇日の真実』新潮社、二〇〇五年、三三―三五ページ。
34――以下、前掲、薬師寺『公明党』二〇一―二一五ページ、前掲、読売新聞政治部『自民党を壊した男 小泉

政権一五〇〇日の真実』三一—六六ページ、『公明新聞』一九九九年七月二六日、『朝日新聞』二〇〇一年六月八日。

35——前掲、「話の肖像画 公明党元代表・神崎武法（四）」（『産経新聞』二〇一八年一月一一日）。

36——『公明新聞』二〇〇一年七月三一日、『朝日新聞』二〇〇〇年七月一九、二三日、九月七日、二一日、二〇〇一年五月一三日、六月二二日、七月三〇日、八月二日。

37——前掲、読売新聞政治部『自民党を壊した男 小泉政権一五〇〇日の真実』一六—三〇ページ。

38——『公明新聞』二〇〇三年一一月一二日。

39——『読売新聞』二〇〇三年一一月一〇日。

40——『自由民主』二〇〇三年一一月一八・二五日。

41——東順治「一一・五大政党」の一角たる公明党が安保法成立後にめざすべき方向とは」（『Journalism』二〇一五年一一月）一〇一ページ。

42——前掲、読売新聞政治部『自民党を壊した男 小泉政権一五〇〇日の真実』一三八—一四四ページ。

43——「話の肖像画 公明党元代表・神崎武法（五）」（『産経新聞』二〇一八年一月一二日）、大下英治『公明党の深層』イースト新書、二〇一四年、二七四ページ。

44——以下、読売新聞政治部『真空国会 福田「漂流政権」の深層』新潮社、二〇〇八年、四八—五七、一〇六—一一一ページ、読売新聞政治部『自民崩壊の三〇〇日』新潮社、二〇〇九年、八〇—八三、九六—九九ページ。

45——渡辺恒雄『反ポピュリズム論』新潮新書、二〇一二年、八五—八六ページ。

第五章

なぜ民主党政権は行きづまったのか

1　野党間選挙協力と政権交代への道

小沢一郎と民主党の路線転換

民主党は、さきがけと社民党の離党者が結成した旧民主党を母体とし、そこに新進党の解党後に成立した保守系の民政党および旧民社党系の新党友愛が合流して、一九九八年四月二七日に発足した。民主党が結党時に採択した綱領的文書「私たちの基本理念」は、「政権交代可能な政治勢力の結集をその中心となって進め、国民に政権選択を求める」と謳っている。自民党と並ぶ二大政党の一角を占め、政権交代を実現することこそが、新たな民主党の最大の目標であった。

旧民主党代表から新民主党代表に横滑りした菅直人は、次のように語っている。「新民主党づくりを加速した要因は二つあって、一つは小選挙区制。もう一つは政党助成金制度です。小選挙区制に対応して生き残るためには、小政党は結束するしかない。……政党助成金制度ができて、ちゃんとした数の政党にはそれなりのお金が配分されることになった」[1]。新たな民主党は、小沢一郎が結成を主導した新進党と同じく、一九九四年の政治改革、とりわけ衆議院の小選挙区制を中心とする選挙制度の申し子であった。

小泉政権の下、民主党は二〇〇三年九月二四日に小沢率いる自由党を吸収合併した。この民由合併の直後の衆院選で、民主党は自民党の二三七議席に迫る一七七議席を獲得し、自民党に対抗する二大政党としての地歩を固めることに成功する。しかし、〇五年の郵政選挙では小泉旋風が吹き荒れ、一一三議席と惨敗を喫した。さらに、岡田克也から代わった前原誠司代表の下、偽メール問題で信頼が失墜する。ここで満を持して民主党代表に就任したのが、小沢一郎であった。

政治改革を主導し、自自公政権の際には比例定数の削減を実現した小沢は、イギリス政治をモデルとする二党制論者であった。しかし、菅・岡田といった従来の民主党の指導者と異なっていたのは、政権交代を目指して選挙第一主義を徹底的に追求したことである。実際、二〇〇四年の参院選の改選議席で自民党を上回っていた民主党にとって、〇七年の参院選は衆参両院の「ねじれ」に追い込むチャンスであった。小沢は選挙対策の全権を自ら掌握するとともに、その下に政策立案や国会活動を従属させた。

自民党幹事長を務めたこともある小沢は、民主党の支持基盤の弱さを的確に認識していた。無党派層の「風」は重要だとしても、それだけでは自民・公明両党に勝利できない。こう考える小沢は、連合をはじめ各種団体との関係を強化するとともに、二九ある一人区を中心に全国行脚を行った。農村部からきめ細かく選挙区を回る「川上作戦」を実施したのも、民主党の足腰を鍛えるためであった。そして、二党制論者でありながら、選挙対策の一環として社民党や国民新党との関係改善に努めた。[2]

社民党・国民新党との選挙協力

民主党にとって、参院選での社民党や国民新党との選挙協力には、二つのメリットがあった。消極的には、候補者調整によって共倒れを防ぐことであり、積極的には、両党が有する固定票を上乗せし、選挙運動を補完してもらうことである。

社会党の後継政党である社民党からは、おおよそ半分の所属議員が旧民主党の結成に参加し、新民主党へと流れ込んでいた。民主党の台頭とともに社民党は衰退し、二〇〇四年の参院選では改選一二一議席中五、〇五年の衆院選では四八〇議席中七にまで減少した。しかし、一部の労働組合が社民党支持を続けるとともに、地方議員も少なくなかった。歴史的経緯から民主党が弱い地域で勢力を保ち、その意味で補完関係にあった。

他方、郵政民営化に反対する自民党の造反議員を中心に結成された国民新党は、二〇〇五年の衆院選で四議席にとどまった。しかし、農村部選出で強固な個人後援会を有する議員が少なくなかっただけでなく、全国特定郵便局長会（全特）を支持団体として擁していた。郵政民営化を契機に自民党から離れた全特は、自民党で最も強い集票力を持つ友好団体であり、全国津々浦々に組織を築いていた。

小沢代表率いる民主党は、一転して小泉政権の下で実施された新自由主義的改革への批判を強め、格差是正を説くようになる。まず「生活維新」という言葉が掲げられ、参院選のマニフェストでは「国民の生活が第一。」というキャッチ・コピーが用いられた。そこには有権者に向けて自民党との差異を示すという目的に加え、社民党や国民新党との選挙協力を円滑化するというねらいが存在していた。

国民新党の亀井静香代表代行は、以下のように証言する。「それまで小泉政治の批判は我々もやり、民主党もやるが、逆方向からやっていた。どちらかというと民主党が市場原理至上主義の政策は不徹底だと、スピードが遅いと、そういう観点からの批判。うちは政策そのものが、市場原理主義そのものがけしからんと逆方向から批判していた。それが、参議院選挙の前にクルっとコペルニクス的転回で、国民新党の主張する政策にガラッと変わった」[3]。

こうした背景もあって、二〇〇七年の民主党と国民新党の選挙協力は順調に進んだ。一人区での公認候補の重複はなく、民主党候補の八五・七%を国民新党が、国民新党候補の六六・七%を民主党が推薦した。島根では、民主党が前回とは違って擁立を見送り、国民新党の公認候補を推薦し、勝利を収めた。富山では、民主・社民両党が擁立を断念し、国

5-① 2007年参院選の一人区での野党間選挙協力

○公認候補の競合

	民主党	社民党	国民新党	共産党
公認候補数	21	2	3	28
民主党と		2	0	21
社民党と	2		0	2
国民新党と	0	0		3
共産党と	21	2	3	

○公認候補への推薦

	民主党	社民党	国民新党	共産党
公認候補数	21	2	3	28
民主党から		0	2	0
社民党から	0		0	0
国民新党から	18	0		0
共産党から	0	0	0	

出所:『朝日新聞』などより著者作成。

民新党系の無所属候補を一緒に推して当選を果たした(5—①)。

民主・社民両党の選挙協力も行われた。例えば、愛媛では民主党が公認予定者を無所属の野党統一候補にして、当選を勝ち取った。山形では社民党が候補者を擁立せず、民主党候補が圧勝した。しかし、従来両党が選挙協力を実現させてきた大分では、双方が譲らず、共倒れを起こした。社民党は二つの一人区に公認候補を立てたが、いずれも民主党と競合し、民主・社民両党間では相互の推薦も一切行われなかった。

社民党には依然として民主党への警戒感が強かった。又市征治幹事長は当時、次のように語っている。「民主党の動きは保守二大政党を作ろうということです。ただ参議院の与野党逆転は国民も期待するところだから、その範囲でバーター方式で協力する。こちらとしては、憲法は守ってもらう。その一線は絶対に崩せない。だから、「いま目の前ですぐに憲法改正をやるという話ではないでしょう」と言ったら、向こうからはあっさりと「それはいいよ」と」[4]。そうしたなか、民主・社民両党の選挙協力は不十分なものにとどまらざるを得なかった。

自民党との大連立の失敗

野党間の選挙協力に加え、安倍内閣の閣僚の不祥事、「消えた年金」問題などが重なり、参院選は民主党の大勝に終わった。改選一二一議席のうち、民主党は選挙区四〇、比例区二〇、合計六〇議席を獲得した。主戦場である二九の一人区には二一名の公認候補を立てたが、一七名が当選した。非改選と合わせて一〇九議席と、過半数には達しなかったものの、参議院第一党に躍進したのである。他方、与党は自民党が八三、公明党が二〇、合計で一〇三議席となり、過半数を割り込んだ。「ねじれ国会」である。

安倍政権は内閣改造を行い、態勢の立て直しを図ったが、うまくいかなかった。そうしたなか、水面下では、読売新聞グループ本社の渡辺恒雄会長らの斡旋により、自民党の福田康夫元官房長官と民主党の小沢代表の間で大連立に向けた話し合いが始められた[5]。福田は九月二三日の自民党総裁選で勝利し、二日後に首相に指名される。福田が前内閣の閣僚のほとんどを留任させて九月二六日に内閣を発足させたのも、最初の記者会見で「背水の陣内閣」と命名したのも、大連立に向けた条件整備の意味合いがあった。

その後、福田の代理人たる森元首相と小沢代表の間で予備会談が行われ、自民党一〇、民主党六、公明党一といった閣僚配分などが内々に決められた。これを受けて一〇月三〇日と一一月二日の両日、福田・小沢の両党首会談が開かれ、大連立の樹立で基本的な合意をみた。ところが、小沢が民主党に持ち帰り、大連立に向けた政策協議に入ることを提案したところ、衆院選で勝利して政権交代を実現すべきという意見が圧倒的であり、役員会で否決されてしまう。

小沢は、大連立が失敗に終わった後の記者会見で、次のように述べた。「民主党はいまだ様々な面で力量が不足しており、国民からも「自民党はダメだが、民主党も本当に政権担当能力があるのか」という疑問を提起され続け、次期衆院選勝利は厳しい情勢にある。国民の懸念を払拭するためにも、あえて政権運営の一翼を担い、政策を実行し、政権運営の実績を示すことが、民主党政権を実現する近道だと判断した」。小沢が大連立に動いたねらいは、民主党の政権担当能力を高め、有権者に示すことにあった。

その後の民主党政権の失敗に鑑みるならば、この小沢の認識は決して誤りではなかった。

しかし、民主党が大連立を拒否したことにも理由があった。安倍改造内閣で官房長官を務めた与謝野馨は、こう書いている。「大連立の際に大きな障害となるのは、小選挙区制度である。ある意味で小沢氏が作り上げたこの制度の下では、二大政党の大連立は難しい」[6]。衆議院の小選挙区制を中心とする選挙制度の下、一つの議席をめぐって競合している二大政党が大連立を組むことは、極めて困難であった。

大連立の失敗を受けて、小沢は代表辞任を表明する。しかし、民主党内では小沢が離党してしまうのではないかという警戒感が広がり、慰留が重ねられ、小沢は最終的に「次期衆院選に政治生命の全てをかける」と表明し、辞意を撤回した。これ以降、民主党は衆院選に向けて対決路線をますます強めることになった。「ねじれ国会」の下、参議院の過半数の議席を持たない福田内閣は、政権運営に塗炭の苦しみを味わうことになる。

政権交代選挙はどう戦われたか

衆議院の任期満了が一年後に近づくなか、福田首相は解散・総選挙を見据えて辞意を表明し、「選挙の顔」を期待された麻生太郎が自民党総裁選で勝利を収めた。麻生内閣は、二〇〇八年九月二四日に成立する。ところが、世界金融危機への対応を理由に解散は先延ばしされ、首相の失言や閣僚の不祥事などもあって内閣支持率が急落した。最終的に二〇〇九年七月二一日に衆議院が解散され、八月三〇日に衆院選が実施された。

この間、民主党にも混乱が生じた。衆院選の三カ月あまり前、「政治とカネ」の問題で小沢代表が辞任したのである。ただし、小沢の支援を受ける鳩山由紀夫が、五月一六日に代表に就任し、代表代行に回った小沢の選挙戦術を踏襲する。その結果、二〇〇九年の衆院選では野党間の選挙協力が一層進められた。

参院選以来の民主党と国民新党の間の選挙協力は、かなり高い水準に達した。二〇〇五年の郵政選挙で国民新党は小選挙区に一〇名の公認候補を擁立し、九名が民主党と重複したが、〇九年には九名のうち一名にとどまった。民主党はバッティングしなかった八名の国民新党の候補者の全てに推薦を与え、国民新党も民主党の二七一名の公認候補のうち二五〇名を推薦した。

民主・社民両党の選挙協力も、社民党が小選挙区の公認候補を前回の三八から三一に絞り込んだこともあって深まり、両党が競合した選挙区は三一から一五に減少した。両党間の推薦も前回はゼロであったが、民主党は一二名の社民党の公認候補に推薦を出し、社民党も民主党候補を二一名推薦した。さらに、東京六区に出馬予定であった保坂展人が東京八区に回ったり、青森の三つの選挙区で社民党が民主党候補を支持する見返りに、民主党が比例代表で社民党に協力する合意が作られたりした[7]（5―②）。

5-② 2009年衆院選の小選挙区での野党間選挙協力

○公認候補の競合

	民主党	社民党	国民新党	共産党
公認候補数	271	31	9	152
民主党と		15	1	139
社民党と	15		0	17
国民新党と	1	0		4
共産党と	139	17	4	

○公認候補への推薦

	民主党	社民党	国民新党	共産党
公認候補数	271	31	9	152
民主党から		12	8	0
社民党から	21		4	0
国民新党から	250	9		0
共産党から	0	0	0	

出所:『朝日新聞』などより著者作成。

以上に加えて重要なのが、共産党の小選挙区の対応であった。共産党は二〇〇三年に三〇〇名、〇五年にも二七五名の公認候補を擁立していたが、〇九年には半数程度の一五二名に抑えた。ただし、共産党は、擁立を見送った選挙区で他の野党候補を支援せず、自主投票にとどめた。それでも野党間の共倒れの防止につながり、従来共産党候補に投じられていた票の多くは民主党候補に回った[8]。

党勢を維持し、比例票を増やす目的もあって全ての小選挙区に擁立する方針をとってきた共産党が候補者を絞り込んだのは、供託金の没収が相次いだ結果とみられた。少なくとも民主党との協議によるものではなかった。小沢は次のように書いている。「個別に協議もしていないし、選挙協力など本格的な話はしていない。なんとなくという雰囲気だった。共産党が好意的に協力したということだ」[9]。共産党の一方的な候補者取り下げは、保守票の取り込みを図る民主党からみて極めて都合がよかった。

選挙協力の進展に加え、自民党に対する失望と政権交代への期待が高まり、二〇〇九年八月三〇日の衆院選は民主党の圧勝に終わった。民主党は公示前に一一五であったが、小選挙区二二一、比例代表八七、合計で三〇八議席を獲得し、過半数の二四一を大きく上回った。ただし、社民党は現状維持の七議席、国民新党は公示前から一減の三議席と、民主党の一人勝ちであった。このことは、非自公勢力の選挙協力の難しさを物語っていた。

2 連立イメージなき鳩山政権

三党共通政策

民主・社民・国民新の三党間の選挙協力には、政策的な裏づけがあった。衆議院の解散後の八月一四日に発表された「三党共通政策」が、それである。前文には「衆院選に勝利し、必ず政権交代を実現することを目指し、その実施に向けて全力を傾注していく」と明記され、消費税率の据え置き、郵政事業の抜本的見直し、仕事と家庭の両立や子育てへの支援、年金・医療・介護など社会保障制度の充実、雇用対策の強化（労働者派遣法の抜本改正）、地域の活性化の六項目が盛り込まれた。

ところが、「三党共通政策」は、民主・社民両党間で隔たりが大きい外交・安全保障政策について触れていなかった。例えば、アメリカ同時多発テロを受けて実施されていた海上自衛隊の補給艦と護衛艦のインド洋への派遣についても、両党の見解は異なっていた。協議のなかで社民党は「非核三原則の法制化」を求めたが、結局、それを含めて「三党共通政策」では扱われなかった。

そもそも、この文書は連立政権に向けた政策合意ではなかった。民主党の岡田克也幹事長は「共通の考え方に基づいて選挙を戦っていきますというものだ。連立を組むときの前提ではない」と語り、社民党の近藤正道政審副会長も「これを実現するためにも政権交代を果たしていきたい」と述べつつも、「政権協議公約とは違う」と断言した。名称も当初の「三党共通公約」ではなく「三党共通政策」とされ、位置づけが曖昧になった。

この段階で、社民党は連立に参加するか否かについて未定であった。社民党の内部では、前身の社会党が自民党と連立を組み、自社さ政権を作った結果、自衛隊の合憲など外交・安全保障政策の転換を強いられ、衰退につながったという認識が強かった。半年前の二月二八日の全国代表者会議でも、「民主党右派とは決定的に平和への考え方が違う」「せいぜい閣外協力。下手をすると、今度は党がなくなる」など、民主党との連立に反対する意見が地方組織から相次いでいた。

それゆえ、「三党共通政策」では、衆院選に向けて文字通り「三党共通」の「政策」を括り出し、選挙協力の地ならしをするにとどまった。しかし、その一方で、連立政権の樹立に向けて重要なステップになったことも否めない。外交・安全保障政策については違いが残されたが、民主党が小沢代表の就任以来、新自由主義的改革への批判を強め、「国民の生活が第一。」というスローガンを掲げた結果、社民党との内政上の共通性を高めたことが文書によって確認されたからである。[10]

当時の福島社民党党首は、こう振り返る。「民主党のなかには新自由主義的な要素と社会民主主義的な要素が混在していたけれども、小沢代表が「国民の生活が第一。」をスローガンに掲げ、社会民主主義的な方向が強まった。二〇〇八年には世界金融危機が発生し、「年越し派遣村」もでき、平和や憲法も大事だが、小泉政権の新自由主義的改革が生み出した格差拡大や貧困に対して、生活や地域を守るという課題が重要になった。そうしたなかで選挙協力の機運が高まり、「三党共通政策」がまとまった」[11]。

連立合意と鳩山内閣の成立

衆院選の結果、民主党は過半数を大きく超える議席を獲得したが、参議院では二四二議席中一〇八議席（議長を除く）であり、統一会派を組む新党日本の一名と新緑風会の四名を加えても過半数に達しなかった。そこで、参議院でそれぞれ五議席を持つ社民・国民新両党に呼びかけ、九月二日から連立政権の樹立に向けた政策協議が始められた。[12]

社民党は同日、それに先立って全国代表者会議を開催し、執行部が「憲法を生かし、平和・軍縮を促進する政策の実現を図る」といった内容の連立協議への対処方針を示し、一任を取り付けた。ただし、地方組織からは「閣外協力にすべきだ」「村山政権の二の舞はごめんだ」などという発言が相次いだ。[13]連立政権に参加する方向にあったとはいえ、最終的な判断は政策協議にかかっていた。

この時期の社民党の内情について、辻元清美は次のように説明している。「大半の地方組織には国会議員がいないのです。だから国政での「妥協」は一切許さないという傾向が強かった。過去の社会党分裂時の社民と民主の近親憎悪みたいなものが尾を引いている場合もありました。政権に参画するにしても閣外協力がいいのではないか、という意見も根強くありました。いつでも政権から出ていけるように、と」。[14]

協議の初日、民主党が消費税率の据え置きをはじめとする「三党共通政策」に新型インフルエンザ対策などを加えた素案を示し、基本的に了承された。憲法については「唯一の被爆国として、日本国憲法の「平和主義」をはじめ「国民主権」「基本的人権の尊重」の三原則の順守を確認する」と記された。また、素案にはなかった「緊急雇用対策」や「地球温暖化対策の推進」が、社民党の意見を反映して盛り込まれた。そうしたなかで最後まで持ち越されたのは、外交・安全保障政策であった。

九月八日に民主党が提示した案は、「在日米軍基地のあり方を始めとする二国間の課題の解決を図る」というものであった。そこで、社民党は米軍再編問題について「三党間で見直し策の合意形成を図る」、海上自衛隊による給油活動に関しては「期限内に撤収できるよう努める」という対案を示したが、折り合えなかった。政権の発足に向けて現実路線に軌道修正を図る民主党と、日米同盟や在日米軍基地に批判的な社民党との距離は、小さくなかった。

ここで社民党は一策を講じた。海上自衛隊の給油活動に関する記述を断念する一方、在日米軍基地について民主党の衆院選のマニフェストの一節、すなわち「日米地位協定の改定を提起し、米軍再編や在日米軍基地のあり方についても見直しの方向で臨む」という文章をそのまま書き込んだ上で、「沖縄県民の負担軽減の観点から」と付け加えることを主張した。さすがに民主党も受け入れざるを得ず、九日に三党首によって「三党連立政権合意書」と「連立政権樹立に当たっての政策合意」が署名された。

九月一六日、鳩山内閣が成立した。圧倒的な議席数の差を背景に、首相を除く一七名の閣僚のうち、一五名を民主党が占め、社民党と国民新党には一ポストずつ配分された。社民党の福島党首が消費者及び食品安全・少子化対策・男女共同参画担当相、国民新党の亀井代表が金融・郵政改革担当相に就任した。両党首が入閣したのは、次にみる鳩山内閣の政策決定プロセスとも関係していた。

政策決定の政府への一元化と連立政権

連立合意に向けた協議で、外交・安全保障政策と並んで争点になったのは、与党間の政策調整の手続きであった。

民主党は、衆院選の際のマニフェストに「鳩山政権の政権構想」を盛り込み、五原則の一つとして「政府と与党を使い分ける二元体制から、内閣の下の政策決定に一元化へ」を掲げていた。そして、そのための方策として「政府に大臣、副大臣、政務官（以上、政務三役）、大臣補佐官などの国会議員約一〇〇人を配置し、政務三役を中心に政治主導で政策を立案、調整、決定する」と謳った。

前述したように、自民党政権では、内閣が国会に提出する法案や予算案などを閣議決定する前に、与党の審査にかけて了承を得る慣行、すなわち事前審査制が存在する。これが族議員の発言力を高め、利益誘導政治の温床になるとともに、本来は内閣が負うべき政策決定の責任を曖昧にしてきた。こういう認識に基づき、民主党は政府・与党二元体制の打破を主張し、政策決定の政府への一元化を唱えた。

民主党は、政権交代に伴って幹事長に就任した小沢の指示に従い、最終的に九月一八日、政策調査会を廃止してしまう。その代わりに、政策案の説明、意見交換、政策提案の場として、副大臣が主宰し、与党の衆参両院委員会所属議員などが参加する各省政策会議が設置された。そこでの意見や提案は大臣に報告されることになったが、政策案はあくまでも政務三役（大臣チーム）が策定し、閣議で決定するとされ、政策決定の政府への一元化が貫かれた（5―③）。

ところが、社民党からすれば、政策決定の政府への一元化は認め難かった。連立協議に先立って開かれた全国代表者会議では「政党間の調整システムや政府・与党連絡会議を設け、ここでの議論を重視するように求めていく」と決め、重野安正幹事長も「自社さ政権の経験がある。政府も党も一緒になってやると少数党の言う場がない」と語った。内閣のトップは鳩山首相であり、閣僚の圧倒的多数も民主党が握る。社民党は自らの発言力を確保するため、自社さ政権のように、政府とは別に与党間に与党責任者会議を設けることを要求した。

しかし、社民党は最終的に折れた。政府の内部に党首間で調整する仕組みを作ることで合意に達し、「三党連立政権合意書」に「調整が必要な政策は、三党党首クラスによる基本政策閣僚委員会において協議し、その結果を閣議に諮り、決して行くことを確認する」と明記された。これは、従来の連立政権にない新たな政策決定の手続きであった。自公政権とは異なり、連立のマイナー・パートナーの党首が入閣したのは、閣内で与党間の政策調整を行うためでもあった。

なぜ社民党は押し切られたのか。福島元党首は次のように回想する。「社民党としては従来通り政府・与党二元体制がいいと思っていたが、民主党では政府への一元化論が強かった。民主党とは圧倒的な議席数の差があったし、社民党も政権運営の方法より政策の内容の方を重視した[15]」。その後も社民党と国民新党は、民主党に対して与党間の協議機関を設置するよう求め続けた[16]。

5-③　民社国連立政権の政策決定システム

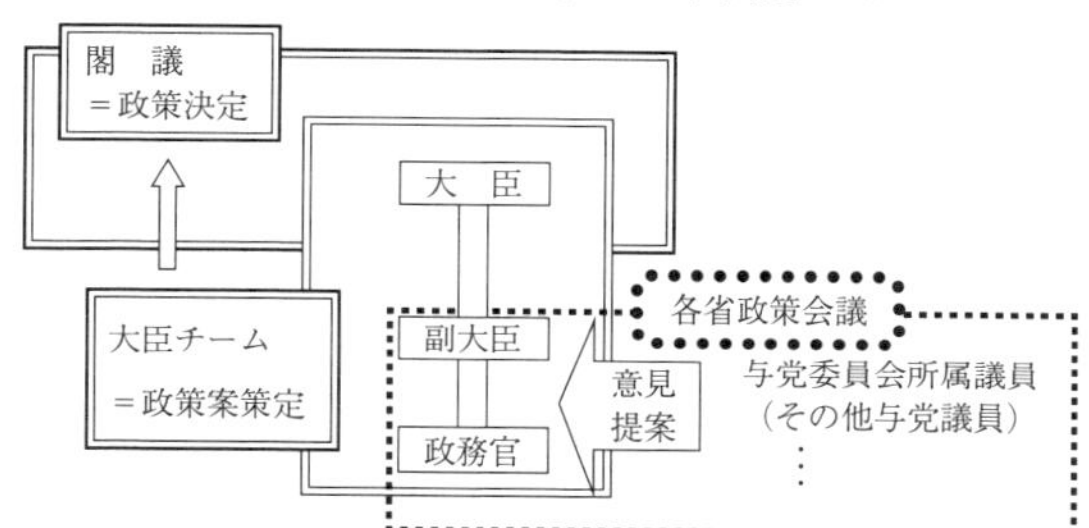

出所：小沢一郎（民主党幹事長）「政府・与党一元化における政策の決定について」2009年9月18日。

もっとも、社民党が一方的に押し切られたとはいえない。「三党連立政権合意書」に明記された通り、与党間で対立がある政策については、三党首と菅直人副総理、平野博文官房長官の五名で構成される基本政策閣僚委員会の了承を得なければ閣議決定に移れなかった。とりわけ亀井が大型の補正予算を組むよう主張し、基本政策閣僚委員会を欠席して押し通したことから、社民・国民両党は拒否権を持っているともいわれた[17]。だが、そうした状況は長続きしなかった。

結局のところ、政府内での与党間の調整は、連立のマイナー・パートナーの軽視の表れであった。鳩山内閣の辻元国交副大臣は、自社さ政権の経験を踏まえて以下のように回想する。「自民党の方が懐が広いと思いました。小さな政党をものすごく大事にしたのです。……民主党の弱点は、副大臣会議でも連立政党からは私と国民新党の松下〔忠洋〕さんだけで、私は割と発言しましたが、小さな政党にあまり配慮しなかったことです」。辻元によると、こうした民主党の態度が普天間問題での社民党の連立離脱につながった[18]。

深刻化する普天間問題

アメリカ軍普天間基地の移設問題は、鳩山内閣の最大の懸案事項となる。二〇〇六年の日米合意は、二〇一四年までの沖縄県名護市辺野古への移設完了を目標としており、それを実現するには二〇一〇年春から夏にかけて沖縄県知事の許可を得た上で埋め立て工事を開始しなければならなかった。

民主党は辺野古への県内移設に反対し、二〇〇八年の「沖縄ビジョン」に「県外移転の道を引き続き模索」と書き、衆院選前にも鳩山代表が「最低でも県外移設」と発言していた。それゆえ、民主党は「連立政権樹立に当たっての政策合意」に「沖縄県民の負担軽減の観点から……在日米軍基地のあり方についても見直しの方向で臨む」と明記することを受け入れざるを得なかった。鳩山内閣が発足すると、社民党は一〇月八日に「辺野古新基地建設中止に関する緊急提言」を発表するなど、県外・海外移設を強く要求した。

他方、アメリカは現行の移設計画の履行を求め続けた。県外移設を難しいと判断した岡田克也外務大臣は、県内の嘉手納基地に統合する案を模索したが、それすら軍事上の理由からアメリカは受け入れなかった。一一月一三日の日米首脳会談でも、オバマ大統領が鳩山首相に現行案の維持を要求した。対米関係を重視する民主党は、政権運営の観点から辺野古移設容認へと傾いていった。

社民党は抵抗する。そのために使ったのが、基本政策閣僚委員会であり、国民新党との連携であった。一一月三〇日の基本政策閣僚委員会で普天間問題が話題に上ると、大型の補正予算について社民党の協力を得たい亀井が、「三党連立だから、社民党と国民新党を抜きに、米政府と外務省が交渉をまとめても決着にならない」と発言し、福島も「辺野古に海上基地を造ると言われても、きっぱり反対する」と述べた。そこで、鳩山内閣は年内決着を断念した。

だが、閣内での抵抗には限界があった。それゆえ社民党は、翌年の参院選を見据えて「連立は大事だ」という発言を繰り返していた民主党の小沢幹事長に頼ろうとした。ところが、上記の年内決着をめぐるプロセスで又市征治副党首が働きかけたところ、小沢の返答はつれなかった。「それは福島党首が頑張ればいい話だ。基本政策閣僚委員会で言ってもらえばいい」。政策決定の政府への一元化を唱える小沢は、連立維持のための介入をあえて避けたのである[19]。それが社民党の交渉力を削ぐ結果となった。

一二月一五日、基本政策閣僚委員会が開かれ、日米合意を見直して移設先を改めて選定する方針を正式に決定した。また、結論を翌年に先送りすることを正式に決め、与党間で協議していくことで合意した。結論を出す期限については、平野官房長官が翌年五月末までという案を示したが、社民党の福島党首が難色を示したため、与党間の合意とはせず、首相と官房長官の判断でアメリカ側に伝えることになった。社民党は先送りに成功したとはいえ、五月末という期限を阻止できなかったのである[20]。

期限を設定したことについて、鳩山首相は「一二月末までに決めなければならないというのを延ばす場合に無期限ということはなかなか申し上げられない」と証言する。つまり、対米関係という政権運営上の理由からであった。期限が五月末とされたのは、鳩山首相によると、参院選の争点にしないためであり、岡田外相によると、通常国会で予算を通すのに社民党の協力を得るためであった。[21]

3 瓦解した民社国連立政権

社民党の連立離脱

普天間基地の移設先を改めて選定する方針を決定した鳩山内閣は、基本政策閣僚委員会の下に連立三党からなる沖縄基地問題検討委員会を設置し、平野官房長官を委員長に充てた。これ以降、首相官邸を中心として移設先の検討が進められる。社民党はグアムやテニアンなど国外への移設を主張したが、政府内部では国内が検討され、徳之島（鹿児島県）、下地島（沖縄県宮古島市）、ホワイト・ビーチ（沖縄県うるま市）、馬毛島（鹿児島県）といった地名が浮かんでは消えた。

その間、二〇一〇年一月二四日に行われた名護市長選挙で辺野古移設反対派が勝利を収めた。これは社民党にとって追い風となった。ところが、二月九日、自民党を離党した一名の参議院議員が民主党に入党した結果、参議院の民主党は統一会派を組む国民新党や無所属を加えて一二一議席（議長を除く）に達した。鳩山内閣は社民党抜きで過半数を確保したのであり、社民党は政権運営上、不可欠な存在ではなくなった。

しかし、七月に迫る参院選を考えると、民主党にとっても連立維持が依然として得策であった。四月末、社民党の辻元国交副大臣は、民主党の小沢幹事長に連絡を取り、辺野古移設に戻った場合、社民党は連立離脱を余儀なくされると訴え、事態の収拾に乗り出すよう求めた。だが、政策決定の政府への一元化を唱える小沢は、「それは政府の決めることだ」の一点張りであった。辻元はこう書いている。「普通は、連立政権維持の危機だと、幹事長が何とかしようとするはずなのに」[22]。

五月末の期限が迫るなか、鳩山内閣は移設先探しに終止符を打つことを迫られる。五月二二日、日米両政府は辺野古移設で合意し、二八日には移設先を辺野古と明記した日米同盟に関する外務・防衛担当閣僚（二プラス二）の共同声明が発表された。結局、鳩山内閣はアメリカ政府に全面的に譲歩し、二〇〇六年の日米合意に基づく移設計画がほぼ踏襲される結果となった。

これを受けて、日本政府の「対処方針」が政局の焦点として浮上した。閣議決定する場合、社民党党首の福島消費者相を含む全閣僚の署名が必要となる。また、閣議にかける前には、三党首によって構成される基本政策閣僚委員会を通さなければならない。しかし、日米共同声明に辺野古という地名が明記されている以上、福島党首が「対処方針」に署名することは難しく、社民党の連立離脱が現実味を帯びてきた。

その直前、連立崩壊の危機を感じた小沢民主党幹事長が、ようやく重い腰を上げた。日米共同声明が発表される前日の二七日夜に首相公邸を訪れ、鳩山首相に慎重な対応を求めたのである。ところが、翌二八日朝、オバマ大統領と電話会談を行った鳩山は、日米共同声明の発表、辺野古を明記する「対処方針」の閣議決定へと突き進んでいった。静観を続けてきた小沢の介入は、遅きに失したのである。

二八日夕方、閣議の前に基本政策閣僚委員会が開かれ、福島消費者相が署名拒否を表明する。そこで、鳩山首相は福島を罷免した上で「対処方針」を閣議決定した。社民党の内部では、参院選の考慮から連立離脱への慎重論も強かったが、党首の大臣罷免を受けて五月三〇日に全国幹事長会議が開かれ、連立からの離脱を決定した。

社民党の連立離脱はそれだけにとどまらず、内閣支持率の急落を招き、六月二日、鳩山首相は民主党の両院議員総会で退陣の意向を表明する。自らの「政治とカネ」の問題に加えて、その理由として挙げたのは、普天間問題をめぐる社民党の連立離脱であった。前年の衆院選で圧勝し、歴史的な政権交代を通じて成立した鳩山内閣は、八カ月あまりの短命政権に終わった。[23] 後任の民主党代表には菅直人が選ばれ、六月八日、民主・国民新両党を与党とする菅内閣が発足する。

参院選と選挙協力の浅さ

社民党が連立離脱に踏み切った一因には、民主党との選挙協力に大きな限界が存在していたという事情があった。

前述したように、政権交代を実現した二〇〇九年の衆院選で、民主・社民両党は一五の小選挙区で競合したばかりか、民主党が三〇八議席を獲得して大勝したのに対して、社民党は七議席と現状維持にとどまった。民主党との選挙協力を背景に、小選挙区の当選者が前回の一名から三名に増えた半面、比例代表の得票が三七二万から三〇一万に落ち込み、議席も六から四に減少した。比例代表での苦戦は、社民党の独自色が薄まり、自公政権への批判票の受け皿にならなかったためと考えられた。

しかも、民主党は衆院選の際のマニフェストで、「衆議院の比例代表定数を八〇削減します」と明記していた。小選挙区制の下で二党制の実現を目指す民主党にとっては当然の方針であったが、比例代表を重視する中小政党の社民党からすれば、決して受け入れられないものであった。ここに示されているように、民主党が社民党と選挙協力を行ったのは、あくまでも短期的な選挙戦術上の考慮にすぎなかった。

政権交代で勢いに乗る民主党は、二〇一〇年の参院選に向けて、衆参両院での単独過半数を目指して二人区以上に複数擁立するなど、公認候補を積極的に立てた。民主党は改選数二の福岡と新潟で二人目の擁立を見送り、それぞれ無所属の野党統一候補と社民党候補に譲るなど、社民・国民新両党との選挙協力を引き続き行ったが、前回に比べると明らかに後退させた。一人区をみると、〇七年は秋田・富山・愛媛・宮崎・沖縄の五県で無所属統一候補が当選したが、一〇年は香川と沖縄の二県に擁立するにとどまった。

社民党の連立離脱は、こうしたなかで起きた。この時期の社民党について、辻元国交副大臣は「「筋を通す」とか、「社民党の独自性を発揮できる」、「民主党を叩いて選挙を戦おう」などという空気が強くなってきました」と振り返っている。連立からの離脱を決めた全国幹事長会議で、最も強く反対したのは現職が選挙区から立候補する予定の新潟県連合であったが、「昨年の総選挙で、政権交代のために民主に入れた社民支持層が戻ってくるかもしれない」といった声にかき消されてしまう。[24]

二〇〇七年の参院選での社民党の当選者は二名であったが、いずれも比例区選出であった。しかも、民主党と社民党の間では、自民・公明両党間のような選挙区と比例区のバーターを行うまでには選挙協力が深まっていなかった。二〇〇九年衆院選の結果をみて、社民党が独自性を発揮した方が得策だと考えたのも十分な理由があった。福島党首自身、比例区選出の参議院議員であり、二〇一〇年に改選を迎えていた。

だが、七月一一日に実施された参院選での社民党の当選者は、前回と同じ比例区の二にとどまり、得票数も二六三万から二二四万に減少した。その二週間後、連立離脱に慎重であった辻元清美衆議院議員が離党する。他方、党首の交代でいったん態勢を立て直した民主党も、菅首相が唐突に消費増税を打ち出したことなどから敗北を喫する。選挙区二八、比例区一六、合計四四と改選前から一〇議席減らし、非改選と合わせて一〇六議席、国民新党を含む与党でも一〇九議席と過半数を割り込んだ。「ねじれ国会」に陥ったのである。

国民新党との連立も崩れていく

民主党の連立軽視は、首相が鳩山から菅に代わり、国民新党との二党連立に移行しても変わらなかった。それどころか、鳩山の辞任とともに幹事長を退いた小沢の影響力が民主党内で低下するにつれて、一層悪化することになった。

菅内閣の発足に際して、民主・国民新両党は「現在国会で審議中の郵政改革法案については、速やかに成立を期す」という覚書を交わした。通常国会の会期を延長すれば、郵政改革法案は成立する見通しであった。しかし、新内閣の発足で支持率が高いうちに参院選を行いたい菅首相は、会期延長をせず、廃案に追い込まれる。それに反発した国民新党は、連立に残留するものの、亀井代表が郵政改革相を辞任することを決めた。代わりに幹事長であった自見庄三郎が同じポストで入閣した。

参院選に向けて菅首相が消費増税を打ち出したことも、両党間の亀裂を深めた。「消費税率の据え置き」を明記する三党間の「連立政権樹立に当たっての政策合意」に違反していたからである。しかも、消費増税発言が原因となって「ねじれ国会」となり、郵政改革法案の成立の見通しが遠のいた。参院選の当選者がゼロにとどまったこともあり、国民新党の落胆は大きかった。さらに、「ねじれ国会」が連立政権に遠心力を与え、国民新党も郵政改革法案を成立させるために自民・公明両党に接近せざるを得なくなった。

参院選から二週間後の七月二七日、基本政策閣僚委員会の廃止が決まる。国民新党の党首が閣内から去るとともに、民主党も政調会を復活させたためであった。これ以降、両党の政調会長が定期的に協議を行い、重要案件は党首会談で決めることになった。[25] しかし、それは与党間の政策調整を重視することを意味しなかった。菅首相は一〇月一日に始まる臨時国会の所信表明演説で、国民新党との事前協議を欠いたまま、ＴＰＰ（環太平洋パートナーシップ協定）への参加を検討すると表明した。[26]

菅首相は臨時国会が閉幕すると、「ねじれ国会」の打開に動く。社民党との連携強化を図る一方、自民党の離党者が結成した「たちあがれ日本」に対して連立参加を視野に入れた協力を打診したのである。両党の取り込みに成功すれば、衆議院で法案を再可決できる三分の二の議席を確保できたが、いずれにも失敗し、二〇一一年一月一四日の内閣改造で、たちあがれ日本を離党した与謝野馨を経済財政相に起用するにとどまった。与謝野は消費増税を伴う「社会保障と税の一体改革」を推進する。[27]

二〇一一年九月二日に成立した野田佳彦内閣も、消費増税やＴＰＰ交渉への参加という菅政権の方針を継承した。国民新党の内部では、消費増税に反対するのか、郵政民営化の見直しを優先するのかをめぐって対立が深まり、連立離脱を主張する亀井代表が二〇一二年四月五日に解任される。国民新党は民主党との連立を続け、二七日に改正郵政民営化法案が成立した。しかし、それを実現できたのは、全特が公明党に対して次の衆院選で優先的に選挙協力を行うことを約束し、その上で自民党を取り込んだ結果であった。[28]

大連立の失敗と民自公路線

以上みてきたように、二〇一〇年の参院選後、民主党は「ねじれ国会」に苦しみ、社民党やたちあがれ日本との連携を図ったものの、失敗に終わった。また、国民新党との連立も紆余曲折を経ながら実質的に崩れていった。そうしたなか、福田内閣の際と同じく、民主・自民両党による大連立が模索された。

そのきっかけとなったのは、二〇一一年三月一一日の東日本大震災である。未曽有の危機を受けて政治休戦の空気が広がり、当日の夕方には与野党党首会談が開かれた。三月一九日、菅首相が自民党の谷垣禎一総裁に電話をかけ、副総理兼震災復興担当相として入閣するよう要請する。これは相手への配慮を欠いた稚拙で唐突な行為と批判されたが、菅によると、親しい関係にあった加藤紘一を仲介者として話を進めていたところ、その時間に谷垣に電話をかけるよう求められたのだという[29]。

菅首相に不信感を持ち、ポスト菅との大連立を考えていた谷垣総裁は、難色を示しつつ即答を避けた。同日、自民党は役員会を開き、大連立の拒否を決め、谷垣が菅に断りの電話を入れた。ところが、やがて民主党で菅おろしの動きが顕在化する。六月二日に内閣不信任決議案が否決されるが、その前日には谷垣が菅抜きで大連立を組む可能性に言及した。それ以降、両党の幹事長間で大連立を目指すべきという発言が相次ぐ。しかし、自民党では民主党との大連立への反発が根強く、結局、対決路線に戻っていった[30]。

野田内閣が成立すると、自民党との連携を図る動きが再び高まりをみせる。その引き金は、菅内閣以来推進されてきた「社会保障と税の一体改革」であった。二〇一二年三月三〇日に消費税増税法案が国会に提出されるが、これに先立つ二月二五日に野田・谷垣両党首会談が行われたといわれる。その後、六月八日から民主・自民・公明三党による協議が開始され、一五日に法案の修正などについて合意に達し、二一日には三党の幹事長によって「三党確認書」が署名された。

野田内閣は、参議院で過半数の議席を持たないだけでなく、民主党の内部で小沢グループが消費増税に反対しており、法案を成立させるためには自民党の協力を得なければならなかった。これを契機として、自民党との大連立に踏み込むことも考えられた。他方、自民党は法案の成立と引き換えに、早期の衆議院解散を実現したかった。法案の成立を通じて民主党の分裂を誘発するというねらいも、自民党には存在していた。

消費税増税法案を含む「社会保障と税の一体改革」関連法案は、民主党から多くの造反者を出しながら、六月二六日に衆議院、八月一〇日には参議院で可決され、成立した。だが、その過程で目的を達したのは、自民党の方であった。衆議院での採決の後、小沢グループが民主党を離党し、参議院で採決される二日前には民自公三党首会談が開かれ、「成立した暁には近いうちに国民に信を問う」ことを条件に「早期に成立を期す」と合意された[31]。最終的に一一月一六日に衆議院の解散が断行される。

以上のように、民主・自民両党の大連立は最後まで実現しなかった。その大きな原因は、一つの議席をめぐって争う小選挙区制中心の衆議院の選挙制度にあった。それだけでなく、野党時代の自民党は、民主党との差異を示すために右傾化する。リベラル派と目される谷垣総裁の下でありながら、自民党は二〇一二年四月二七日、極めて右寄りの内容の憲法改正案を発表していた。そして、九月二六日の総裁選では、谷垣が出馬断念に追い込まれる一方、民主党に対して攻撃的な発言を続けてきた安倍晋三が勝利を収めた[32]。

4 自公政権の復活

是々非々になった公明党

一九九九年以来、一〇年間にわたって連立を組んできた自民・公明両党は、二〇〇九年の衆院選で歴史的な惨敗を喫した。自民党は公示前の三〇〇から一一九議席に、公明党も一〇減の二一議席に沈んだ。

野党に転落した両党は必然的に連立を解消し、新たな執行部を作り、党の再建を図ることになる。自民党は九月二八日の総裁選で谷垣禎一を新総裁に選出したが、公明党はそれに先立つ九月八日、臨時全国代表者会議で山口那津男を新代表に選んだ。山口代表は就任の挨拶で、「連立政権一〇年で与党として多くの実績を積んだものの、党の独自性や公明党らしさを十分に発揮できなかったことについて、しっかり総括し、新しいスタートを切らなければならない」と語った。

こうした反省は、一〇月三日の全国県代表協議会に提出された「選挙総括」でも述べられた。自公連立に関して「福祉や子育て支援、環境、人権などの分野でも大きな前進があった」と評価しつつ、「国民が公明党に期待した「福祉の公明党」「弱者の味方」という役割を十分に果たせなかった」などと指摘し、前の執行部についても「責任は重い」と批判した。その上で、党再建に向けて「大衆とともに」という立党精神に立ち戻る方針を示し、今後の自民党との選挙協力には一切触れなかった[33]。

この時期、公明党や支持母体の創価学会の内部では、衆議院の小選挙区からの撤退が検討され、山口代表も「選択肢としてあり得る」と語っていた。選挙運動のためのコストが巨大であり、協力相手と一緒に野党に転落した場合、政府・与党の攻撃を受けるリスクが高まるためであった。比例代表に特化すると、選挙協力の必要性が低下し、二大政党や政権に対して是々非々の態度をとることになるが、その場合の選挙結果のシミュレーションもなされたという[34]。

確かに、小選挙区から撤退し、自民党との選挙協力を見直すとすれば、このタイミングしかなかった。衆院選で八つの小選挙区の全てで公認候補が落ち、衆議院の小選挙区選出の太田昭宏・北側一雄から、参議院の山口那津男と衆議院の比例代表選出の井上義久に代表と幹事長が交代したからである。事実、太田代表は衆院選の翌日、今後の選挙協力について「これからの議論だ」と断りながらも、次の衆院選で同じ小選挙区から出馬する意向を示し、「自民党との間に築いてきた信頼関係は大事にしたい」と語っていた。[35]

野党に転落した公明党は当初、自民党との距離を保ち、民主党政権に対して是々非々の態度をとった。まず九月一六日の首相指名投票で、自民党総裁への投票を行わず、山口代表の名前を書いた。また、一〇月二五日の参議院の神奈川・静岡両補選に、自主投票で臨んだ。神奈川については、地元選出の上田勇前衆議院議員が自民党候補への推薦を求めたにもかかわらずである。さらに、民主党のマニフェストの目玉政策であった子ども手当や高校授業料無償化のための法案に賛成した。

しかしながら、国会対策では、公明党は自民党と基本的に連携した。同じく野党であったことに加え、国対委員長を務める大島理森・漆原良夫という従来の人脈が継続したことが大きかった。公明党の漆原国対委員長は、政策面では民主党と共通する部分が多いことを認めながらも、自民党しか連立相手はないと考えていた。漆原の盟友の大島は谷垣総裁の下で自民党幹事長に起用され、両党間では週一回、幹事長・国対委員長会談（二幹二国）が続けられた。[36]

地域ごとになされた参院選での選挙協力

国会対策と並んで自民・公明両党の連携を下支えしたのは、選挙協力であった。衆院選の直後に公明党の内部で検討された小選挙区からの撤退は、反対意見もあって低調となり、参院選の後に先送りされた。そして、参院選では自民党との選挙協力しかないという結論に向かっていった。なぜなら、支持基盤が脆弱な民主党と選挙協力を行ったとしても、票の融通はわずかで、メリットが乏しいし、これまで民主党を激しく批判してきた以上、支持者の賛意を得ることも難しかったからである。[37]

参院選が近づくにつれて、公明党は民主党に対する批判を強めていく。公示日である二〇一〇年六月二四日の「党アピール」では、「政権交代から九カ月間、国民を裏切り欺き続けた民主党政権に対して厳しい審判を下す選挙です」と訴えた。しかしながら、山口代表が「自民党は政権あればこその政党で、これを失ったら統合して創造していくという力が極端に弱くなってしまったように見える」と述べたように、この時点では公明党からみて自民党の再建も道半ばであった。[38]

結局、山口代表が「政党対政党の選挙協力はない」と表明したように、公明党は自民党と公式に選挙協力を行うことを避けた。二〇〇七年の参院選で、公明党は公認候補を擁立していない選挙区の自民党候補のほとんどに推薦を与えたが、二〇一〇年にはゼロになった。とはいえ、自民・公明両党の選挙区の棲み分けは続き、公明党は五人区に一名、三人区に二名の候補者を立てただけで、勝利の見通しが乏しい全ての一人区と二人区、三つの三人区は擁立を見送った。

そうしたなかで、公明党本部は地域ごとに個別に自民党と選挙協力を行うことを容認した。地域によって差異はあったものの、選挙協力が過去一〇年間にわたって続けられてきたため、人脈やノウハウが蓄積されていた。公明党にとっても、選挙区で自民党候補を支援する見返りに、バーターとして比例票を獲得するメリットが大きかった[39]。つまり、自民・公明両党の選挙協力は双方に大きな利益があるがゆえに地域に根を下ろしており、中央の変化への耐性を持つに至っていた。

七月一一日の参院選で、自民党は選挙区で三九、比例区で一二、合計で改選前から一三増の五一議席を獲得し、改選第一党になった。比例区の得票数は一四〇七万票で、惨敗した前回より二四七万票も減らし、議席数も過去最低であったが、二九ある一人区で二一勝したことが勝利につながった。公明党は、改選前から二減の九議席であったが、選挙区で擁立した三名全員が当選した。この結果、「ねじれ国会」となり、自民・公明両党は復活の足掛かりをつかむことになった。

自民党が選挙区で勝つことができた一因は、公明党との間で地域ごとに続けられた選挙協力にあった。実際、読売新聞が実施した出口調査によると、公明党候補がいない四四の選挙区で、公明党支持層が自民党候補に投票した割合は、五四％に達した。推薦を出さなかったにもかかわらず、前回から一〇ポイント低下するにとどまった。それに対して、民主党候補に流れたのは、前回並みの一八％であった。[40]

衆参「ねじれ」と自公の接近

公明党は「ねじれ国会」でキャスティングボートを握る存在であった。公明党の協力を得られれば、与党は参議院で過半数を確保できたからである。菅内閣は、入閣要請までには至らなかったが、公明党に繰り返し秋波を送った。だが、菅首相は公明党・創価学会批判の急先鋒という過去を背負っていた。しかも、自民党に対して大連立を打診した際と同じく、場当たり的であり、誠意を欠きがちであった。

その象徴的な出来事は、臨時国会を目前に控えた九月二六日、菅首相が東京富士美術館を訪問したことである。この美術館は、創価学会の池田大作名誉会長が創立したものであり、公務ではなく私用で約三〇分間、一般の入場者に混じって特別展を鑑賞したと報じられた。しかし、混雑する特別展の最終日に唐突に訪問し、見え透いたパフォーマンスを行ったことは、かえって公明党の失望を買った。菅政権は、その後も公明党の取り込みを図り、予算などで公明党が主張する政策を次々と実現させた。

ところが、こうした誠意なき場当たり的な対応に加え、九月七日に発生した尖閣諸島中国漁船衝突事件の稚拙な処理が批判され、内閣支持率が急落すると、公明党の内部では民主党への批判が強まった。公明党からみて、二〇一一年三月一一日の東日本大震災および福島第一原子力発電所事故への菅内閣の対応も、落胆すべきものであった。そのようななか、次期衆院選に向けて、公明党は小選挙区で公認候補を擁立し、自民党と選挙協力を行う方針を固めていった[41]。

菅内閣と比べるならば、九月二日に成立した野田内閣は、公明党対策で有効な手を打とうとした。半年前の三月二三日に最高裁が先の衆院選について「一票の格差」を理由に「違憲状態」と判断したことを受けて、一〇月一九日から衆議院の選挙制度に関する各党協議会が始められた。その席で、公明党は小選挙区比例代表並立制の抜本改革を唱え、中小政党に有利な連用制の導入を主張した。野田政権は、この衆議院の選挙制度改革を梃子に公明党を取り込もうとしたのである。

当初、民主党が主張したのは、小選挙区の五増九減（あるいは六増六減）と比例代表の八〇削減であり、自民党の案は小選挙区の五減、比例代表の三〇削減であった。いずれも現行の並立制を維持しつつ、小選挙区制中心に改革することをねらい、差し当たり「一票の格差」の是正にとどめることを考えていた。ところが、民主党は並立制を維持しながら一部を連用制に変える案を作成し、各党協議会や与野党幹事長・書記局長会談で提示した。この一部連用制案には、公明党を抱き込むねらいがあった。

民主党は二〇一二年六月一八日、衆議院の選挙制度改革法案を単独で国会に提出する。小選挙区を五、比例代表を四〇削減する一方、比例定数一四〇のうち一〇五を並立制、三五を連用制で選出するとともに、比例代表を一一ブロックから全国単位に改めるという内容であった。公明党は当初、前向きな姿勢を示したが、衆院選が近づくなか、自民党に対する配慮から賛成に踏み込まなかった。結局、衆議院が解散された一一月一六日、小選挙区の「〇増五減」だけを盛り込む選挙制度改革法案が成立した。[42]

維新の台頭と自公での政権奪還

衆院選に向けて自民・公明両党の連携が徐々に復活していく状況の下、それを揺るがしかねない要因が急速に浮上してきた。橋下徹大阪市長が率いる地域政党の「大阪維新の会」の国政進出である。

安倍元首相と橋下市長は、二〇一二年二月二六日に初めて会談を行って以来、蜜月関係にあった。九月二六日の自民党総裁選で安倍が勝利を収め、二八日には国政政党として

「日本維新の会」が結成される。しかし、実際に維新と太いパイプを築いていたのは、自民党よりも公明党の方であった。自民党の離党者を中心に結成された「大阪維新の会」は、公明党との提携を基軸に据え、それを前提に大阪都構想を推進していた。特に大阪市議会で維新は公明党の協力なしに過半数の議席を確保できなかった。

公明党の井上幹事長は、九月二二日の党大会で次のように発言している。「自民党との選挙協力は、これまでの一〇年間の積み重ねをベースに今後、具体的な話を詰めていきたい。日本維新の会とは、道州制と大阪都構想の実現では認識を共有している。維新の会側から（公明党が候補を立てる）九小選挙区に候補を擁立しない方針との話がある」[43]。実際、これに先立つ九月二日の会合で公明党が大阪都構想の実現に協力する考えを示唆したことを受けて、維新は公明党が候補者を立てる全ての小選挙区で擁立を見送った[44]。

以上のことは、一二月一六日に実施された衆院選のデータでも裏づけられる。維新は公認候補を擁立した一五一の小選挙区のうち一四九で、自民党の候補者と競合した。また、自民・維新両党間では推薦が全くなされなかった。それに対して、公明党が公認候補を立てた九つの小選挙区で、維新は約束に従って擁立を見送った。そこには、維新の本拠地である大阪府と兵庫県の六選挙区が含まれていた。そればかりでなく、維新はこの六名の公明党候補に推薦を与え、応援演説などの支援を行った。

5-④　2012年衆院選の小選挙区での野党間選挙協力

○公認候補の競合

	自民党	公明党	日本維新の会	みんなの党
公認候補数	289	9	151	65
自民党と		0	149	64
公明党と	0		0	1
日本維新の会と	149	0		28
みんなの党と	64	1	28	

○公認候補への推薦

	自民党	公明党	日本維新の会	みんなの党
公認候補数	289	9	151	65
自民党から		9	0	0
公明党から	230		0	0
日本維新の会から	0	6		33
みんなの党から	0	0	83	

出所：『朝日新聞』などより著者作成。

しかし、公明党にとって選挙協力の主たるパートナーは、自民党であった。自民党は二八九、公明党は九の小選挙区に公認候補を擁立したが、完全に棲み分けた。しかも、二〇一〇年の参院選とは違い、公明党は二三〇名の自民党候補、自民党は公明党候補全員に推薦を出した。二〇〇九年の総選挙に比べると減少したとはいえ、両党間の選挙協力が復活したことが分かる。読売新聞の出口調査によると、比例代表で公明党に投票した有権者のうち、小選挙区で自民党候補に入れた割合は六四％に上った[45]（5―④）。

しかも、自民・公明両党の選挙協力は、連立政権の樹立を前提としていた。自民党の安倍総裁は選挙戦を通じて「自公政権」を明言し、公明党の山口代表も「友党の自民党との協力を軸に考えたい」と発言していた。[46] 選挙結果は、自民党が小選挙区二三七、比例代表五七、合計二九四議席、公明党は小選挙区九、比例代表二二、合計三一議席であり、三二五議席を得た両党の勝利であった。民主党は五七議席と敗北し、維新も五四議席と伸び悩んだ。これを受けて、自民・公明両党の連立による第二次安倍政権が、一二月二六日に発足した。

ただし、自公政権が三年三カ月あまりの空白を経て復活したとはいえ、この時点では両党で参議院の過半数の議席を確保していなかった。二〇一三年七月二一日の参院選で、自民党は六五、公明党は一一を獲得し、非改選と合わせてそれぞれ一一五と二〇、与党合計で二四二議席中一三五となり、「ねじれ」が解消された。ここに自公政権は完全な復活を遂げた。

1――前掲、五百旗頭ほか編『菅直人 市民運動から政治闘争へ』一六八ページ。
2――塩田潮『民主党の研究』平凡社新書、二〇〇七年、第一―二章。
3――前掲、NHK「永田町 権力の興亡」取材班『永田町 権力の興亡 一九九三―二〇〇九』二二七ページ。
4――前掲、塩田『民主党の研究』七七ページ。
5――以下、大連立については、読売新聞政治部『真空国会』新潮社、二〇〇八年、二三〇―二四八ページ、前掲、渡辺『反ポピュリズム論』七九―八八ページ、前掲、森『私の履歴書 森喜朗回顧録』二五〇―二五三ペ

ージ、日本経済新聞社編『政権』日本経済新聞出版社、二〇一〇年、三七二―三八一ページ。
6――与謝野馨『堂々たる政治』新潮新書、二〇〇八年、一二六ページ。
7――『朝日新聞』二〇〇八年九月二二日、二〇〇九年二月二五日。
8――河野勝「選挙結果からみた民主党圧勝、自民党大敗の構図」(田中愛治ほか『二〇〇九年、なぜ政権交代だったのか』勁草書房、二〇〇九年)四五―四九ページ。
9――小塚かおる『小沢一郎の権力論』朝日新書、二〇一七年、七四ページ。
10――『朝日新聞』二〇〇九年三月一日、八月一五日。
11――福島瑞穂元社民党党首へのインタビュー(二〇一八年七月二四日)。
12――以下、連立協議については、毎日新聞政治部『完全ドキュメント 民主党政権』毎日新聞社、二〇〇九年、一五一―一五六ページ、辻元清美『いま、「政治の質」を変える』岩波書店、二〇一二年、一五八―一六二ページ、『社会新報』二〇〇九年九月一六日。
13――『社会新報』二〇〇九年九月九日、『朝日新聞』二〇〇九年九月三日。
14――山口二郎・中北浩爾編『民主党政権とは何だったのか』岩波書店、二〇一四年、六二ページ。
15――福島瑞穂元社民党党首へのインタビュー(二〇一八年七月二四日)。
16――『社会新報』二〇〇九年一〇月一四日。
17――『社会新報』二〇〇九年九月九日、下地幹郎『サトウキビ畑から来た大臣』日本評論社、二〇一四年、二〇―三三ページ。
18――御厨貴ほか『政権交代を超えて』岩波書店、二〇一三年、一二〇ページ。
19――読売新聞政治部『民主党 迷走と裏切りの三〇〇日』新潮社、二〇一〇年、八四―八五ページ。
20――福島瑞穂『迷走政権との闘い』アスキー新書、二〇一一年、三九―四七ページ、『朝日新聞』二〇〇九年一二月一六日。

21―前掲、山口・中北編『民主党政権とは何だったのか』一〇四ページ、薬師寺克行編『証言 民主党政権』講談社、二〇一二年、三八ページ。
22―前掲、辻元『いま、「政治の質」を変える』一七七―一七八ページ。
23―前掲、読売新聞政治部『民主党 迷走と裏切りの三〇〇日』二五三―二六五ページ。
24―前掲、山口・中北編『民主党政権とは何だったのか』一一八ページ、『朝日新聞』二〇一〇年五月三一日。
25―『朝日新聞』二〇一〇年七月二八日。
26―前掲、下地『サトウキビ畑から来た大臣』一〇四―一二六ページ。
27―読売新聞「民主イズム」取材班『背信政権』中央公論新社、二〇一一年、二五九―二七六ページ、与謝野馨『全身がん政治家』文藝春秋、二〇一二年、一九二―一九五ページ。
28―前掲、下地『サトウキビ畑から来た大臣』一六二―二一一ページ。
29―前掲、山口・中北編『民主党政権とは何だったのか』一六七―一六八ページ。
30―読売新聞政治部『亡国の宰相』新潮社、二〇一一年、六七―七三、一九四―一九七ページ。
31―読売新聞政治部『民主瓦解』新潮社、二〇一二年、一〇四―二五〇ページ。
32―前掲、中北『自民党政治の変容』二三五―二四四ページ。
33―『公明新聞』二〇〇九年九月九日、一〇月四日。以下、前掲、読売新聞政治部『民主党 迷走と裏切りの三〇〇日』一六三―一七二、二二七―二三〇ページ。
34―前掲、中野『創価学会・公明党の研究』九二―九四ページ。
35―『公明新聞』二〇〇九年九月一日。
36―前掲、大下『公明党の深層』三一〇―三一六ページ。漆原国対委員長は、「民主党と一緒になるべきか、自民党と一緒にいるべきか、党内で路線対立のようなものもありました」と振り返っている。漆原良夫（インタビュー）「単刀直言 自公二〇年「いい味出ている」」（『産経新聞』二〇一九年一月二八日）。

37――前掲、中野『創価学会・公明党の研究』一〇四―一〇五ページ。
38――『公明新聞』二〇一〇年六月二四日、岩見隆夫・山口那津男（対談）「二大政党の閉塞政治破り信頼回復は第三勢力の公明が」（『月刊公明』二〇一〇年七月）五ページ。
39――『朝日新聞』二〇一〇年七月八日。
40――『読売新聞』二〇一〇年七月一二日。
41――前掲、大下『公明党の深層』三一八―三一八ページ、前掲、中野『創価学会・公明党の研究』一一三―一二〇、一二八―一三二ページ。
42――『朝日新聞』二〇一一年一〇月二〇日、二〇一二年四月二六日、六月一九日、一一月七日、一七日、前掲、中野『創価学会・公明党の研究』一三四―一四六ページ。
43――『公明新聞』二〇一二年九月二四日。
44――朝日新聞取材班『この国を揺るがす男』筑摩書房、二〇一六年、一二〇―一二六ページ、朝日新聞大阪社会部『ルポ　橋下徹』朝日新書、二〇一五年、一四七―一五三ページ。
45――『読売新聞』二〇一二年一二月二五日。
46――『朝日新聞』二〇一二年一一月三〇日、一二月一七日。

第六章

自公政権の政策決定とポスト配分

1　小さくない政策的な違い

綱領を比較する

自民党と公明党は政策的な近さゆえに連立を組んでいるとはいえない。むしろ、政策距離の大きさにもかかわらず、長期にわたって連立政権を維持してきたといえる。それがなぜ可能なのか。ここではまず両党の政策的な違いについて確認しておきたい。その有力な手がかりが、綱領である。

現在の自民党の綱領は、野党時代の二〇一〇年一月二四日の党大会で制定された。民主党政権を「国民の自立心を損なう社会主義的政策」「与党のみの判断を他に独裁的に押し付ける国家社会主義的統治」などと批判する一方、「市場原理主義」も否定し、「日本らしい日本の確立」を説いた。その中心に置かれるのは「勤勉を美徳とし、他人に頼らず自立を誇りとする国民」であり、「家族、地域社会、国への帰属意識を持ち、公への貢献と義務を誇りを持って果たす国民」である。

国民は「自助自立する個人」であることが求められ、地域社会や家族の「共助」、国家による「公助」は、あくまでも補完的な役割にとどまる。個人は権利の主体というよりも義務を果たす主体であり、「日本の主権」や「独自の伝統・文化」を守ることが重視される。個人に対して国家を優位に置くのである。これこそが「日本らしい日本の姿」であり、それを実現するために「新憲法の制定を目指す」ことが明記された。

この綱領に基づいて二〇一二年四月二七日に自民党が発表したのが、「日本国憲法改正草案」であった。この憲法改正案は、新しい人権の追加と統治機構改革を盛り込む二〇〇五年の「新憲法草案」に比べても右寄りの内容を持つ。具体的には、自衛軍ではなく国防軍の保持が謳われ、領土の保全や緊急事態条項が盛り込まれたほか、家族の尊重と相互扶助義務、公務員の労働基本権の制限など人権に対する制約が強められた。また、天皇は象徴から元首に変えられ、国旗・国歌や元号も規定された。

他方、「平和と福祉の党」を自任する公明党の綱領はどうか。一九九四年一二月五日に制定されたそれは、「人間主義」という理念の下、「人間自身の幸福な生存こそが目的価値」と主張し、「個人あっての人間あっての国家」と説き、「人権の保障と拡大」「社会的公正の実現と社会的弱者の擁護」「人間と自然の調和」などを訴える。「人類益をめざす地球民族主義へ」「地方主権の確立」といったように、国家の役割を相対化する視点を持ち、「大衆とともに」という党是に基づいて「庶民の党」と自己規定する。

自民党は日本国憲法を否定的に捉える「自主憲法の制定」を党是とするが、国家よりも個人を優先する公明党は、日本国憲法を肯定的に評価する。こうした考えに従い、二〇〇二年一一月二日の党大会で打ち出したのが、現行憲法を維持しつつ環境権など新しい条文を追加する「加憲」方式である。そして、第一次安倍内閣の下で二〇〇七年五月一四日に成立した国民投票法が、憲法全文の一括改正を否定し、関連事項ごとの改正手続きを採用したのは、公明党が自民党を説得した結果であった[1]。

選挙公約はどう異なるか

以上、自民・公明両党の綱領を手掛かりに、個人と国家の関係や憲法改正に対するスタンスの違いをみてきたが、次に具体的な政策について検討する。二〇一七年一〇月二二日の衆院選の際の選挙公約を取り上げよう。

自民党の選挙公約のキャッチフレーズは、「この国を、守り抜く。」であった。これは安倍首相が記者会見で「国難突破解散」と名付け、北朝鮮の脅威と少子高齢化に言及したことに対応していた。第一の項目には、「北朝鮮の脅威から、国民を守り抜きます。」と書かれ、北朝鮮による核ミサイル開発や拉致問題の解決のために、国際社会の圧力の増大、日米同盟の強化、ミサイル対処能力の向上などが挙げられた。

もう一つの少子高齢化については、アベノミクスによる経済成長が打ち出され、「生産性革命」と「人づくり革命」の断行が訴えられた。保育・教育の無償化、待機児童の解消、低所得家庭を対象とする高等教育の無償化などが謳われたが、あくまでもアベノミクスを構成する「人づくり革命」の一環としての位置づけであった。自民党の外交・安全保障や経済成長に対する関心の強さが、この選挙公約には如実に示されている。

他方、公明党の選挙公約のキャッチフレーズは、「教育負担の軽減へ。」であった。「国づくりの基本は、〝人づくり〟」と説き、幼児教育の無償化、私立高校授業料の実質無償化、大学の給付型奨学金の拡大などを打ち出した。経済成長も取り上げたが、低年金者への支援、介護保険料の軽減をはじめ、恵まれない人々の生活を支えることが強調された。後方の項目に回された外交・安全保障では、北朝鮮問題にも触れたが、国連の「持続可能な開発目標（ＳＤＧｓ）」の達成や核軍縮・核不拡散の推進に多くの紙幅を割いた。

自民・公明両党ともに憲法改正に関する記述を最後に置いたが、その内容は大きく異なる。自民党は「国民の幅広い理解を得て、憲法改正を目指します」と、憲法改正を実現することを積極的に訴えた。現行憲法の「国民主権」「基本的人権の尊重」「平和主義」の三大基本原理を堅持するとしながらも、「自衛隊の明記」「教育の無償化・充実強化」「緊急事態対応」「参議院の合区解消」の四項目を具体的に挙げ、国会で発議を行い、国民投票を実施すると表明した。

それに対して、公明党は憲法改正に慎重な態度をとった。「日本国憲法を優れた憲法であると評価しています」と記した上で、加憲の立場を示し、その対象として、環境保護、地方自治の強化、緊急事態の際の国会議員の任期特例の三つを例示した。第九条に自衛隊を明記することについては、否定しないまでも消極的な姿勢をにじませ、憲法改正そのものについても「国民の理解」と「多くの政党の合意形成」が不可欠だと主張した。

国会議員の政策位置

ここでは、二〇〇三年の衆院選以降、国政選挙ごとに実施されてきた東京大学谷口将紀研究室・朝日新聞社共同調査を用いて、自民・公明・民主（民進）三党の衆参両院議員の政策位置とその変化をみていきたい。[2]

かつて五五年体制を形作り、現在も日本の政党システムを大きく規定する政策的対立軸となっているのが、憲法改正と外交・安全保障である。[3] そこで、東大・朝日調査の多岐にわたる質問項目のうち、「憲法を改正すべきだ」「日本の防衛力はもっと強化すべきだ」の二つを取り上げ、平均値の推移をみる。

その回答は五択であり、一が「賛成」、二が「どちらかと言えば賛成」、三が「どちらとも言えない」、四が「どちらかと言えば反対」、五が「反対」となっており、一に近いほど

6-① 自民・公明・民主（民進）三党の国会議員の政策位置の推移

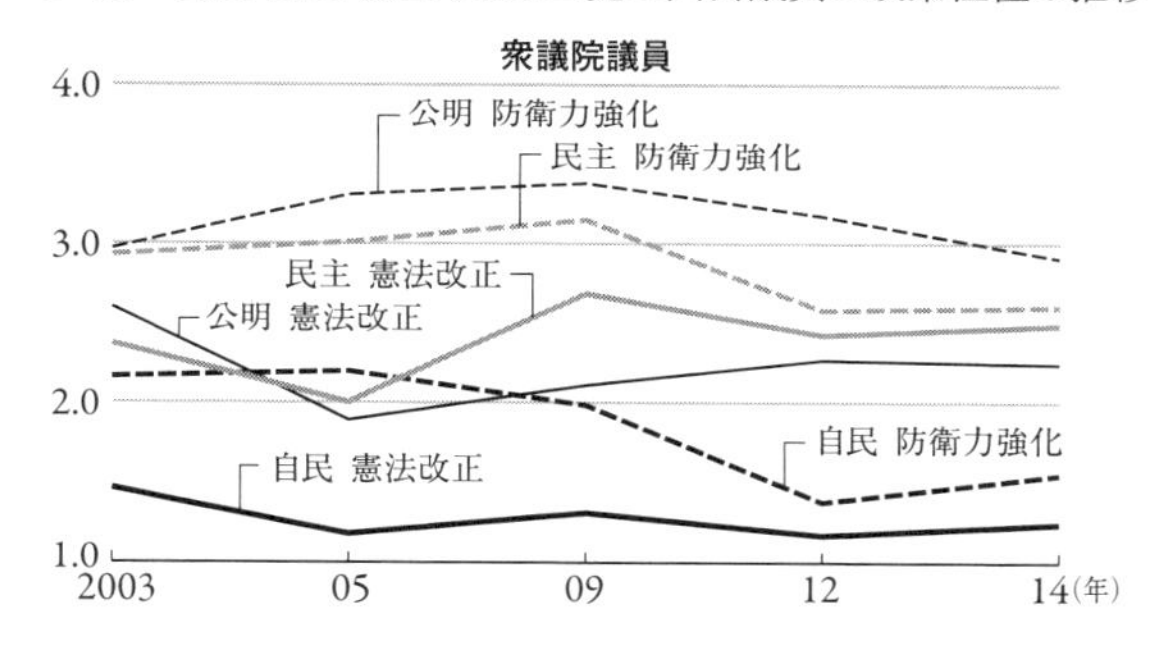

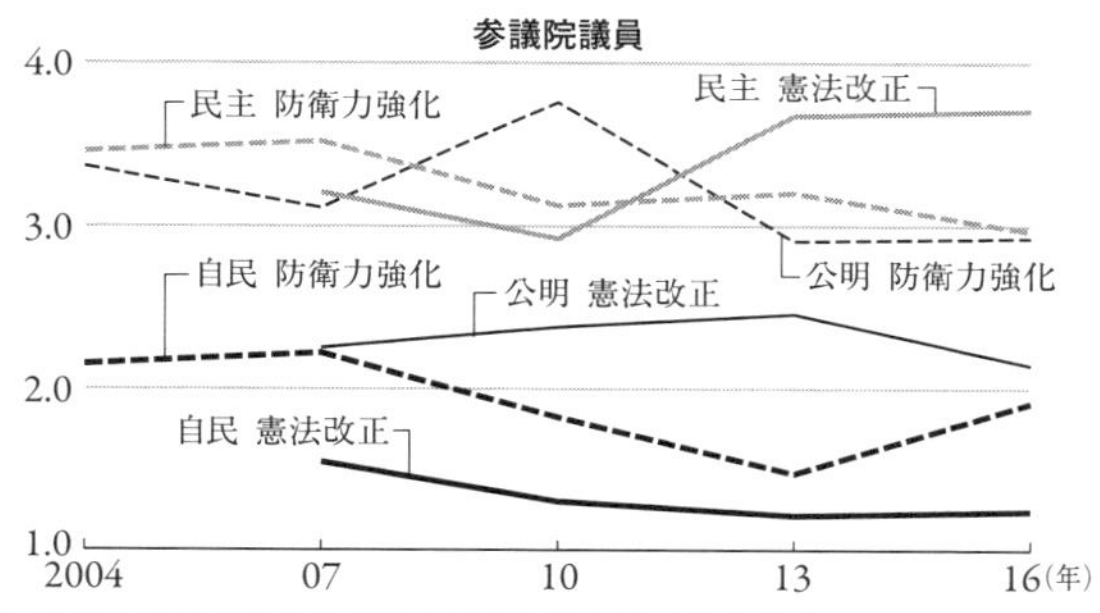

出所：東京大学谷口研究室・朝日新聞社共同調査より著者作成。

右寄り、五に近いほど左寄りと理解することができる。ただし、一口に憲法改正といっても、前述したように、日本国憲法を発展させるような改憲か、それを否定的に捉えた上での改憲かでは方向性が異なるので、注意を要する（6—①）。

衆議院議員についてみると、第一に、自民党が右寄りになってきたことが分かる。二〇〇三年から一四年にかけて、憲法改正で〇・二三ポイント、防衛力強化で〇・六一ポイントも右寄りになっている。それに対して、公明党はそれぞれ〇・三六ポイント、〇・〇六ポイント、民主党はマイナス〇・一二ポイント、〇・三二ポイント右寄りになっているが、自民党の右傾化の大きさは顕著である。

第二に、自民・公明両党よりも民主・公明両党の方が、政策位置が近いことである。二〇一四年をとると、自民・公明両党の差は憲法改正が一・〇〇ポイント、防衛力強化が一・三六ポイントなのに対して、民主・公明両党の差は憲法改正が〇・二五ポイント、防衛力強化が〇・三〇ポイントである。グラフをみると、民主・公明両党の政策的な近接性は明らかであり、かつ自民党との間の距離が開いていることを確認できる。

次に、参議院議員をみてみよう。民主党・民進党の参議院議員は、衆議院に比べて護憲色がかなり強い。そのため、憲法改正に関しては、民主・公明両党の政策距離が若干広くなっている。しかし、その点を除けば、参議院についても、先に述べた衆議院と同じ傾向を確認することができる。例えば、二〇一六年の防衛力強化をみると、民進党が二・九七、公明党が二・九三と近接しており、一・九一の自民党とは距離が大きい。

前述した綱領に戻ってみても、民主党・民進党と公明党の近さは明らかである。例えば、二〇一六年三月二七日に定められた民進党の綱領は、「一人一人かけがえのない個人として尊重」することを主張し、「弱い立場に置かれた人々とともに歩む」と表明する。「人権が尊重される自由な社会」を謳い、「市民の自治」を重視し、「公正な分配による人への投資なくして持続可能な成長は達成できない」と述べる。国家や経済成長ではなく個人をベースに置く点で、公明党との共通性が高い。

民進党の綱領は、外交・安全保障について「現実主義」を唱え、「日米同盟」の深化を主張しながらも、「アジアや太平洋地域との共生」を打ち出し、多国間協調や核兵器廃絶、人道支援など明記している。憲法改正に関しては、「日本国憲法が掲げる「国民主権」「基本的人権の尊重」「平和主義」を堅持」する一方で、「未来志向の憲法を国民とともに構想する」と述べ、現行憲法を肯定的に評価した上で、それを発展させる改憲については否定しないという、公明党と同様の立場を示している。

メリットになりうる政策的な差異

一般的にいって、与党間の政策距離が小さいほど、政策的な妥協を図ることは容易となり、連立政権の持続性が増す。しかし、例えば、自社さ政権に比べて、民社国政権が短命に終わったことを政策距離の大きさから説明することはできない。次の節でみるように、政策距離が大きくても、政策調整の仕組みを適切に作り上げ、連立のマイナー・パートナーへの配慮を欠かさないならば、政策的な妥協点を見出し、連立政権を持続させることは可能である。自社さ政権はその例であるが、自公政権についても当てはまる。

それだけでなく、政策的な違いそのものも、連立政権にとってメリットになりうる。連立政権が長期化するのに不可欠な政策的な幅を確保し、多様な国民の声を取り込むことに貢献するからである。場合によっては、政治を取り巻く様々な環境変化に対応するための柔軟性を獲得することにもつながる。政策距離の大きさにもかかわらず、自公政権が一六年以上の長きにわたって持続しているのは、そうしたメカニズムが働いていることを抜きにして理解できない。

当事者の間で広く共有されている認識は、自民・公明両党の間の役割分担論である。自民党が官僚や財界と緊密な関係を持ち、地域では有力者・名士を中心とする人的ネットワークに依存して集票しているのに対して、公明党は支持母体の創価学会が都市部に流入した比較的貧しい人々を組織化し、発展してきた。自民党は国家全体という「上から」の目線に立ち、公明党は個人の尊重という「下から」の目線を大切にする。違うからこそ、それぞれが別々の役割を果たし、独自性をアピールできる。

例えば、公明党の漆原元国対委員長は、次のように語る。「自民党は「統治者の党」であるのに対して、公明党は「庶民の党」。自民党は防衛やマクロ経済に強く、公明党は平和や福祉を大切にする。以前、自民党の塩崎恭久元厚労相がこう言ったことがある。「ある会社が薬を開発したら、自民党はどうすれば全国津々浦々に売りさばくことができるかを考えるけれども、公明党は副作用が起きないかを心配する。ベクトルが違う両党が連立している結果、ウィングが広がり、政治が安定している」と。その通りだと思う[4]」。

自民党は公明党に規模で勝るだけでなく、長期にわたる政権運営の経験を持つ。その自民党が主導する政権に加わることに、公明党は二つの役割を見出している。

一つは、右傾化する自民党に対する「ブレーキ役」という立場である。これは小泉政権が成立して以降、当時の神崎代表が繰り返し用いた言葉であるが、二〇一二年に自公政権が復活した後も、山口代表が「野党に政権への健全なチェック機能が期待できない中で、自民党の（暴走に歯止めをかける）ストッパーになれる政党は連立与党の公明党しかない」といった発言を行っている。[5]自民党にとっても、公明党との連立は中道寄りにウィングを広げる契機となっている。

もう一つの、より重要な公明党の役割は、社会的弱者の味方という立場であり、恵まれない人々の生活を向上させるための地道な福祉や景気対策である。公明党の機関紙誌をみると、自公政権の成果としてアピールしてきたのは、児童手当の拡充、がん対策基本法の制定、出産一時金の増額、奨学金制度の拡充、バリアフリーや循環型社会の推進、無年金障害者の救済、女性専用車両の拡大、女性専門外来の整備、臍帯血移植の推進など、極めて生活に密着した各種の政策である。

こうした政策は、公明党が政権に入っていてこそ実現できる。例えば、麻生政権の時期であるが、当時の太田代表は「弱者に光を当てようという立党の精神は一貫している」という考えを示した上で、「そういう意味で公明がめざすものは、［自公政権より前の］野党時代と与党時代と、どちらが実績を上げたのですか」という質問に対して、「明らかに与党時代です」と答えている。[6]

2 政策決定プロセスの特徴

共通公約と連立合意

以上のように、政策的な違いがメリットになりうるのは確かだが、妥協点を見出すための手続きがなければ、与党間で対立が深まり、最悪の場合、連立政権が瓦解してしまう。そこで、自民・公明両党は、いくつかの段階を通じて政策を調整している。その最初の段階に当たるのが、国政選挙の際の共通公約であり、その次の段階が連立政権を樹立する際の政策合意である。

一九九九年に自民党と公明党が連立を組んで以来、国政選挙に際して両党の政調会を中心に共通公約を作成することが慣例になった。唯一の例外は突発的な解散がなされた二〇〇五年衆院選であり、全く作られなかった自社さ政権とは対照的である。共通公約を作成するようになった主な理由は、選挙協力を行う目的を示し、野合という批判を避けることにあった。しかし、衆参両院ともに比例代表選挙があり、そこで競合している以上、詳細な共通公約を作った場合、各党の独自性が損なわれてしまう。

二〇一二年衆院選で政権を奪還して以降、共通公約が発表されたのは、公明党の要求に従って軽減税率の導入を盛り込んだ一四年衆院選のみである。その翌年に成立した安全保障関連法の記載を見送るなど、重要政策を取り上げなかったり、表現を曖昧にしたりしたために批判を浴び、それ以来、作らなくなったとも報じられているが[7]、公明党本部の政調関係者によると、両党間の連立が常態化したためである。もはや積極的な必要性がなければ作成しなくなっているという。

共通公約が作られるか否かは、その都度の判断によるが、連立合意は、衆院選の後、あるいは新たな首相が選ばれ、組閣する際に必ず結ばれる。自民・公明両党の幹事長によって連立合意の作成に着手することが決められると、政調会長を中心として両党が盛り込みたい政策を持ち寄り、党内と往復しながら固めていき、最終的に党首会談を開いて署名を行い、首相指名投票に臨むというプロセスがとられる。共通公約がある場合には、それが作成の基礎に置かれる。

公明党の幹事長を務めた井上副代表は、こう証言する。「やはり連立合意が基本になる。例えば、総理は憲法改正などについて色々と発言されるけれども、合意された枠内でこの政権の間はやっていくということだから。そこできちんと確認しておかないと、将来揉めることになる。なので、連立合意を作る際には、これが抜けているとか、こう変えて欲しいとか、幹事長・政調会長の間で結構なやり取りをする」[8]。

第四次安倍内閣の成立にあたって、二〇一七年一〇月二四日に発表された連立合意をみると、憲法改正の項目に「衆議院・参議院の憲法審査会の審議を促進することにより、憲法改正に向けた国民的議論を深め、合意形成に努める」と書かれている。一二年と一四年には、「合意形成に努める」という記述がなかったが、自民党が自らの選挙公約に記した「憲法改正を目指す」を盛り込むよう求めたのに対して、公明党が抵抗した結果、この記述で折り合ったと報じられている[9]。

連立合意は、両党間で合意された政権の優先課題を示すとはいえ、共通公約と同じく最大公約数的で抽象的な表現が多くを占める。例えば、二〇一七年の経済の項目は、「「生産性革命」と「人づくり革命」の二大改革を断行することによって、「経済の好循環」を確

6-② 自公政権の政策決定システム

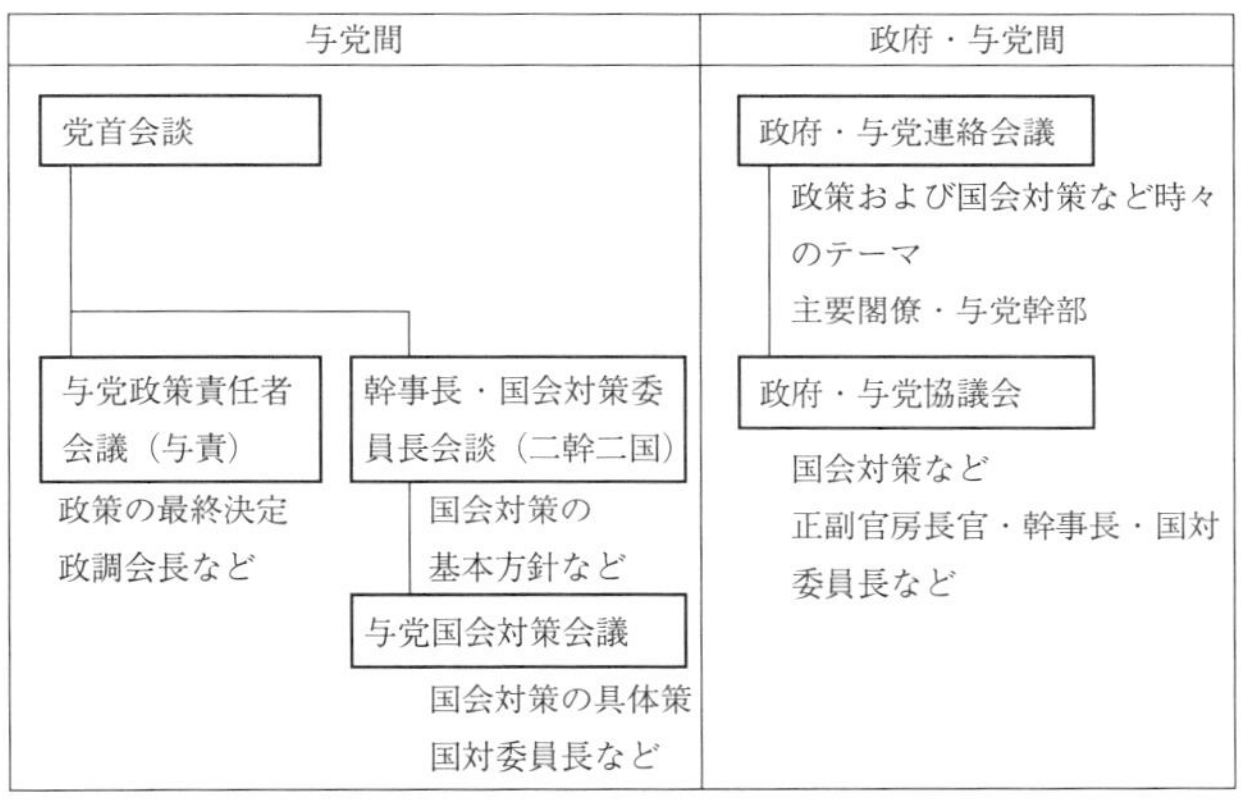

出所：中北『自民党――「一強」の実像』125 ページ。

かなものとし、力強い日本経済を再生する」などである。憲法改正の項目も、自民党が選挙公約で掲げた「自衛隊の明記」などの四項目の扱いを定めていない。したがって、詳細についてはその都度、与党間の政策調整のプロセスで決められることになる。

両党間の政策調整の仕組み

二〇一二年一二月二六日に第二次安倍内閣が成立し、自公政権が復活する。その翌日、両党幹事長らによる会合が開かれ、二〇〇九年までの政策調整の手続きを踏襲することが決められた（6―②）。

月一回程度、不定期に開かれる党首会談を除けば、自民・公明両党の政策調整の要に位置するのは、与党政策責任者会議（与責）である。これは与党間の政策決定機関であり、その了承をもって両党一致で決定したとみなされる。両党からの出席者は、自民党の方が若干多いとはいえ、ほぼ同数であり、政調会の役員、すなわち政調会長や政調会長代理、参院政審会長などによって構成される。主に火曜日と金曜日に開催されるという。

与責の手続きは、自公保政権から自公政権へと移行した後の二〇〇四年三月一六日付の文書で確認されている。すなわち、自民党五名と公明党四名で構成すること、両党が合意した内容を具体化する場合には必要に応じてプロジェクトチーム（ＰＴ）を設けること、内閣提出法案は両党内の手続きが完了した時点で与責に報告し、両党の了承が揃わなかった際には、与責で協議・調整して両党の党内手続きに回すこと、議員提出法案は基本方針と成案の二段階で与責の了承を得ることなどである[11]。

予算編成大綱や税制改正大綱も、自公政権が発足して以降、自民党単独ではなく公明党との連名で策定することになっている。予算編成大綱は与責で審議・決定され、税制改正大綱は与責の常設の協議会である与党税制協議会で審議した上で、与責の了承を得て決定される。このように与責の権限は大きい。

ただし、自民・公明両党間の政策的なすり合わせは、与責にかけられる前に実質的に終わっていることが多い。与責の前段階の両党内の手続きが、相互に意識しながら進められるためである。内閣提出法案の多くについて実質的な調整役を担っているのは、官僚だという。政調会長間で調整が行われるケースもある。集団的自衛権の行使容認のように高度な政治的判断を伴う調整が必要な案件に関しては、両党の首脳間で非公式の協議が別途なされるが、その場合も、そこでの合意に基づいて正規の手続きが踏まれる。

法案が決まった後の国会対策でも、自民・公明両党は重層的な協議の場を通じて連携している。与党の国会対策の基本方針を決めるのは、国会開会中、毎週水曜日の朝に開催される与党幹事長・国会対策委員長会談（二幹二国）である。それを踏まえて、両党の衆参の正副国対委員長や議運筆頭理事からなる与党国会対策会議で意見交換がなされ、日程などの具体策が定められる。与党国対委員長会談などで日常的な戦術を練り、各常任・特別委員会の現場では与党理事懇談会（与理懇）によって作戦が立てられる。

公明党の漆原元国対委員長は、こう語る。「自民党は乱暴な国会運営を平気でやることがある。しかし、公明党は我慢してでも強行採決を行いたくない。だから、法案をどこで採決するかについて、二幹二国で、ずいぶん衝突する。大体、一時間ぐらいやるけれども、公明党が本気になって駄目といった場合には、自民党はぶつぶつ言いながらも、意外と譲ってくれる」[12]。

このように与党間の政策決定プロセスや国会対策では、自民・公明両党はほぼ同数で協議を行うとともに、対等の発言力を持っている。もちろん、実質的には議席数で勝る自民党の方が優位にある。しかし、全会一致によって運用され、実際に行使するかどうかは別として、公明党は拒否権を持っている。自民党が連立のマイナー・パートナーである公明党に対して大きな配慮をしているのは、間違いない。それが安定した与党間の協力を可能にしているのである。

政府・与党二元体制と官邸主導

重要なのは、与責にみられる自民・公明両党間の政策調整の仕組みが、自民党政権下で発達してきた与党の事前審査制の一部を構成している点である。

事前審査制とは、内閣が国会に提出する法案（内閣提出法案）や予算案などを閣議決定する前に、与党の審査にかけて了承を得る慣行を指す。自民党は、政調会の部会―政調会の政調審議会―総務会、公明党も政調会の部会―政調会の部会長会議―中央幹事会という三段階のボトムアップの事前審査の手続きを有している。なお、公明党の場合、非重要事項は部会―部会長会議の二段階で行われ、中央幹事会は事後報告となる。その上で、両党からなる与責にかけられ、与党の事前審査のプロセスが完了する。

日本では戦後、議院内閣制が導入されたが、アメリカ型の権力分立モデルに基づく国会制度が形成されたため、事前審査制が発達した。内閣は、内閣提出法案の審議スケジュールに関与できず、法案を修正する権限も制約され、成立を促す手段も持たない。他方、国会は衆参両院のいずれも法案を自由に審議し、修正できる。それゆえ、事前審査を通じて与党議員に党議拘束をかけておかなければ、法案の成立を確実にできない。国会対策も幹事長が担う党務の一部とされ、首相官邸が与党国対に直接指示を出すことはない。

こうした国会制度に基づく政府・与党二元体制こそが、与党、とりわけ連立のマイナー・パートナーである公明党を軽視した政権運営を抑制し、自公政権の継続につながっている。公明党は内閣に大臣・副大臣・政務官を送り込んでいるが、それらは首相の指揮下に置かれるし、分担管理する行政事務以外については発言を控えがちであり、首相に対する牽制力は限定的にならざるを得ない。だからこそ、与党の了承なくして政策決定ができない事前審査制が大きな意味を持つ。

一九九四年に始まる一連の政治改革を背景に、政府の内部では官邸主導が強まった。内閣機能を強化した橋本内閣の行政改革、第二次安倍内閣の下での内閣人事局の設置などである。こうした背景から、公明党は首相補佐官を送り込み、官邸に足場を設けることを検討したことがあった。ところが、首相補佐官を通じて官邸の意向が逆に公明党に入り込む懸念もあり、現在に至るまで実現していない。結果的に、公明党は政府・与党二元体制の下、与党として外側から政府に影響力を及ぼしてきた。

なお、首相を出さない与党が官邸の要職を得るケースは、自公政権が成立するまでは少なくなかった。例えば、日本新党代表を首相とする非自民連立の細川内閣では、さきがけの武村正義と鳩山由紀夫がそれぞれ官房長官・副長官に就いている。また、自社さ政権でも、社会党委員長が首相を務めた村山内閣でさきがけの園田博之が、自民党総裁が首相になった第一次橋本内閣では社会党の渡辺嘉蔵と藁科満治が官房副長官を務めた。

政府と与党の間には、いくつかの協議機関が設けられているが、意見交換を行う場であって、何かを決定する場ではない。一つは、首相、主要閣僚、両党幹部からなる政府・与党連絡会議であり、そこでは政策や国会対策など、その折々のテーマが話し合われる。もう一つは、正副官房長官、両党幹事長・衆参国対委員長から構成される政府・与党協議会であり、国会対策などが話題に上る。いずれも月一回開催される。二〇〇九年以前にみられた個別政策に関する政府・与党協議会は現在、設置されていない。

連立政権の政策決定プロセスの推移

非自民から自社さ、自公、民社国を経て、再び自公という連立政権の流れのなかで、政策決定プロセスはどう変化してきたか。ここでは、二つの軸によって整理してみたい。横軸は、政府・与党二元体制か、政府一元体制かである。それに対して縦軸は、与党間の政策調整を幹事長や政調会長などが集権的に行うのか、それとも省庁別の会議体を設けて分権的に行うのかである（6―③）。

6-③　連立政権の政策決定システムの推移

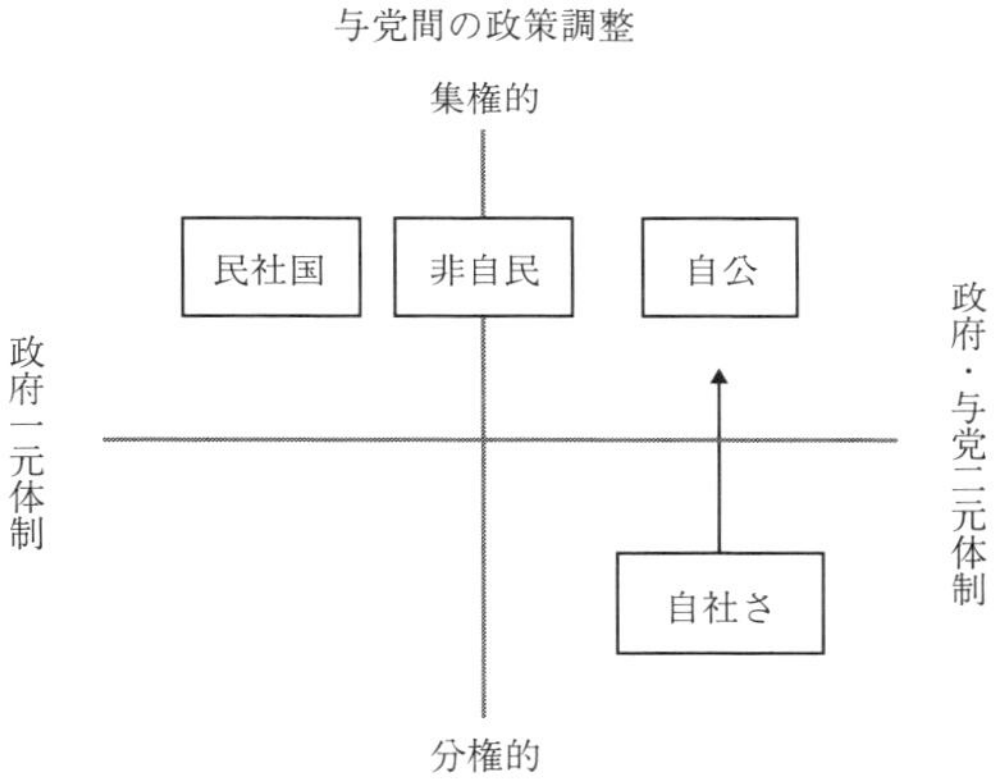

出所：著者作成。

細川・羽田両内閣の非自民連立政権の政策決定で中心を担ったのは、政府・与党二元体制の下、書記長・代表幹事からなる与党代表者会議であった。発足から半年後に省庁別チームが設置され、ボトムアップの色彩が強まり始めるが、与党代表者会議によるトップダウンが顕著であった。ただし、小沢一郎の発言力が強かったとはいえ、与党代表者会議は全会一致が原則であり、社会党などの反対で合意に達しない場合、国民福祉税騒動にみられるように、細川首相への「一任」によって打開が図られた。その意味で、政府一元体制に傾きがちであったといえる。

村山内閣に始まる自社さ政権は、非自民連立政権の反省からボトムアップとコンセンサスを重視した。首相への「一任」が極力避けられ、政府・与党二元体制が尊重されただけでなく、与党代表者会議への権力集中を反面教師として、省庁別調整会議を起点とするボトムアップの手続きが採用された。また、小沢一郎・市川雄一の「一・一ライン」が主導権を握ったことへのアンチテーゼとして、各会議体のメンバーの比率をおおむね自民党三、社会党二、さきがけ一とし、合意形成に努めた。

ところが、衆院選で敗れた社民・さきがけ両党が議席数を大きく減らし、閣外協力に転じると、第二次橋本内閣の下、政策決定プロセスは変化する。調整のためのコストが大きかったボトムアップの手続きがなくなり、幹事長・政調会長などが構成する与党責任者会議や与党政策調整会議で調整がなされることになった。与党間の政策決定プロセスが集権化したのである。もっとも、それらの会議体では三対二対一の比率が維持され、政府・与党二元体制の下、引き続きコンセンサスの形成が重視された。

自自公政権は、第二次橋本内閣の政策調整の仕組みを基本的に継承した。しかし、波乱も起きた。一つは、自由党が連立合意や与党政策責任者会議の下のプロジェクトチームを活用して揺さぶりをかけたことである。しかし、自由党の連立離脱で終止符を打つ。もう一つは、自民党が小泉総裁の下、事前審査制の廃止を企図したことである。だが、党内や公明党などの反対を受けて断念し、政府・与党二元体制が維持される。その後、自公保政権から自公政権へと移行し、現在に至る政策調整の手続きが固まった。

ところが、小泉首相と同じ発想に従い、実際に政府・与党二元体制を打破したのは、民社国連立政権であった。鳩山内閣は事前審査制を廃止し、閣内に三党首から構成される基本政策閣僚委員会を設け、そこで与党間の政策調整を行うことにした。しかし、その結果、連立維持よりも政権運営が優先され、普天間問題によって社民党が連立離脱を余儀なくされる。その後、政策決定の政府への一元化が見直されるが、二党制を目指す民主党の連立軽視は根深く、国民新党との関係も終始うまくいかなかった。

民主党政権の失敗もあって、自民党では政府・与党二元体制への批判がみられなくなる。以上の歴史的経緯に立脚して、現在の自公政権では、両党がそれぞれの党内で事前審査の手続きをとった上で、与党政策責任者会議で与党間の事前審査を行い、しかるのちに閣議決定に移るという政策決定の仕組みが安定的に作動している。

3　政府と国会の人事

閣僚ポストの配分

これまで政策決定プロセスに関して検討してきたが、それと密接な関係を持つポスト配分をみていきたい。

自民・公明両党はどのように閣僚人事を行うのか。首相は常に最大与党の自民党の総裁が務めるため、まず首相と公明党執行部の間で、どのポストを公明党に配分するかについて協議がなされ、決められる。そのポストに誰を充てるかという具体的な人選は、基本的に公明党の内部の決定に委ねられ、首相による「一本釣り」が実行された例はない。残りのポストは自民党に割り当てられ、首相がその人事を行うことになる。

自公政権の下で公明党が得てきた閣僚ポストは、以下にみる通りである。一九九九年の小渕第二次改造内閣から続訓弘が総務庁長官、二〇〇〇年の第二次森改造内閣から坂口力が厚生労働大臣、二〇〇三年の第二次小泉改造内閣から北側一雄が国土交通大臣、二〇〇六年の第一次安倍内閣から冬柴鉄三が国土交通大臣、二〇〇八年の福田改造内閣から斉藤鉄夫が環境大臣、二〇一二年の第二次安倍内閣から太田昭宏が国土交通大臣、二〇一五年

6-④　公明党出身閣僚（1993～2019年）

公明党代表	出身閣僚	ポスト	内閣	
石田幸四郎	石田幸四郎	総務庁長官	細川内閣～羽田内閣	非自民連立政権
	神崎武法	郵政相	細川内閣	
	坂口力	労働相	細川内閣	
	広中和歌子	環境庁長官	細川内閣	
	二見伸明	運輸相	羽田内閣	
	日笠勝之	郵政相	羽田内閣	
	森本晃司	建設相	羽田内閣	
	近江巳記夫	科学技術庁長官	羽田内閣	
	浜四津敏子	環境庁長官	羽田内閣	
神崎武法	続訓弘	総務庁長官	小渕第2次改造内閣～第2次森内閣	自公政権
	坂口力	厚生労働相	第2次森改造内閣～第2次小泉内閣	
	北側一雄	国土交通相	第2次小泉改造内閣～第3次小泉改造内閣	
太田昭宏	冬柴鉄三	国土交通相	第1次安倍内閣～福田内閣	
	斉藤鉄夫	環境相	福田改造内閣～麻生内閣	
山口那津男	太田昭宏	国土交通相	第2次安倍内閣～第3次安倍内閣	
	石井啓一	国土交通相	第3次安倍第1次改造内閣～	

出所：著者作成。
注記：坂口力は第2次森改造内閣の当初、厚生相兼労働相。

の第三次安倍第一次改造内閣から石井啓一が国土交通大臣である（6―④）。

ここから分かるのは、第一に、一九九九年に自民党と連立を組んで以来、公明党に割り当てられてきた閣僚数が常に一つという事実である。この間、首相を除く閣僚数は一七～一九であり、そこに占める公明党の割合は五・三～五・九％である。与党内での公明党の衆参両院の議席率は一一・一～一五・二％の間を推移していることを考えると、公明党が得てきた閣僚数は過小である。細川政権で二〇閣僚中

6-⑤　公明党の閣僚の比率と与党内議席率の推移（1999〜2018年）

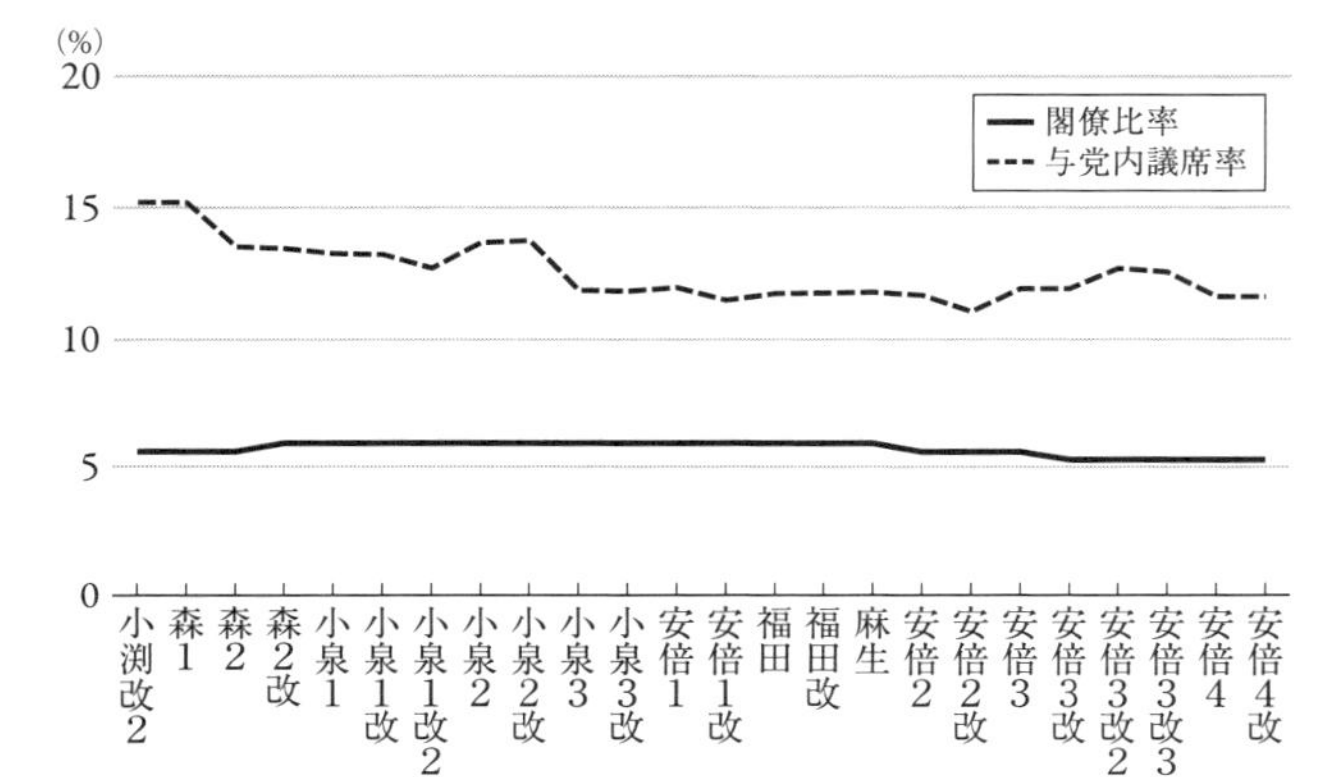

出所：著者作成。
注記：与党内議席率は衆参両院の合計。

四、羽田政権では二〇閣僚中六を占めたことと比べても少ない（6―⑤）。

第二に、党首が入閣していないということである。代表経験者の太田昭宏が大臣に就任した例はあるが、現職の党首ではない。これも細川・羽田両内閣で石田幸四郎委員長が総務庁長官として入閣したことと大きく異なっている。公明党は自公政権になって党首が閣僚を兼務することを意図的に避けてきたことが分かる。非自民連立政権、自社さ政権、民社国連立政権のいずれも、少なくとも当初は連立与党の全党首が入閣したのであり、公明党の代表が一貫して入閣していないのは、自公政権の際立った特徴である。

第三に、国土交通大臣に就くケースが多

いことである。公明党は、総務庁長官を皮切りに、厚労相や環境相にも回ったが、現在では国交相が定位置になっている。運輸省、建設省、北海道開発庁、国土庁が統合して発足した国交省は、公共事業の大部分を管轄する巨大利権省庁であるといわれる。それゆえ、国交相は自民党でも人気があるポストの一つである。それが公明党によって押さえられていることに対して、自民党の国交族の間では不満が少なくないと聞く。

ある公明党幹部は次のように語る。「国交相は土地や住宅から鉄道・道路・港湾までカバーしていて、地元の党員・支持者の要望に応えやすい。予算額も大きく、選挙を考えると離したくない。「福祉の党」という観点から言えば、厚労相もいいけれど、現在では国民に我慢してもらう役回りになっている。経産相や環境相は、原発を扱わなくてはならないので、手を出しにくい。法相では誰も喜ばない。国交相のポストは一つであっても、十分なメリットがある」。

その他の政府のポスト

政務三役のうち大臣より下の副大臣と政務官のポストはどうか。これらについても、どのポストを公明党に配分するかは首相官邸と公明党執行部の間の協議によって決定され、そのポストに誰を充てるかは基本的に公明党の内部で決められる。副大臣・政務官は、第二次森改造内閣の下、二〇〇一年一月六日に実施された中央省庁再編によって設けられた。以下、この時期以降についてみていく。

公明党が得ている副大臣のポスト数は基本的に三、政務官も三となっている。ただし例外もあり、第三次小泉内閣と第三次小泉改造内閣では副大臣が四、政務官が二、福田改造内閣では副大臣が二、政務官が三、麻生内閣でも同じく副大臣が二、政務官が三となっている。一定の幅とはいえ、全く数が変わらない大臣ポストに比べると、多少の変動がみられることは確かである。

与党内での公明党への配分率はどうか。副大臣は九・一〜一八・二%であり、おおむね一三%である。また、政務官は七・七〜一一・六%であり、通してみると一一%程度である。前述した与党内での公明党の衆参両院の議席率一一・一〜一五・二%に見合った水準であるといえる。つまり、大臣の場合は、かなりの過小代表であるが、より権限が小さく、それだけ負担も少ない副大臣や政務官は、公明党が勢力比に応じた配分を受けていることが分かる(6—⑥)。

副大臣・政務官について、どのポストが公明党に割り当てられているのか。改造を含めた内閣ごとの延べ人数で計算してみよう。複数のポストを兼任している場合は、それぞれカウントする。副大臣は、厚労一六、財務九、復興八、総務七、環境七、経産六、内閣府

6-⑥　公明党の副大臣・政務官の比率の推移（1999～2018年）

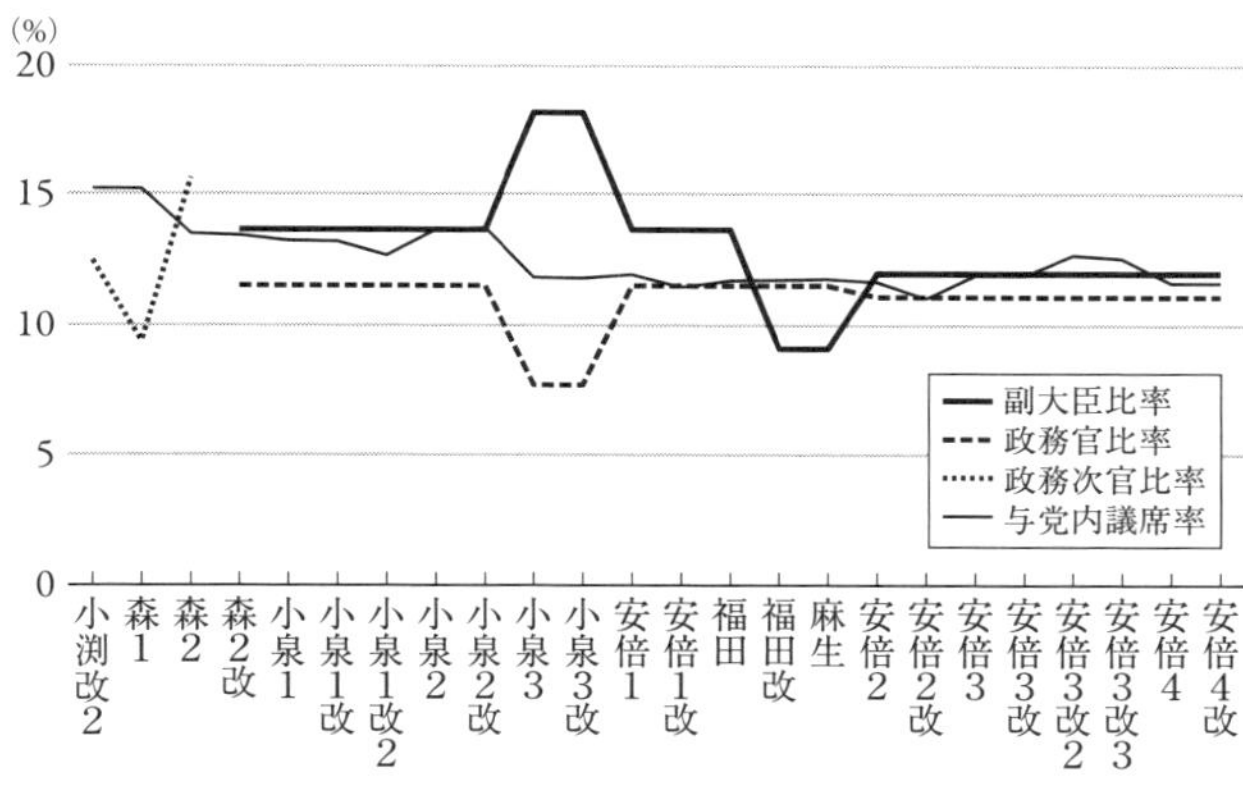

出所：著者作成。
注記：与党内議席率は衆参両院の合計。

六、農水四、文科四、外務一、法務一となっている。「福祉の党」だけあって、副大臣では厚労が多く割り当てられていることが分かる。副大臣は大臣と比べて批判の矢面に立ちにくく、実を取っているということであろう。

　また、政務官は、農水一二、経産九、外務八、総務八、文科七、内閣府六、国交五、財務五、復興四、厚労三、防衛二、法務一、環境一である。農水や経産といった党員・支持者の要望に応えやすい省庁が上位に並ぶが、大臣や副大臣を出していない省庁の政務官が割り当てられているとみる方が正確な理解かもしれない。

　実際、データからは、大臣・副大臣・政務官という政務三役のポストが同一省庁で重ならないよう調整がなされていることがうかがわれる。マイナーな兼任を除くと、重複がみられるのは、第二次森改造内閣から第一次小泉内閣にかけて、および第二次小泉改造内閣から第三次小泉内閣にかけての厚労大臣と厚労副大臣である。ただし、ほとんどの省庁で副大臣ポストは二となっており、厚労省もそうであるから、これらの場合にも正副大臣ポストが公明党によって独占されたということではない。

国会ポストの割り当て

以上、政府のポストについてみてきたが、次に自公政権の下での国会のポスト配分を取り上げよう。ここでは衆参両院の委員長ポストに絞って考える。

まず前提として、その人事の手続きに関して確認しておきたい。衆議院の委員長ポストは、衆院選が終わった後に決められる。議院運営委員会(議運)理事会に代わる各派協議会で、議長・副議長ポストと一緒に議題に載せられ、協議の上、決定される。国会法などの法規上、過半数を占める会派が委員長ポストを独占することができ、過去にはそうした例も少なくないが、最大会派の優位が崩れた場合などには、議席数に比例して各会派に配分したり、一定数を野党会派に割り当てたりするということが行われてきた[13]。

近年は、円滑な国会運営のため野党にも一定の責任を分有させるという趣旨で、副議長ポストに加え、二つの常任委員長（決算行政監視、懲罰）といくつかの特別委員長が、野党に配分されている。与党一五、野党二という常任委員長の比率は、民社国連立政権でも踏襲された。ただし、省庁に対応する常任委員長は与党会派で独占され、常任委員長の与党会派枠一五のうち、一三を自民党が、二を公明党が得ている。与党内のポストの割り振りは自民・公明両党間の協議で決まり、人選はそれぞれに委ねられている。

省庁再編に伴って衆議院の常任委員会数が一七に減少した二〇〇一年の第一五一回国会以降をみると、当初、自民党一〇、公明党一、野党六の配分であったが、二〇〇三年の第一五八回国会から自民党一〇、公明党二、野党五となり、二〇〇五年の郵政選挙後の第一六三回国会からは、自民党一三、公明党二、野党二と割り振られている。与党会派内での公明党の比率は九・一〜一六・七％、現在は一三・三％であり、一〇％前後で推移する衆議院の議席率と比べて、若干であるが高めとなっている（6―⑦）。

公明党が獲得してきた衆議院の常任委員長ポストの延べ人数は、経産四、総務三、文科三、国交二となっている。公明党が送り出している大臣に対応する常任委員長ポストは避けられている。

他方、参議院はどうか。参議院でも通常選挙が実施されるたびに委員長人事が行われるが、多数派を優遇する衆議院とは違い、一定数以上の議員が所属する会派には、与野党を

6-⑦　公明党の衆議院常任委員長の与党内比率の推移

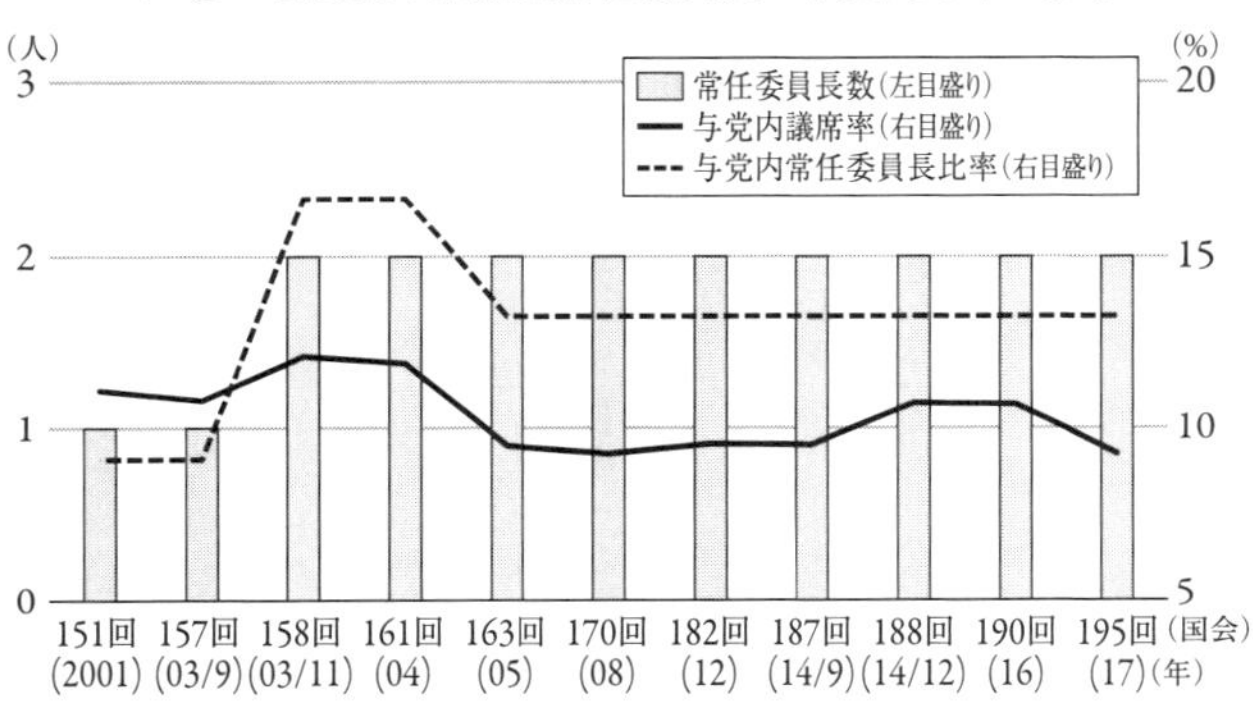

出所：『衆議院委員会先例集 平成29年度版』衆議院事務局、2017年などより著者作成。
注記：与党内議席率は衆議院のみ。

問わず議席数に比例して委員長ポストが配分されることが慣例になっている。また、省庁と対応する常任委員長ポストのいくつかも野党会派に分け与えられる。この慣例の背景には、かつて緑風会が最大会派であったという歴史的経緯、第二院としての参議院の独自性の発揮などがあるといわれる。

公明党の参議院の常任委員長ポストの延べ人数は、法務五、総務二、決算行政監視二である。参議院の常任委員長ポストについても、大臣と対応するものについては割り当てられていない。

人事にみる公明党のスタンス

以上、ポスト配分についてみてきたが、やはり注目すべきは、公明党の閣僚数が一で固定され、議席数に比べて少ないことである。それは、副大臣・政務官や国会の常任委員長ポストに比べても、特徴的である。議席数からいえば、公明党は二つの大臣ポストを獲得しても決して不思議ではない。

新聞報道などによると、公明党は、自民党から閣僚を二名に増やすよう求められたことがある。例えば、二〇〇八年八月二日に成立した福田改造内閣である。「ねじれ国会」と支持率低下に悩まされた福田首相は、政権に対して半身の構えになりつつあった公明党を引き寄せるため、そうした提案を行ったと報じられた。また、二〇一七年八月三日に第三次安倍第三次改造内閣が発足した際も、自民党の惨敗に終わった東京都議選をめぐって摩擦が生じた両党関係を修復すべく、同様の案が首相官邸の内部で浮上したという[14]。

しかし、いずれも立ち消えになった。自民党にとって、閣僚ポストは喉から手が出るほど欲しいものであり、一つでも多いに越したことはない。それなのに公明党に譲ると申し出るのは、その協力を得て、苦しい政権運営を乗り切ろうという意図が隠されている。公明党からすれば、リスクを負うことを意味するから、「君子危うきに近寄らず」という選択をするのは理にかなっている。

福田内閣の際に公明党代表を務めていた太田前国交相は、次のように語る。「公明党の閣僚数を増やす提案は実際にはなかった。ただ、いわゆる〝大臣病〟の人がいないのが、わが党の特徴。私も副大臣や常任委員長をやらず党一筋でやってきて、大臣になりたいと思っていなかった。公明党で大事なのは、やはり党。議員数が少ないなかで、党本部の役員、都道府県本部の代表、国会の委員長や理事など、やることが沢山あって、手一杯。一つという閣僚数に固執しているわけではないけれども、政策や国会運営の要が大臣などにとられると党が回らなくなる」[15]。

所属議員数の少なさも無視できない要因だが、本質的には党務を優先する公明党のあり方にこそ、閣僚ポストを欲しがらない理由が存在する。公明党の場合、立候補する際も自ら手を挙げるのではなく、党組織や支持母体の創価学会からの打診による。党員・支持者の献身的な努力によって選挙などの党活動が支えられている以上、議員個人は自らの出世欲を抑制し、党に貢献することが求められる。それは、「大衆とともに」という党是にも大きく関わっている。

自民党との連立を決断した神崎元代表は、当時の公明党にとって閣僚ポストは閣内協力を行う上でのシンボル的なものにすぎなかったと指摘しつつ、以下のように述べる。「公明党は自民党とは違って、党を支えてくださる創価学会の会員の皆様に理解していただく努力が常に欠かせない。議員一人一人が政権の政策を深く知り、色々な会合で直接説明して、納得していただく責任を負っている。だから、政権のなかにどっぷり浸かっているわけにはいかない」。

こうした公明党のあり方が、政府・与党二元体制の下、党を足場に外部から政府に影響力を行使する背景になっている。党首が閣内に入らない理由についても同じである。神崎元代表は、続けてこう語る。「圧倒的な議席数を持つ自民党との連立なので、どうやって埋没しないで公明党の独自性、存在感を出すのかが生き残るために非常に大事だと判断して、代表である私は入閣せず、党に残った。その時々の代表が考えることだが、おそらく太田代表や山口代表も同じ判断に立ったのではないか[16]」。

4　対立争点の調整メカニズム

安倍政権下の政策的摩擦と妥協

二〇一二年一二月二六日に第二次安倍政権が成立することで、公明党は政権の座に復帰したが、難しい政策的な判断を繰り返し迫られることになった。

その一つの理由は、自民党内でも右寄りの立場をとる安倍首相の存在である。自公政権が発足して以降、逆説的ながら自民党の右傾化が進んだ。前述したように、二〇一二年の憲法改正案しかり、所属議員の政策位置しかりである。自民党が右に寄った主たる原因は、左側に位置する民主党に対抗し、政策的な差異を示すためであったが、その牽引役が安倍晋三その人であった。公明党は政策距離が大きい安倍首相が率いる自民党と折り合いをつけることに腐心せざるを得なかった。

もう一つの理由は、自民党に対する公明党の交渉力の低下である。二〇一二年以降、自民党は国政選挙で五連勝を続けてきた。そのうち三回の衆院選では、単独で絶対安定多数を超える二八〇議席以上を獲得している。しかも、政権運営に失敗した民主党の低迷ゆえに、日本維新の会、みんなの党など自民党に近い立場をとる野党が台頭した。自民党は、こうした政党を抱き込み、場合によっては連立の組み換えをちらつかせることで、公明党を牽制することができた。

第二次安倍政権の発足後、最初に浮上したのが、改憲の発議要件を緩和する憲法第九六条の改正問題であった。維新の賛成を見込めたが、公明党が否定的な見解を示し、世論調査でも反対が強いことが分かると、安倍首相も二〇一三年の参院選に向けてトーンダウンせざるを得なかった。ところが、参院選で「ねじれ国会」が解消されると、安倍首相は政権発足から一年になる同年一二月二六日、第一次政権の際に果たせなかった靖国神社への参拝を行う。公明党の山口代表は翌日、「残念だ」というコメントを発表した。

しかし、憲法改正や靖国参拝を除くと、自民・公明両党は折り合いをつけた。靖国参拝の二〇日前の一二月六日、特定秘密保護法が成立した。これは「特定秘密」に指定された防衛や外交に関する情報を漏洩した際の罰則などを定める法律であったが、公明党は与党の事前審査のプロセスで「知る権利」や「取材の自由」への配慮を条文に明記させ、特定秘密の統一基準に関する有識者会議の設置も受け入れさせた。安倍首相は、自らが求める政策を実現する上で、公明党に一定の譲歩を行ったのである。

同じような経過は、二〇一七年六月一五日に成立した改正組織犯罪処罰法（テロ等準備罪法）にもみられる。これはテロ組織を含む「組織的犯罪集団」の構成員が二人以上で重大犯罪を計画し、準備行為をすれば処罰できる法律であり、過去三回廃案に終わったのと同じ共謀罪法と批判された。公明党は与党の事前審査のプロセスで対象犯罪の数を原案の六七六から二七七に減少させた。参議院の審議では、公明党が法務委員長を出していることに配慮して、委員会採決を省略する「中間報告」もなされた。

二〇一八年七月二〇日に成立したＩＲ（統合型リゾート）実施法も、公明党の主張に基づき、与党間のワーキングチームで厳しい規制をかけた。ＩＲの区域認定数は三カ所まで、そのうちカジノ面積は三％まで、日本人のカジノ入場料は六〇〇〇円、週三回・月一〇回の入場制限、マイナンバーによる本人確認などである。この法律の前提となるＩＲ推進法が国会で採決された際、公明党は党内で意見を集約できず、党議拘束を外して自主投票としたが、それゆえ実施法については強い姿勢で臨んだのである。

集団的自衛権と安全保障関連法

以上みてきたように、国民の間で反対が強く、与野党の対決色が濃い法案に関して、公明党は一定の「ブレーキ役」を果たしてきた。その半面で、公明党の賛成によって法律が成立したことも確かであり、自民党が主導する連立政権の内部で修正を加える限界も露呈している。したがって、公明党の役割についての評価は、大きく分かれる。自公政権が復活した二〇一二年以降、最も紛糾した集団的自衛権の行使容認の閣議決定および安全保障関連法の成立について、やや詳しくみていきたい[17]。

日本国憲法の解釈上、禁じられているとされてきた集団的自衛権の行使容認については、自公政権の長年の懸案であった。その推進役の一人が安倍首相であり、すでに第一次政権の時期、二〇〇七年五月一八日に安保法制懇と呼ばれる有識者会議をスタートさせ、検討を進めていた。しかし、二カ月後の参院選で敗北し、最終的に退陣を余儀なくされる。その結果、安保法制懇の報告書は宙に浮いてしまった。そこで、安倍首相は第二次政権が発足すると、安保法制懇を五年半ぶりに再開させたのであった。

安倍首相の本気度は、二〇一三年の参院選に勝利した後、集団的自衛権の行使容認に抵抗してきた内閣法制局の長官に内部出身者ではなく、元外務省国際法局長の小松一郎駐仏大使を起用したことに示された。しかし、「平和の党」を自任する公明党は、集団的自衛権の行使容認に否定的であった。二〇一四年三月六日以降、自民・公明両党間で協議が進められるが、それが本格化したのは、五月一五日に安保法制懇が報告書を提出し、受け取った安倍首相が与党協議を行うよう指示して以降である。

公明党は悶え苦しんだ。すでに山口代表が「政策的な違いだけで(連立)離脱などは到底考えられない」と語り、連立離脱カードを封印していた。その一方で、五月一七日の朝日新聞の報道が大きな衝撃を与えた。支持母体の創価学会の広報部が、集団的自衛権に関する従来の政府の憲法解釈を支持し、「憲法改正手続きを経るべき」と取材に回答したという内容であった。公明党は、集団的自衛権の行使を否定しながら容認し、党員・支持者の理解を得つつ連立を維持するという極めて困難な作業を強いられた。

一一回にわたる「安全保障法制整備に関する与党協議会」の最終的な妥協点は、集団的自衛権の行使は憲法第九条によって許されないとする一九七二年の政府見解と整合的な範囲で、限定的な行使容認に踏み切ることであった。その結果、作成されたのが、「我が国と密接な関係にある他国に対する武力攻撃が発生し、これにより我が国の存立が脅かされ、国民の生命、自由及び幸福追求の権利が根底から覆される明白な危険がある場合」などとする、自衛権発動の「新三要件」である。

公明党は、この「新三要件」によって厳格な歯止めを設け、外国の防衛それ自体を目的とする集団的自衛権を認めず、憲法第九条の規範や従来の政府解釈の基本的論理を維持したと説明した。他方、安倍首相は集団的自衛権の行使容認という名を取ることができた。取りまとめに尽力した漆原元国対委員長は、こう述べる。「新三要件は、公明党からみると個別的自衛権の拡大だけれども、自民党からすると限定的な集団的自衛権にみえたのかもしれない。まさに〝薄皮〟一枚の差だった。どうにかそれで双方が納得した[18]」。

七月一日、自民・公明両党のそれぞれの事前審査の手続きが踏まれ、党首会談が行われた上で、集団的自衛権の行使容認の閣議決定がなされた。これを受けて、翌二〇一五年九月一九日、安全保障関連法（平和安全法制整備法）が成立する。法案審議の過程で大規模なデモが国会を取り囲んだが、自公政権は微動だにしなかった。

消費税の軽減税率

以上の安倍カラーの政策に関して、公明党は自民党に追従しつつ歯止めをかけるという役回りを演じてきた。それに対して、生活必需品などの消費税率を低く抑える軽減税率は、公明党が熱心に主張し、自民党に受け入れさせたケースである[19]。

この問題は、民主党の野田政権の下での「社会保障と税の一体改革」にまでさかのぼる。

消費税には低所得者ほど負担が重くなる逆進性の問題があると考える公明党は当初、一体改革について社会保障を置き去りにした増税のためのものだと批判していた。しかし、自民党が修正協議に応じたことを受けて、公明党も参加することを決める。そして、二〇一二年六月二一日の「三党確認書」には、公明党の主張に従い、低所得者対策の選択肢の一つとして軽減税率が盛り込まれた。

このように「庶民の党」たる公明党にとって、軽減税率の導入は消費増税に賛成する前提条件であった。第二次安倍政権の発足後、二〇一三年一二月一二日の与党政策責任者会議で決定された翌年度の税制改正大綱には、軽減税率を消費税率の「一〇%時に導入する」と明記された。二〇一四年四月一日、消費税が五%から八%に引き上げられた。ところが、同年一一月一八日、安倍首相は翌年一〇月に予定されていた消費税率一〇%への引き上げを二〇一七年四月に延期するとともに、衆議院を解散する考えを表明した。

この衆院選で、公明党は「いまこそ、軽減税率実現へ。」をスローガンに掲げて戦った。また、公明党の要求に従い、与党の共通公約も消費税率一〇%時に軽減税率を導入すると明記し、二〇一七年度からの導入を目指すと謳った。衆院選が自民・公明両党の勝利に終わると、一五年度の税制改正大綱に「一七年度からの導入をめざして」という実施時期の目標が盛り込まれた。これを受けて、与党税制協議会の下に検討委員会が設置され、二〇一五年二月九日以降、検討が進められたのである。

ところが、財務省と自民党税制調査会（税調）の幹部は軽減税率に消極的であり、その代替案として還付金制度を示した。「日本型軽減税率制度」と銘打たれていたが、いったん一〇％の消費税を店舗などで支払った後、申告すれば二％分を還付するというものであり、痛税感の緩和につながりにくいばかりか、手続きが煩雑であるという難点を抱えていた。公明党の強硬な反対に直面した安倍首相は、還付金制度を撤回させるとともに、自民党税調の野田毅会長の更迭に踏み切った。

軽減税率の規模についても、財務省と手を結ぶ自民党税調が、生鮮食料品のみ、税収減四〇〇〇億円程度を主張したのに対して、公明党は生鮮食料品だけでなく加工食品なども対象に含めるべきと説き、一兆三〇〇〇億円規模を想定した。与党税制協議会での話し合いは難航を極め、最終的に安倍首相が、酒類と外食を除く食料品と新聞の税率を八％に据え置く一兆円規模の軽減税率の導入を決断した。公明党の主張をほぼ丸のみしたのである。二〇一五年一二月一六日、それを盛り込む翌年度の税制改正大綱が決まった。

軽減税率で公明党が強硬な姿勢を取り続けたのは、党員・支持者に繰り返し約束して選挙を戦ったことに関係している。集団的自衛権で譲歩した以上、軽減税率については譲れないという思いも、公明党には強かったといわれる。自民党の右傾化に対する「ブレーキ役」よりも、社会的弱者の味方として恵まれない人々の生活の向上を重視する公明党のあり方が、そこには示されている。それを自民党は受け入れざるを得なかった。公明党に対する「下駄の雪」という評価が一面的すぎるのは確かであろう。

なぜ高度な妥協が可能なのか

集団的自衛権と軽減税率の二つの事例は、通常の与党間の政策調整の仕組みでは妥協に達せず、最高幹部の決断によって解決した。なお、「安全保障法制整備に関する与党協議会」は、両党の幹事長の合意に基づき、与責とは別に設けられたものであり、実質的には自民党の高村正彦副総裁と公明党の北側一雄副代表の二人によって落としどころが探られたのであった。

なぜ自民・公明両党間では、こうした高度な妥協が可能なのか。その一つの理由は、一六年以上にわたる連立の過程で築かれた重層的な人脈と両党の体質にある。当初は必ずしも親しくなかった高村と北側の協議を背後で支えたのは、自民党前副総裁の大島理森と公明党国対委員長の漆原良夫であったといわれる。二人は長年、両党の国対委員長として国会運営にあたり、特に「ねじれ国会」では苦労を分かち合った。容姿と出身地から、大島を「悪代官」、漆原を「越後屋」と呼び合う仲であることは、よく知られている。

漆原はいう。「政策からみれば、公明党は民主党と近い。だけれども、体質は自民党と似ている。政治は理屈じゃなくて、情だからね。自民党は本当に懐が深いよ。国会対策もそう。民主党は、自分たちの言い分を一方的に押し付けるだけで、一ミリも譲ろうとしない。しかし、大島さんや私は、法案の骨格が残れば、野党の修正要求を六割飲んでもいいという腹構えだから。でも、小選挙区制の弊害かもしれないが、与党でも理屈ばかりで情がない議員が増えていて、我々は〝絶滅危惧種〟だって言われている。そうならないよう、若手を食事に誘って話すことを心掛けている」[20]。

公明党のなかで安倍首相と最も気心が知れ、太いパイプを持つのは、太田前代表だといわれる。太田は次のように語る。「自民党という〝巨象〟は、いったん動き出したら、なかなか止まらない。だから、最初の段階で公明党の考えを正確に伝えておくことが大切だと考えている。憲法についてとか、IRについてとか、軽減税率についてとか、重要なことはきちんと言っておかないと。意思疎通が少し危ういと思った時には、安倍首相と本音の話をしてフォローするようにしている」[21]。

自民・公明両党間の高度な妥協を可能にしているもう一つは、人脈という「情」の対極に存在する選挙での「実利」である。軽減税率の導入を自民党に受け入れさせる際、公明党は選挙協力の見直しをちらつかせた。自民党からしても、軽減税率で譲歩せず、公明党の党員・支持者の活動量が落ちれば、自身の選挙結果に悪影響を及ぼしかねなかった。選挙協力の必要性が自民・公明両党を運命共同体の立場に置き、妥協を促している。

また、首相の専権事項とされる衆議院の解散権も、公明党によって事実上、制約されている。支持母体の創価学会を中心に組織選挙を展開する公明党は、準備の時間がない突然の解散を嫌う。衆参ダブル選挙も好まない。四種類の投票用紙の書き方を徹底させることが難しく、選挙運動でも隅々まで手が回らなくなるからである。同様の理由から、統一地方選や都議選とも十分な間を置いて、解散するよう求める。選挙協力に与える影響も考慮して、こうした公明党の要求を歴代の首相はおおむね受け入れてきた。

漆原元国対委員長は、次のように述べる。「公明党が本気になって駄目といった場合には、自民党は譲歩する。議席数では圧倒的な差があるけれど、選挙を考えれば公明党を大切にせざるを得ない。何といっても、公明党は各小選挙区に一万〜二万の票を持っているんだから。このことは自民党のなかでは暗黙の共通了解になっている。三〇〇近い小選挙区での公明党のパワーは、物凄いものがある」[22]。

1――前掲、公明党史編纂員会『大衆とともに――公明党五〇年の歩み』二七五―二七六ページ。

2――同調査のデータは、下記で公開されている。http://www.masaki.j.u-tokyo.ac.jp/utas/utasindex.html

3――例えば、境家史郎「二〇一〇年参院選における政策的対立軸」(『選挙研究』第二七巻第二号、二〇一一年)。
4――漆原良夫元公明党国対委員長へのインタビュー(二〇一八年四月一二日)。
5――山口那津男(インタビュー)「「平和」から「暮らしの安心」まで断じて守る」(『月刊公明』二〇一三年九月)三ページ。
6――岩見隆夫・太田昭宏(対談)「公明は「政権担当力」と「政策実現力」で勝負」(『月刊公明』二〇〇九年八月)三ページ。
7――『東京新聞』二〇一七年九月二八日。
8――井上義久公明党副代表へのインタビュー(二〇一六年三月二三日)。なお、当時は幹事長の職にあった。
9――『毎日新聞』二〇一八年一月一日。
10――『日本経済新聞』二〇一二年一二月二八日。
11――「自由民主党・公明党政策協議のあり方について」(前掲、自由民主党編『自由民主党五十年史 資料編』三一五八―三一五九ページ)。ただし、その後、自民・公明両党のいずれもが重要事項とみなさない案件は、与責にかけず、両党間で党内手続きを完了したという確認書を交わすことで済まされるようになった。
12――漆原良夫元公明党国対委員長へのインタビュー(二〇一八年四月一二日)。
13――滝口正彦「衆議院における委員の割当及び選任方法」(『議会政治研究』第二九号、一九九四年)。
14――前掲、読売新聞政治部『自民崩壊の三〇〇日』三一―三二ページ、『日本経済新聞』二〇一七年八月九日。
15――太田昭宏前公明党代表へのインタビュー(二〇一八年四月二六日)。
16――神崎武法元公明党代表へのインタビュー(二〇一八年四月七日)。
17――以下、朝日新聞政治部取材班『安倍政権の裏の顔』講談社、二〇一五年。
18――漆原良夫元公明党国対委員長へのインタビュー(二〇一八年四月一二日)。

19――以下、前掲、中野『創価学会・公明党の研究』第一〇章。
20――漆原良夫元公明党国対委員長へのインタビュー(二〇一八年四月一二日)。
21――太田昭宏前公明党代表へのインタビュー(二〇一八年四月二六日)。
22――漆原良夫元公明党国対委員長へのインタビュー(二〇一八年四月一二日)。

第七章

自民・公明両党の選挙協力

1 高水準の候補者調整と相互推薦

長期にわたる自公政権を支えている最大の要因は、選挙協力である。どのように候補者調整がなされ、推薦が与えられているのか。選挙協力の実態はいかなるものであり、その効果はどの程度なのか。緊密な選挙協力の背景には何があるのか。この章ではこういった問いについて、改めて考えていきたい。

衆議院の小選挙区の候補者調整

まず衆議院の小選挙区の候補者調整に関して、自民・公明両党の公認候補の競合の推移をみていく。前述したように、自公政権が始まって最初の二〇〇〇年の衆院選は、森内閣の下で実施されたが、四つの小選挙区でバッティングを起こした。それだけでなく、自民党から立候補予定であった五名の候補が、党本部の調整にもかかわらず公明党に選挙区を譲ることを拒否し、無所属で立候補した。公明党は自民党の公認候補と争った選挙区で全敗するなど、非常に厳しい結果となった（7―①）。

自民・公明両党の小選挙区での競合は、二〇〇三年衆院選以降、消滅する。それは公明党が勝てない選挙区での擁立を断念したからである。神崎元代表は、こう振り返る。「最

7-① 衆議院小選挙区の公明党公認候補と自民党との競合の推移

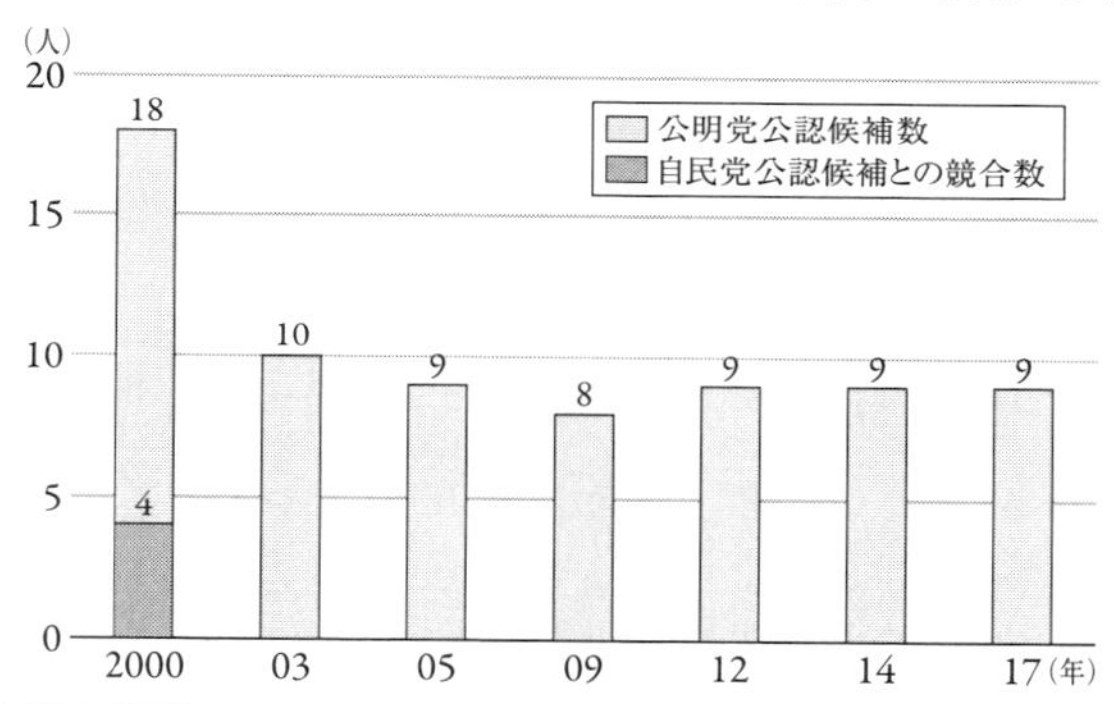

出所:『朝日新聞』などより著者作成。

初は一八選挙区に擁立したけれども、実際、そんなに当選できなかった。選挙結果を分析しながら、この選挙区は無理だとか、ここは再挑戦するとか冷静に判断していった。自民党からも、おたくの候補者はこの選挙区では勝てないだろうとか言われた。結局、公明党が手を引いたところに自民党が候補者を立てていった」[1]。

公明党の小選挙区の公認候補の数は、二〇〇三年に一〇、〇五年に九、〇九年に八と減少していった。こうした公明党の候補者擁立への慎重な姿勢は、支持母体の創価学会が選挙での勝利を信仰上も重視していることに関わっている。公明党と創価学会は別組織であり、かつ集票活動に関しては一方的に依存する立場にある。したがって、勝てない選挙区で学会員に負担を強いることを避け、勝てる選挙区に集中していったのである。

ところが、公明党は一方的に譲歩したわけではない。自民党候補が負け続けていた北海道一〇区で、二〇一二年以降、公明党が公認候補を立てるようになった。井上副代表は、次のように話す。「稲津久候補の人柄とか、かつての炭鉱地域で創価学会が草創期から根を張ってきたという地域事情が大きかった。自民党との候補者調整は必要だが、勝てるチャンスがあればどこでもやりたい」[2]。自民党ではなく公明党の方が勝てそうだという判断になれば、両党間で交渉し、自民党が公明党候補の支援に回ることもありうる。

こうした経緯を経て現在、公明党の小選挙区での擁立数は九となっている。全国の小選挙区の数は二八九であるから、わずか三・一%にすぎない。それ以外は全て自民党が公認候補を擁立しているのであり、小選挙区の候補者調整で公明党は大幅に譲歩している。公明党からみても、勝てない以上、やむを得ないということであろう。

公明党が小選挙区で候補者を擁立している地域は、関西が圧倒的に多い。九つの選挙区のうち、四つが大阪府、二つが兵庫県である。大阪府の一九の小選挙区の二一・一%、兵庫県の一二の小選挙区の一六・七%が、自民党ではなく公明党によって占められている。関西は支持母体の創価学会の会員が多いだけでなく、結束が固い。それは選挙の際の圧倒的な強さに表れており、「常勝関西」と呼ばれる。それ以外は、北海道、東京都、神奈川県が各一選挙区となっている。

衆議院の推薦

以上みてきたように、自民・公明両党間の小選挙区での候補者調整は高い水準で行われている。より積極的な支援を行う前提となる推薦についてはどうか。

公明党の小選挙区の公認候補に対する自民党の推薦をみてみよう。最初の二〇〇〇年の衆院選で公明党が擁立した一八名のうち、自民党の推薦を受けたのは一四名にとどまった。その理由は単純であり、推薦を与えられなかった四名は自民党の公認候補と競合していたからである。逆にいえば、競合していない場合、全て自民党の推薦を得られたのであり、それゆえ二〇〇三年以降、野党時代の二〇一二年を含めて、公明党の小選挙区の公認候補は全員が自民党の推薦を与えられている。

より興味深いのは、自民党の小選挙区の公認候補に対する公明党の推薦である。最初の二〇〇〇年の衆院選では、自民党の公認候補二七一名中一六一、比率にして五九・四%にとどまった。競合した選挙区よりもはるかに多い候補者が、公明党の推薦を得られなかったのである。しかし、推薦率は次第に上昇する。二〇〇三年に七一・五%、〇五年に八二・四%、〇九年には九四・一%にまで高まった。これは自民・公明両党の選挙協力の深化を示す最も明確な指標であるといえる（7―②）。

7-② 衆議院小選挙区の自民党公認候補に対する公明党の推薦率の推移

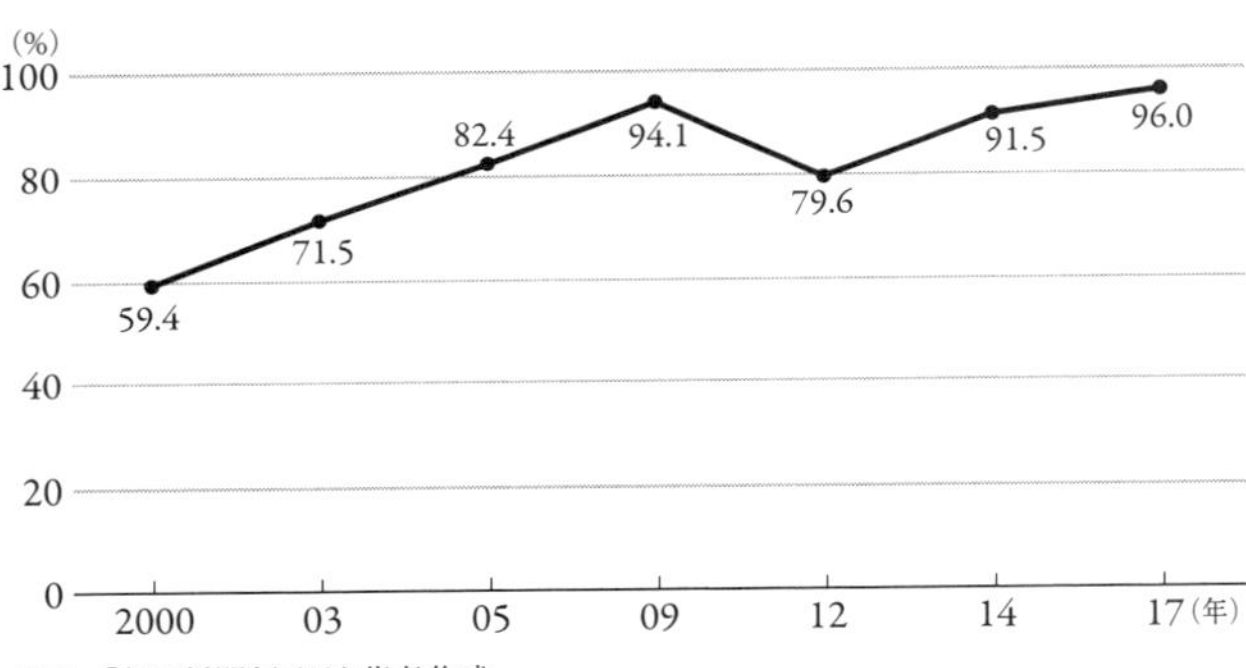

出所:『朝日新聞』などより著者作成。

こうした推薦率の上昇は、二〇〇九年の政権交代によって逆転する。二〇一二年の衆院選では七九・六%まで低下した。ところが、それは一時的なものにすぎなかった。自公政権が再び安定化すると、二〇一四年に九一・五%、一七年には九六・〇%と過去最高になる。現在では自民党の小選挙区の公認候補の大多数が公明党の推薦を受け、支援を得ているといってよい。それでもなお、若干の自民党の小選挙区の公認候補は、公明党の推薦を受けていない。二〇一七年の衆院選でいえば、二七七名中一一である。

自民党の候補者の公明党への推薦依頼は、次のような手続きによってなされる。まず都道府県連ごとに立候補予定者の意向を取りまとめ、地元の公明党の都道府県本部に対して推薦依頼を行う。これに対する回答を得たら、その結果を都道府県連から党本部の選挙対策本部に報告する。しかる後に党本部が正式に公明党本部に推薦を要請する。基本的にボトムアップの手続きがとられているのである。

こうした手続きが採用されているため、公明党が推薦を与えていない例には、自民党の候補者が推薦を求めない場合と、公明党の地方組織が忌避する場合の二つがある。前者のタイプは選挙に強く、かつ公明党との距離を保ちたい候補者である。麻生太郎、小泉進次郎が代表例である。後者のタイプは、公明党に敵対的な候補者である。例えば、かつて山口代表と小選挙区で争った平沢勝栄が挙げられよう。

このことについて、公明党の井上副代表は次のように語っている。「地元のみなさんが理解してくれないと、選挙協力の実はなかなかあがらない。だから、県本部に自民党から推薦依頼が来た後、よく協議してもらい、その結果を党本部が尊重することが基本になっている。ただ、自民党本部から何とかならないかと頼まれ、県本部に再検討を要請して、推薦に至るケースもある。それから、そもそも推薦してもらいたいという意思を示さない自民党候補もいる」[3]。

参議院の選挙区の候補者調整

参議院に移ろう。衆議院と同じく参議院も、選挙区選挙と比例代表選挙の混合によって行われる。比例代表は自民・公明両党が別々に戦うから、候補者調整が可能なのは、改選数が一～六で実施されている選挙区についてである。

公明党は一人区と二人区については公認候補を擁立していない。一、二人区は、当選に必要な得票率が高いだけでなく、農村部の県が多いから、公明党の党員・支持者が少なく、当選を勝ち取る見通しがないためである。それゆえ、自公政権が成立して以降、一、二人区は全て自民党のみが候補者を立て、公明党との競合が生じてこなかった。参院選の勝敗の鍵を握るのは一人区であるから、そこで完璧な候補者調整が実現してきたことは極めて重要である。

したがって、自民・公明両党が競合するのは、三人区以上となる。一九九九年に自公政権が発足した後、公明党が参議院の選挙区に擁立した公認候補の人数は、二〇〇一年に五名、〇四年に三名、〇七年に五名、一〇年に三名、一三年に四名、一六年に七名と推移してきた。当初、現状維持ないし減少傾向にあったが、近年、明らかに増加し、二〇一六年に過去最高を記録したことが分かる。

その原因は、二〇〇〇年代後半から進んだ一票の格差を是正するための選挙区定数の見直しである。二人区が減って両極化し、農村部が一人区に減員される一方、都市部は増員された。また、三人区以上も定員が増えた選挙区が多い。東京都で二つ、北海道・千葉県・神奈川県・愛知県・大阪府・兵庫県・福岡県で一つ改選数が増加した。そもそも公明党は都市部で高い集票力を誇るが、それに加えて当選に必要な得票率が低下したため、公認候補を積極的に擁立するようになったのである。

現在、三人区は北海道、埼玉県、千葉県、兵庫県、福岡県の五つ、四人区は神奈川県、愛知県、大阪府の三つ、六人区は東京都の一つであり、合計で四七都道府県のうち九つが該当する。二〇一六年の参院選で、公明党は四人区と六人区の全て、および三人区のうち埼玉県、兵庫県、福岡県の三つで各一名、合計で七名の公認候補を擁立した。自民党もこれら全ての選挙区に候補者を立て、競合した。なお、埼玉県は二〇一八年の法改正で改選数が一増加することになっている。

三人区以上の選挙区での自民・公明両党の公認候補の競合は避けられないが、一定の配慮もみられる。公明党が候補者を立てている四人区と三人区、すなわち神奈川県・愛知県・大阪府・埼玉県・兵庫県・福岡県の六選挙区では、自民党が公認候補を一名に絞っていることである。同じ三人区であっても、公明党が擁立していない北海道と千葉県では、自民党は二名立てている。つまり、競合する三人区以上でも、共倒れを避けるために候補者調整が行われていることが分かる。

参議院の推薦

参議院の選挙区での推薦はどうなっているのか。衆議院の小選挙区と違い、改選数が選挙区によって違うので、やや細かくみていきたい。

まず自民党の公認候補に対する公明党の推薦である。これは自公政権の発足後、衆議院の小選挙区と同じく増加してきた。一人区をみると、二〇〇一年には七七・八%であったが、〇四年に九六・〇%、〇七年に九六・六%となり、いったん野党時代の一〇年に〇%へと低下するが、一三年に一〇〇%、一六年には九六・九%となっている。二人区も六四・七%、九四・四%、九〇・九%と上昇し、〇%を経て、一〇〇%、一〇〇%と推移している（7―③）。

四人区以上は推薦が出されたことがなく、三人区はやや複雑である。〇%から始まり、二五・〇%、三三・三%、〇%、七五・〇%、五七・一%という経過を辿っている。二〇一六年の参院選をみると、一人区の徳島県・高知県の一名を除けば、非推薦者は公明党が公認候補を立てている東京都、神奈川県、愛知県、大阪府、埼玉県、兵庫県、福岡県の候補である。公明党が参議院で推薦を出さないのは、衆議院の小選挙区についてみたように、地元の忌避や自民党候補の意向もあろうが、基本的に競合するケースである。

興味深いのは、公明党の公認候補に対する自民党の推薦である。前述したように、公明

7-③ 参議院選挙区の自民党公認候補に対する公明党の推薦率の推移

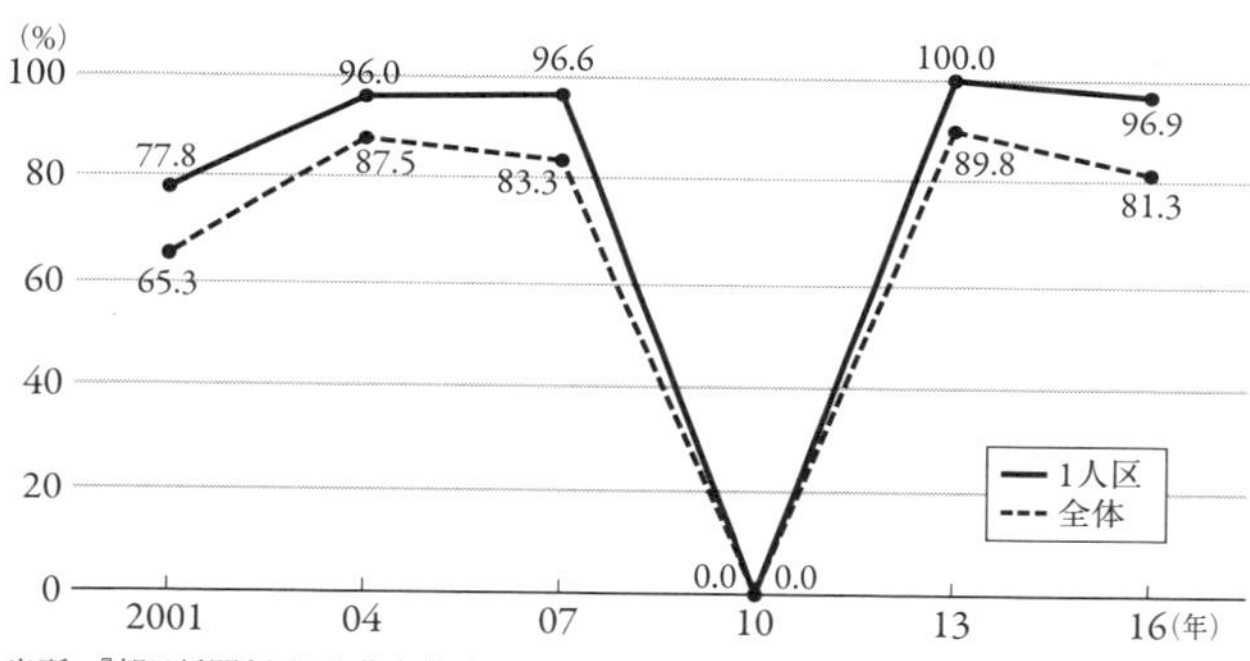

出所：『朝日新聞』などより著者作成。

党の参議院の公認候補は三人区以上であり、全て自民党候補とバッティングしている。それゆえ、自公政権が成立した一九九九年以降も、長らく自民党が推薦を出すことはなかった。それが大きく変わったのは、自公政権が復活した後、二〇一三年の参院選である。三人区の埼玉県の公明党候補に初めて推薦を与え、それが一六年の参院選になると、三人区の埼玉県・兵庫県・福岡県、四人区の神奈川県・愛知県にまで広がった。

なぜ競合しているのに、自民党は公明党候補に推薦を与えているのか。二〇一六年の参院選に向けて三月二五日に自民・公明両党の選対委員長名で結ばれた「与党選挙協力に関する基本合意」には、「自由民主党は、埼玉・神奈川・愛知・兵庫・福岡の計五選挙区において公明党公認候補者を推薦する。また、公明党は、自らの公認候補者を擁立していない一人区をはじめとする選挙区において、自由民主党公認候補者を推薦する」とある。自民党が期待しているのは、一人区などで公明党が以前にも増して熱心に選挙協力を行うことであった。

この「基本合意」には別紙が付されており、そこには上記の五つの選挙区でいかなる協力を実施するかが記されている。すなわち、推薦候補への支援は公認候補に準じること、与党内部での集票活動の競合につながる行為は相互に慎むこと、公明党から応援演説などの要請があった場合には自民党の役員などの派遣を検討すること、推薦候補も事前の承認を得ればポスターなどに推薦者として自民党の役員などの氏名・肩書を使用できることであった。当該選挙区の自民党候補にとっては、厳しい内容のものといえる。

公明党の選挙区の公認候補でも、自民党の推薦を得ていない場合がある。東京都と大阪府の候補者である。東京都は改選数が六であり、公明党が余裕をもって当選できる状況にあることに加え、自民党の公認候補が二名いることも影響していると考えられる。大阪府は改選数が四であるが、先にみたように、公明党の金城湯池であり、やはり落選する可能性が極めて低い。公明党は自民党との選挙協力が必要な選挙区を冷静に見定めて、推薦を得ていることが分かる。

2　選挙運動での協力の実態

公明党の自民党選挙区候補への支援

以上みてきた推薦に基づいて、具体的にどのような支援が行われているのか。衆議院の小選挙区や参議院の一人区などで、公明党が自民党の公認候補に対して行っている支援をみていきたい。

公明党は綿密なスケジュールの下、徹底した組織選挙を展開するが、集票活動の中心を担うのは支持母体の創価学会である。機関紙やパンフレット、各種の会合、役員からの働きかけなどで、学会員とその家族に候補者や選挙公約を段階的に浸透させる。こうした組織内の票固めとともに、「F取り」と呼ばれる学会員以外の票の獲得が進められる。Fとはフレンドの頭文字である。地縁、血縁、職場、出身校などあらゆる個人的なつながりを辿って、公明党への投票を依頼する。

集票活動を全国規模で、かつ精緻に展開しているのが、公明党の特徴である。近隣の都道府県から多数の運動員が当該選挙区に入って親類や友人・知人を訪問したり、遠方から電話で要請したりする。また、地域ごとに得票の目標数が設定されており、それを達成するために一票ごとに細かく点検し、繰り返し働きかけを行う。自分が頼んだ人が実際に投票してくれるよう、投票所まで同行したり、電話で確認したりする。[4] こうした集票活動を可能にしているのが、婦人部を中心とするアクティブな学会員の存在である。

確かに創価学会と公明党は緊密な関係にあり、メンバーも重複するが、別々の組織になっている。創価学会には中央・方面・都道府県のそれぞれのレベルに社会協議会が設置されており、そこで国政・地方選挙に関する対応が決められる。別組織であるからこそ、公明党の議員は献身的に選挙活動を行う学会員の要望を実現すべく最大限の努力を行い、学会員も住民相談などに乗ってくれる公明党の議員を熱心に応援する。[5]

支持母体である創価学会は、公明党の公認候補については、上記のように全力を挙げて支援するが、自民党の公認候補を公明党が推薦しているケースでは、そこまでの選挙運動を行わない。しかも、創価学会の支援の程度は、当該選挙区の地方組織が自民党候補との関係に基づいて決める。公明党に任せて何もしない、公明党が推薦した事実だけを組織内に周知する、学会員の集まりに公明党議員が出席して投票を呼びかけるなど、何段階もの使い分けがなされる。

公明党の井上副代表は、次のように語る。「創価学会は公明党の支持母体なので、我々の候補者については社会協議会で推薦してくれる。しかし、学会は宗教団体であり、公明党とは別の組織だから、公明党が自民党の公認候補に対する推薦を決めても、学会は日ごろの付き合いとか、候補者自身の問題、対立候補の強弱などをみて、地域ごとに独自の判断をする。もちろん、公明党が推薦したので、ご支援をいただきたいという呼びかけは、学会の皆さんに対して行っている」[6]。

公明党は自民党とは別に選挙運動を実施し、その上で連携を図っている。地域によっては自民党の候補者の選対に公明党関係者が入るケースもあるが、比例代表に公認候補を擁立している以上、通常は独自に選対を設け、選挙区の投票用紙に自民党候補の名前を書くよう党員・支持者に働きかけたり、公明党が開く集会に自民党候補を呼んで挨拶の機会を設けたりといったことがなされている。

見返りとしての「比例は公明」

以上みたように、選挙区で自民党の公認候補のほとんどを公明党が推薦するようになったからといって、支持母体の創価学会は別組織であり、地域ごとの事情もあって、同様の支援が行われているわけではない。ただし、一般的にいって、支援をする際に最も重要なポイントとなっているのが、自民党候補が「比例は公明」という呼びかけをどの程度行い、実際に票を出しているかである。それぞれの地域で選挙区の票と比例代表の票のバーターが緊張感をもってなされている。

ところが、自民党本部は、比例代表選挙も戦っている以上、こうした票のバーターを認めていない。公明党との間では選挙区の棲み分けによってバーターが成り立っているというのが、自民党本部の公式見解である。衆院選では「比例は公明」と訴えた自民党候補ほど惜敗率が上昇し、比例代表で復活しやすくなるという矛盾が生じるが、それを公然と許すわけにもいかない。しかし、圧倒的多数の選挙区を自民党に譲っている公明党は、比例代表の票という見返りがあって初めて対等な選挙協力が成立すると考えている。

結局、「比例は公明」という呼びかけをしなければ、それぞれの選挙区の公明党が票を出さない以上、喉から手が出るほど票が欲しい大多数の自民党候補は、それを拒否できない。候補者本人が演説のなかで「比例は公明」と訴えるほか、「比例は公明」と書かれたポスターを貼ったり、演説会場に公明党の比例候補を招いて「比例は公明」と呼びかけたりといったことが行われている。自民党の内部では、公明党と争っている地方議員からの反発もあるが、党本部は不本意ながら黙認しているというのが実情である。

だが、徹底的な組織選挙を行う公明党からすれば、それだけで実際に比例票が回ってくるかどうか疑わしい。そこで、自民党候補に対して個人後援会の名簿を提供するよう求める。個人後援会の会員の票は、自民党のなかで最も固い票である。入手した後援会名簿を用いて実際に訪問したり、電話をかけたりして直接「比例は公明」と訴えかけ、細かく票を積み上げていくのである。要求を受けた選挙区の自民党候補は、その多くが後援会名簿を差し出したり、支援企業を紹介したりしているようである。

ところが、こうした公明党の集票方法は、自民党にとって異質であり、少なからぬ摩擦の原因になってきた。国会議員およびその候補者にとって、後援会名簿は命の次に大切だといわれる。また、地方議会選挙などに流用されるのではないかという不安も小さくない。それゆえ、絶対に公明党に取り込まれない中核メンバーの名簿のみを差し出して口裏を合わせたり、偽の名簿を作って見破られたりといった攻防が水面下で続けられてきた。他方、公明党では自民党議員の後援会名簿のいい加減さに対する嘆きの声が絶えない。

ただし、そうした緊張も近年は弱まってきたようである。漆原元国対委員長は、次のように語る。「自公連立が始まってから二〇年近く経ち、もはや名簿を寄こせといわなくても、自民党候補の支援者の一部が必ず比例票を公明党に入れてくれる地域もあるし、一緒に支援者回りをしたり、街頭演説を行ったりしている地域もある。その一方で、公明党が支援してくれるのは当たり前と思って公明党への支援を十分に行わない若手の自民党候補もいて、新たに摩擦が生じている地域もある」[7]。

自民党の公明党選挙区候補への支援

前述した通り、公明党は二〇一七年の衆院選で九つの小選挙区に公認候補を擁立し、全員が自民党の推薦を得た。また、その前年の参院選では七名を選挙区で立て、そのうちの五名が自民党の推薦を受けた。こうした公明党候補に対して、自民党はどのような支援を与えているのか。

まず重要なのは、自民党が持つ固定票への働きかけである。例を挙げると、地元選出の自民党の国会議員や地方議員に集会を開いてもらって候補者が挨拶を行う、自民党の機関紙の号外に候補者の紹介記事を掲載して配布してもらうといったことである。また、自民党の友好団体の支援を受けることも大切である。自民党の推薦があればこそ、それが可能になる。全面的な支援が得られなくても、そうした団体の内部にいる公明党の党員・支持者が動きやすくなるという効果があるという。

参議院の選挙区については、衆議院の小選挙区とのバーターも実施されている。すなわち、衆議院の小選挙区で公明党が支援した自民党候補が、その見返りに参議院の選挙区の公明党候補を支援するということである。同一選挙区に自民党の公認候補がいるから、本来ならば、反党行為である。しかし、公明党候補に自民党の推薦が出ている以上、公然と支援に回ることができる。

その次に実施されるのは、自民党支持の浮動票への対策である。とりわけ衆議院の小選挙区では、公明党の公認候補というよりも、自民党の推薦候補として印象づけなければ、当選することが難しい。そのための手段としては、自民党の幹部に応援演説に来てもらい、有権者に直接訴えかけてもらうことが有効である。また、候補者と一緒に自民党総裁が写っていたり、自民党という党名が入っていたりするポスターやビラを作成し、掲示・配布することも行われている。

しかし、全体としてみるならば、小選挙区の公明党候補を積極的に支援する機運は、地元の自民党の地方組織では起きにくい。なぜ我々の選挙区では未来永劫、自民党の公認候補を立てられないのかという不満が充満しているし、公明党が国政とのパイプを使って地方議会選挙でも有利に戦っているのではないかという疑念も存在する。自民党本部の組織関係者によると、こうした九つの選挙区では、地方議員の求心力を保つため、党全体として陳情処理などのサポートをするよう心掛けているという。

そもそも自民党の組織は緩やかであり、その推薦を得たとしても、公明党とは違って確実に回ってくる票は乏しい。また、自民党支持の浮動票についても、公明党に対する抵抗感が根強く存在している。さらに、公明党候補が選挙区から出る場合、「比例は自民」というバーターは基本的に行われていない。結局、公明党候補は自民党の推薦によって一種の通行手形を与えられたにすぎず、自民党支持の企業や団体を訪問するなど、自ら積極的に集票活動に励まなければならない。

東京一二区選出の太田前公明党代表は、次のように苦労を語る。「小選挙区で自民党の推薦をもらっても、基本的に候補者を立てずに太田を支援すると言ってくれているわけで、それを徹底しながら票を固めていくのは、自分の努力次第だと思っている。自民党は三十数パーセントの支持率があるから、候補者はそれを押さえさえすれば、公明党がきちんと票を上乗せしてくれるので、勝てる状況を作れる。でも、支持率が三～四%でしかない公明党の小選挙区の候補者は、かなり頑張らないと当選できない」[8]。

自公連立を安定化させる小選挙区選出議員

国会から近いこともあり、太田前代表の選挙区回りは徹底している。「正月から二月中旬までは、団体とか町会とかの新年会。今年は大体三〇〇回。桜の季節は、それに関連する行事を回る。五月の最後の土曜日は小学校の運動会。それが終わると神社の夏祭りや盆踊り。秋には、またお祭り。餅つきは一二月が多い。大みそかの深夜は、王子の「狐の行列」。人が集まっている場所には全部、自分自身で顔を出す。招待状が来なくても、どんどん行く。巣鴨の地蔵通り商店街も、学会員のお店だけでなく当然、全部回っている」。

自民党が持つ地域の人的ネットワークに浸透するためには、自民党候補のように振舞わなければならない。太田は語る。「自分の地元では、都議選や区議選の支援でも公明党候補だけでなく自民党候補にも配慮する。自民党の都議や区議から、せっかく応援してやったのにと言われるので、ポスターにも顔を出さない。自民・公明両党の地域の代表だという気構えを持つようにしている。応援演説で「自民党公認」と間違って言ってもらえるぐらいにならないと、とても勝てない」。

兵庫二区選出で元財務副大臣の赤羽一嘉衆議院議員も、選挙区をこまめに回る。「神戸にある柳原蛭子神社の一月の大祭には、三日間で何十万人も参拝に訪れる。小選挙区になって、そこで挨拶に立つようになった。地域の代表である以上、地域の多くの皆様が参加する行事に関わらないわけにはいかないと思う。また、西日本の正月の風習に三社参りがあるが、それに向かう老人会のバスの見送りも早朝からしている。地元の自治会とか老人会の行事の案内も、初当選の直後は来なかったけれど、招かざる客でも毎年顔を出していれば、三年目ぐらいから席を用意していただけるようになった」[9]。

公明党候補が小選挙区で当選するには、地元回りを徹底的に実施するしかないと、赤羽は述べる。「中選挙区で定数が四とか五であったら、一五%ぐらいの得票率で滑り込めるが、小選挙区だと五〇%近く票を取らないと勝てない。とても公明党単独では難しい。だから、神社の行事もいとわず、地元の自治会や老人会の会合にも積極的に参加し、顔馴染みとなり、時にはご相談に乗るなどして信頼を得て、自然と応援していただける人間関係を構築することが大事。地域の代表たらんとすれば、自民党議員と似たようなキメ細かい日常活動を行わざるを得ないのが実情だ」。

同じ公明党の衆議院議員であっても、自民党の地盤に浸透を図らなければならない小選挙区選出議員は、創価学会に依存して選挙を戦える比例代表選出議員とは、どうしても考え方が違ってくる。公明党の場合、重複立候補を行っていないから、両者が混じり合うこともない。公明党では、そうした対立が深刻化し、表面化することはないが、二〇一六年一二月六日の衆議院本会議でＩＲ推進法案が自主投票とされた際、小選挙区選出議員に賛成が多かったことは、潜在的な亀裂の存在を垣間見せた。

野党時代の公明党が自民党から離れなかった一因には、小選挙区で落選し、再起を期す元議員の存在があった。太田前代表は「野党時代もそうだったけれども、自民党に対して距離を置こうという考え自体がない」と語り、赤羽議員も「小選挙区で戦ってきた立場からすると、自公で政権を奪還するしかないと思っていた」と振り返る。比例代表選出であった漆原元国対委員長も同様の発言をしているから、選挙区事情だけでは説明できないが、公明党の小選挙区選出議員が自民党との連立を安定化させていることは間違いない。

同様のことは、公明党の票に依存している自民党の小選挙区選出議員についても当てはまるであろう。

3 選挙協力の大きな効果

自民党は何議席増やしているか

自民・公明両党は選挙協力を行った結果、どの程度の議席数を上乗せしているのか。以下、大づかみに検討していきたい。

蒲島郁夫は、二〇〇〇年と〇三年の衆院選について、比例代表で公明党に投票した有権者の六割あるいは八割が小選挙区で自民党候補に投じたと仮定し、その票によって自民党が何議席増やせたのかを計算している。前述したように、読売新聞の出口調査によると、二〇〇〇年の衆院選で公明党の公認候補がいない小選挙区の同党支持者のうち自民党候補に投票した割合は六一%、〇三年には七二%であったから、比例代表で自民党から公明党に回っている票があるとはいえ、この仮定は大筋で妥当であろう。

蒲島の計算によると、自民党が二三三議席を獲得した二〇〇〇年の衆院選では、比例代表に投じられた公明党票の六割の歩留まりで三四名が落選を免れ、八割では四四名が当選できている。この衆院選での自民党の小選挙区の当選者は一七七名であるから、それぞれその一九・二％、二四・九％にあたる。

自民党が二三七議席を得た二〇〇三年の衆院選では、公明党への依存が一層深まり、六割の歩留まりで五三名が落選せずにすみ、八割では七七名が当選できた。自民党の小選挙区の当選者一六八名のうち、それぞれ三一・五％、四五・八％に該当する。つまり、三分の一から半数近い小選挙区選出の自民党議員が公明党票のおかげで救われたことになる。この分析では、公明党票が民主党候補に上乗せされないという仮定を置いているが、それにもかかわらず、この結果である。[10]

蒲島と同様の方法によって、直近の二〇一七年の衆院選について計算してみると、どうなるか。読売新聞が実施した出口調査によると、公明党が都議選で協力した小池百合子希望の党代表の地元の東京都の小選挙区ですら、公明党支持者の六割強から七割強が自民党の公認候補に投票しているので、[11]六割あるいは八割という歩留まり率で計算することは、依然として妥当であると考えられる。

二〇一七年の衆院選で、自民党は小選挙区二一五、比例代表六六、合計二八一議席を獲得した。定数四六五議席の六〇・四％を占める圧勝であった。しかし、六割の歩留まりで計算すると、小選挙区のうち四四名が落選を免れており、八割の場合、六二名が当選できたことになる。それぞれ実際の当選者の二〇・五％、二八・八％に当たる。公明党票の重要性は失われていないことが分かる。

小選挙区とのバーターによって「比例は公明」という呼びかけがなされている。後述するように、比例代表で一〇〇万～一五〇万票程度が自民党から公明党に回っているという見方が多い。仮に一〇〇万票を自民党の各ブロックの得票数に比例して配分し、同数を公明党から差し引いた場合、自民党は比例代表で五議席増加する。結局、自民党の獲得議席は六割の歩留まりで二四二、八割では二二四となり、総定数四七五の過半数前後にまで落ち込んでしまう。

なお、二〇一六年の参院選での一人区は、三二選挙区のうち二一で自民党候補が勝利した。比例区の公明党票の六割あるいは八割が回ったと仮定して、その票がなくても自民党が勝利できたのは、それぞれ一九選挙区、一六選挙区であった。一人区は参院選の主戦場であるが、その帰趨も公明党によって少なからず左右される。

以上みてきたように、自民党は公明党と連立を組むことによって衆参両院にわたる過半数を確保しているだけでなく、公明党と選挙協力を行うことで自らの議席を大幅に増やしている。二〇一六年の参院選以降、自民党が単独で衆参両院の過半数の議席を保持しているにもかかわらず、公明党との連立を解消しないのは、衆議院の小選挙区や参議院の一人区などでの議席増に寄与している選挙協力を継続するためであると考えられる。

公明党にとってのメリット

自民党との選挙協力は、公明党にも大きなメリットがある。その一つは、小選挙区とのバーターでもたらされる比例代表の票であり、前述したように、一〇〇万～一五〇万票といわれる。これについても厳密に算出することは困難であるが、公明党が得てきた比例代表の票の変化から、ある程度推測できる（7―④）。

公明党が結成されたのは、一九六四年である。翌六五年の参院選の全国区で公明党が獲得したのは合計で五一〇万票、次の六八年には六六六万票であった。七一年に五六三万票に減るが、その後一九九〇年代に入るまで、参議院の全国区・比例区の票は、最低で六一〇万票（一九八九年）、最高で七四四万票（一九八六年）と、おおむね七〇〇万票前後で安定的に推移した。

新進党に合流していた一九九五年を経て、参議院議員と地方議員からなる公明で戦った一九九八年は、七七五万票を得た。そして、自民党との連立政権の成立後、二〇〇一年に八一九万票、〇三年に八六二万票と増加する。同じ時期、衆議院の比例代表の票も、二〇〇〇年に七七六万票、〇三年に八七三万票、〇五年に八九九万票と増える。二〇〇〇年代

7-④　公明党の参議院全国区・比例区および衆議院比例代表での得票数の推移（1965〜2017年）

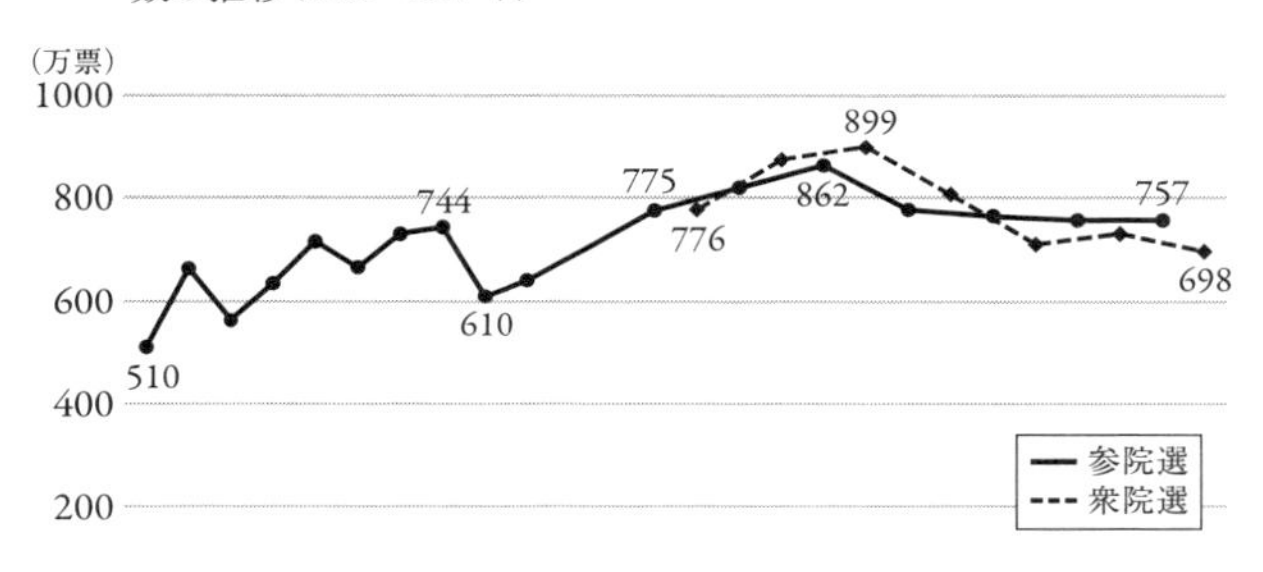

出所：著者作成。

半ばをピークとして衆参両院とも減らしていくが、自民党と連立を組む前後の票の増加分から、一〇〇万〜一五〇万が自民党から来る票数として割り出される。

二〇一七年の衆院選で、公明党は比例代表で六九八万票を獲得し、二一議席を得た。先に行った作業と同じく、その一四・三%にあたる一〇〇万票を公明党から差し引き、自民党に上乗せした場合、公明党は比例代表で三議席減らす。他党の得票数によっても変動するが、一般的に公明党は自民党との選挙協力によって比例代表で五議席程度を増やしているといわれる。比例代表を主戦場とする公明党からすれば、それが失われれば、厳しい結果になるといわざるを得ない。

公明党にとって選挙協力のもう一つのメリットは、衆議院の小選挙区の議席である。近年、公明党は九つの小選挙区で公認候補を擁立している。いずれも公明党が比較的強い選挙区であるが、自民党と競合した場合、共倒れになる可能性が高まり、当選できる見通しは低い。勝てる選挙区があるとすれば、関西であろうが、そこでも非常に厳しいというのが、公明党関係者の大方の認識である。

二〇一七年の衆院選で、公明党は小選挙区で八議席を確保した。これが全滅という結果に終わり、かつ比例代表の議席が三減った場合、獲得議席は二九から一八に減少する。仮に小選挙区で三議席を得たとしても、合計で二一議席である。共産党の一二議席は上回るが、国会法上、議案を提出できる二〇議席を確保できるかどうかの状況に陥る。

二〇一六年の参院選についても、かなりの程度、同じことがいえる。読売新聞の埼玉・神奈川・兵庫での出口調査によると、自民党支持者の八～一五％が、同じ選挙区に自民党候補がいるにもかかわらず、公明党候補に投票している[12]。この上乗せがなければ落選したとは必ずしもいえないが、自民党が候補者数を絞り込んでいることまで含めて考えると、選挙協力がなければ、取りこぼしが出た可能性も否定できない。また、比例区でも一〇〇万票減少した場合、一減の六議席になったと考えられる。

国政選挙での異例の五連勝

以上、選挙協力が自民・公明両党それぞれにとって大きな利益になっていることを示してきたが、それは与党が全体として有利に選挙を戦っていることを意味する。高水準の候補者調整を行い、票を融通し合うことで、得票数に比べて議席数を大幅に増やすことに成功している。

例えば、二〇一七年の衆院選で、自民・公明両党の合計の小選挙区の得票率は四九・三%にとどまったが、議席率は七八・二%に上った。それに対して、比例代表については、自民・公明両党の得票率は四五・八%であるが、議席率は四九・四%であり、大筋で得票数に比例した議席数を獲得していることが分かる。要するに、自民・公明両党の選挙協力は、主に勝者総取りの小選挙区制に対応するものである。

ほぼ同じことは、二〇一六年の参院選についてもいえる。自民・公明両党の合計の選挙区での得票率は四七・五%であるが、議席率は五八・九%となっている。選挙区の改選数七三のうち、一人区は三二にとどまるが、それでも四割以上を占めるため、衆院選ほどではないにせよ、選挙協力の重要性は否定できない。なお、比例区の自民・公明両党の得票率は四九・四%であり、議席率は五四・二%となっている。

自民・公明両党が緊密な選挙協力を行っているのに対して、民主党政権が崩壊した二〇一二年の衆院選以降の非自公勢力は、日本維新の会をはじめとする「第三極」の台頭もあって、まとまりを欠き、有効な選挙協力を組めないできた。それでも、二〇一六年の衆院選では、安保関連法反対運動を背景に民進・共産両党を主軸とする野党共闘が作られ、自民・公明両党ほどの水準ではないとはいえ、一人区を中心に選挙協力が行われた。しかし、二〇一七年の衆院選では、希望の党への対応をめぐって野党共闘は崩れた。

こうした選挙協力の程度の違いが、公明党と連立を組む自民党の「一強」と呼ばれる状態を生み出す一因になってきた。実際、自民・公明両党は国政選挙で五連勝を続けている。具体的に与党の獲得議席をみると、自公政権が復活した二〇一二年の衆院選で四八〇議席中三二五、一三年の参院選で改選一二一議席中七六、一四年の衆院選で四八〇議席中三二五、一六年の参院選で改選一二一議席中六九、一七年の衆院選で四六五議席中三一〇である。五五年体制の崩壊後では極めて異例な状況にある。

選挙協力と並んで、自民・公明両党の国政選挙での五連勝を可能にしているのが、低い投票率である。衆院選についてみると、二〇一二年が五九・三%、一四年が五二・七%と、連続して過去最低を更新し、一七年は五三・七%であった。二〇〇五年の郵政選挙が六七・五%、〇九年の政権交代選挙が六九・三%であったことと比べて、非常に低い水準で推移している。参院選についても、一三年が五二・六%、一六年が五四・七%であり、同じく低迷している（7—⑤）。

7-⑤　衆院選での投票率と自民党の相対得票率の推移（1958〜2017年）

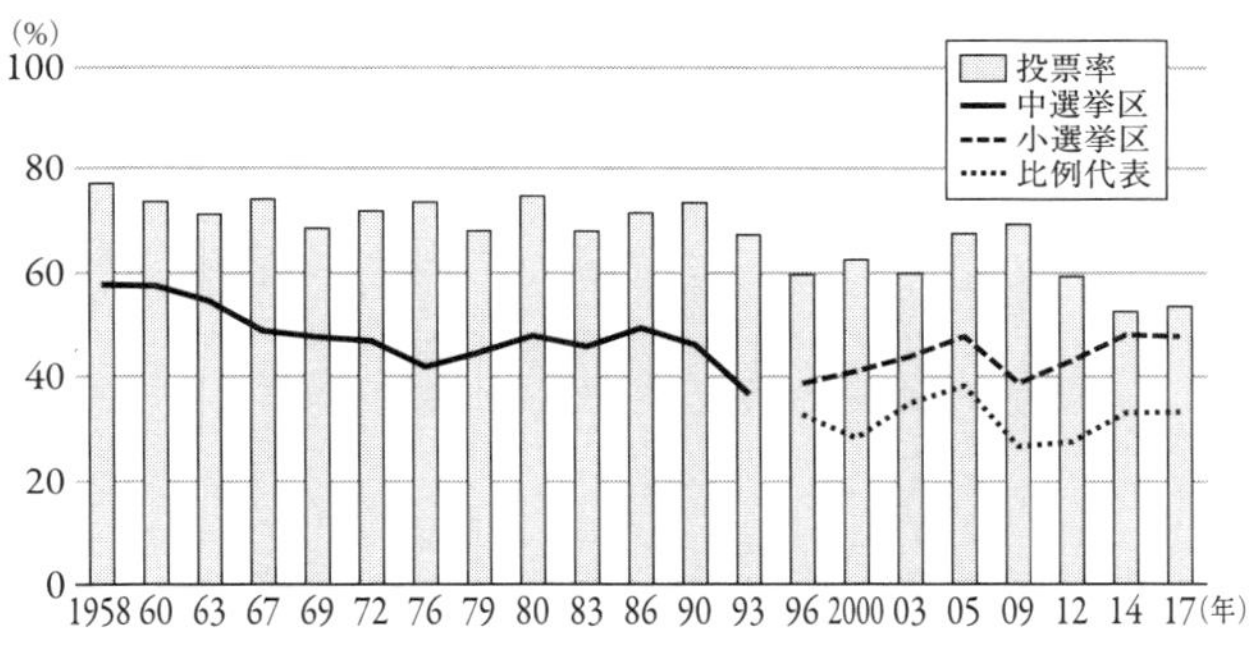

出所：総務省ウェブサイトなどより著者作成。

低い投票率は、相対的に多くの固定票を持つ自民・公明両党に有利である。もちろん、自民党が高い投票率の下、無党派層を動員して勝利した例もある。二〇〇五年の郵政選挙の際の小泉首相である。しかし、自民・公明両党が連立を組んで初めての二〇〇〇年の衆院選で、当時の森首相は「まだ決めていない人が四〇%ぐらいある。そのまま（選挙に）関心がないといって寝てしまってくれれば」と、無党派層の棄権に期待する発言を行った。[13] 二〇一二年以降は、それが半ば実現している状況にある。

相互補完する自公の固定票

以上みてきたように、低い投票率の下、多くの固定票を持つ自民・公明両党が緊密に選挙協力を行い、衆議院の小選挙区や参議院の一人区で当選を積み上げ、国政選挙で勝利を続けているというのが、日本政治の現状である。

衆議院の小選挙区や参議院の一人区では、当選に必要な得票率が高くなるので、無党派層からの集票が大切だといわれる。しかし、無党派層が投票所に足を運ばず、投票率が低くなれば、その分、固定票の比重は高まる。実際の選挙運動をみても、個人後援会や支持団体などを通じて組織的に票を固めた上で、無党派層からの集票をねらうことが、定石となっている。無党派層の「風」がいつ、どう吹くかは不確かであり、そうである以上、固定票の重要性は決して失われていない。

注目すべきは、自民・公明両党が持つ分厚い固定票の存在が、有効な選挙協力を可能にしていることである。共倒れを避けるための候補者調整であれば、固定票の存在は必ずしも重要ではない。しかし、自民・公明両党の場合、選挙区と比例代表の間の票の交換まで行っている。こうした交換を確実に実施するには、それぞれの政党が党員・支持者に指示を与え、投票先を変えさせなければならない。自民党候補が持つ個人後援会や公明党を支える創価学会を抜きにして、それを精緻に行うことは不可能である。

しかも、自民・公明両党の固定票は、相互補完性が極めて高い。自民党の支持基盤の主軸は、地域の有力者・名士を中心とする人的なネットワークであり、候補者は地縁・血縁や学校や職場の縁などを辿りながら、有権者を個人後援会に組織化する。それゆえ自民党は、社会の個人化が進んでいない農村部で強さを保っている。それに対して、公明党の支持母体である創価学会は、都市部に多くの会員を抱えている。農村部に強い自民党と都市部で強い公明党は、欠点を補い合う関係にある。

公明党の固定票の大部分は、創価学会という宗教団体の票である。熱心な活動家を多く抱え、細かい票読みが可能である半面、「F取り」と呼ばれる学会員以外の票の獲得が行われているとはいえ、どうしても広がりに欠ける。幅広い票を持つ自民党と選挙協力を実施することは、その限界を突破する意味を持つ。自民党の候補者からしても、公明党の固い票は非常に頼りになる。自民・公明両党は票を食い合う関係になく、そうした意味でも票の融通を行いやすい。

非自公勢力の場合は、そうではない。労働組合など一部を例外として、そもそも組織化された票が少なく、候補者調整を超える選挙協力が難しいし、都市部に主たる支持基盤を持つ政党がほとんどであり、地域的な相互補完性も乏しい。また、旧民主党と共産党は、反自民票を奪い合う関係にある。二〇一七年の衆院選で、立憲民主党が躍進する一方、共産党が後退したのは、そのことを如実に示している。野党の選挙協力が難しいのは、このような票の性格にも関係している。

4　自公連立の背景にあるもの

弱まる支持基盤の補強

投票率が低ければ、固定票が有効性を発揮するのは確かであるが、自民・公明両党ともに固定票が減少傾向にあることは否めない。したがって、いったん無党派層の「風」が吹けば、自公政権も決して安泰ではない。

最近、これに関して注目されたのは、二〇一七年衆院選の比例代表で公明党の票が六九八万弱と、二五年ぶりに七〇〇万票割れを起こしたことである。議席数も、小選挙区が八、比例代表が二一、合計で二九にとどまった。定数が四六五に減少したとはいえ、一九九九年に自民党と連立を組んで以来、三〇議席を割り込んだのは、二〇〇九年の二一議席に続いて二度目であり、大きな衝撃を与えた。

公明党は同年一一月一〇日付で斉藤鉄夫選対委員長名の「総括（案）」を作成している。そこで挙げられた敗因は、突然の解散による「準備・時間不足」、公明党議員の女性スキャンダルが生み出した「党への不信感」、森友・加計問題などに関する「安倍総理への支持姿勢に対する不信感」、安全保障関連法やテロ等準備罪法などへの対応にみられる「公明党らしさの欠如」、他党に対する批判など「党幹部発言への嫌悪」の五つであった。なかでも「公明党らしさの欠如」の問題が強調された。

触れられなかった敗因もある。支持母体である創価学会の組織的な停滞である。前述したように、公明党の比例票は、衆院選が二〇〇五年の八九九万票、参院選は二〇〇四年の八六二万票をピークとして、緩やかながら減少傾向を辿っている。そうである以上、七〇〇万票割れの根本的な原因は、創価学会の会員数の頭打ち、活動家の高齢化、世代交代による求心力の低下などに求めるべきであろう。創価学会は今やSGI（創価学会インタナショナル）を通じた海外布教に力点を置いている。

公明党はどこに活路を見出そうとしているのか。衆院選の総括が話し合われた一一月一〇日の全国県代表協議会で、井上幹事長は「団体対策」と「保守対策」の二つを挙げた。前者は各種団体からヒアリングを行い、要望を予算や税制に反映して、その見返りに党勢拡大を図ることであり、後者は自民党との選挙協力を強化し、「ボタンを押せば一緒にまわって比例区と選挙区を棲み分けられる戦い」をできるようにすることである。自公の枠組みを一層深化させることで、党組織の衰退に対処しようとしている。

同様のことは自民党にも当てはまる。衆議院の絶対得票率（全有権者数に対する得票数の割合）をみると、五五年体制末期は三〇〜三五％であったが、初めて下野した一九九三年

7-⑥　衆院選での自民党の議席率と絶対得票率の推移（1958〜2017年）

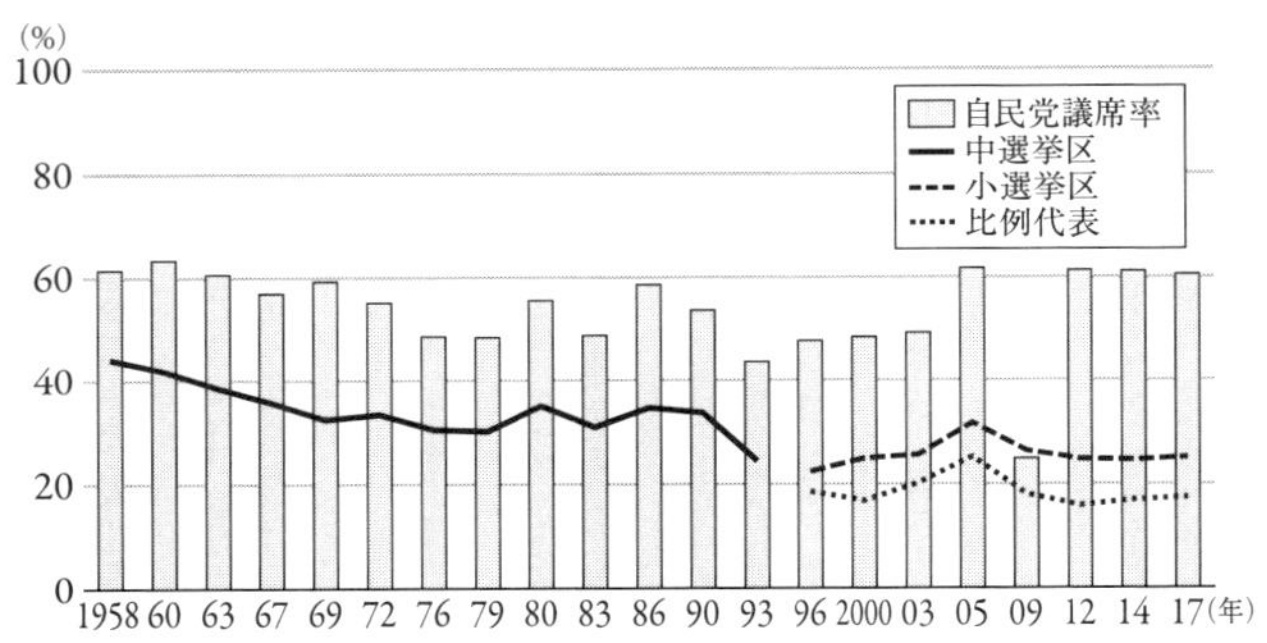

出所：総務省ウェブサイトなどより著者作成

に二四・三％まで落ち込み、中選挙区制から小選挙区比例代表並立制に移行した一九九六年以降、二〇〇五年の郵政選挙を例外として、小選挙区でおおむね二五％前後、比例代表では一五〜二〇％で推移し、政権を奪還した一二年以降も全く変わらない。その背景には、個人後援会の高齢化や友好団体の衰退など、支持基盤の弱体化がある（7―⑥）。

こうした自民党の支持基盤の弱体化を補ってきたのが、一九九九年に連立を組んで以来の公明党との選挙協力である。衆院選で比例代表の票を見返りとして、一小選挙区あたり二万〜二万五〇〇〇票といわれる公明票の大部分を得たことは大きい。実際、自公政権が発足した前後の一九九六年と二〇〇〇年の衆院選を比較すると、自民党の絶対得票率は小選挙区で二二・四％から二四・八％に上昇する一方、比例代表では一八・六％から一六・九％に低下している。

地方政治での連携

自民・公明両党の選挙協力の背景には、両党の組織的な低迷という事情があるが、それに加えて指摘しておかなければならないのは、地方政治での両党の連携である。公明党は地方議会を重視し、全国で約三〇〇〇名の地方議員を抱えるが、そこでの連携が自公連立を下支えする要因となっている。

このことを理解する上で有益なのは、新進党の失敗である。前述したように、社会・さきがけ両党を除く非自民連立政権の与党、すなわち新生党・公明党・民社党・日本新党などが合流して、一九九四年一二月一〇日に新進党が結成された。しかし、公明党は完全には合流せず、衆議院議員と翌年に改選を迎える参議院議員のみが参加し、非改選の参議院議員、地方議員、党職員の大多数、機関紙などが「公明」として残り、将来合流するという、「分党・二段階」方式が採用された。

その背景には、創価学会が歴史的に重視する東京都議会をはじめ、多くの地方議会で公明党が自民党と連携し、与党になっていたため、反自民の立場をとる新進党に合流するのが困難という事情もあった。一九九六年の衆院選で新進党が伸び悩むと、小沢代表は立て

7-⑦　知事選での自民・公明両党の共同推薦・支持の比率の推移

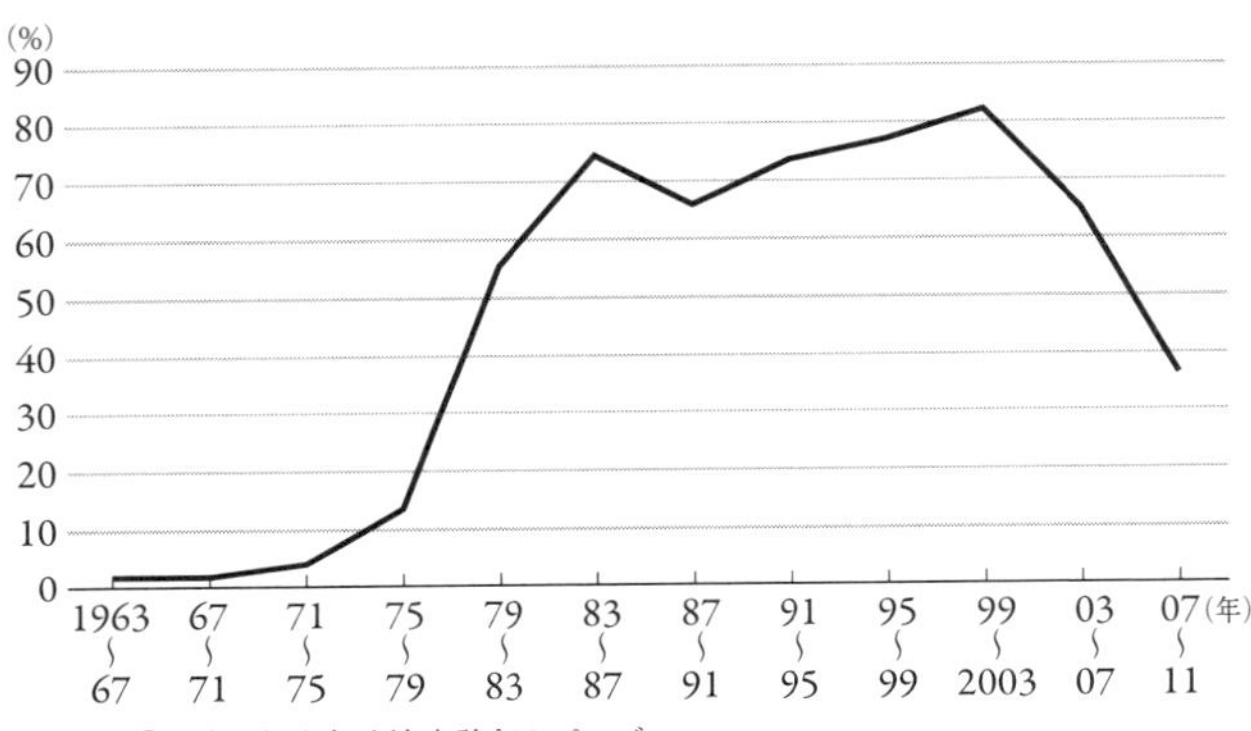

出所：辻『戦後日本地方政治史論』58ページ。

直しのため「公明」に完全合流を求めたが、拒否される。それが決定打となって、小沢は新進党の解党に踏み切った。[14]このようにして失敗に終わった新進党とは違い、自公連立は地方政治での両党の連携によって支えられている。

　地方政治で自民・公明両党の連携がどう推移したかは、都道府県知事選挙での同一候補の支援によって確認することができる。自民・公明両党が知事選で共闘した割合は、一九七五年までは一割を大きく下回っていたが、それ以降、上昇を続け、一九八〇年代半ばには七割を超える水準に達する。公明党は社会党や共産党とともに革新自治体の一翼を担っていたが、その衰退と軌を一にして自民党との連携に向かったのである。それは国政での自公政権の成立に先んじていた（7―⑦）。

ところが、二〇〇〇年代以降、知事選での自民・公明両党の共闘率は、一転して低下する。一九九五年の東京都・大阪府の知事選で無党派知事が登場したことなどを背景に、自民党本部が公認・推薦をあまり出さなくなったからである。自民党が候補者を擁立した知事選に限ってみると、一九九一年から二〇一三年にかけて、公明党との共闘率は八五・六％に達する。[15] 知事選をみる限り、地方政治での自民・公明両党の連携は、依然として強固な状態が続いているといえる。

ところが、地方議会選挙では、自民・公明両党の連携は容易ではない。例えば、都道府県議会の選挙制度は、都市部が中・大選挙区制、農村部が小選挙区制の混合となっている。公明党が強い都市部では、どうしても両党の候補者が競合せざるを得ない。農村部に多い一人区などでは、公明党が自民党候補を支援することもある。その場合、当該地方議会選挙の選挙区間で票の交換が行われるのではなく、国政選挙の比例代表との間でバーターがなされることが多い。

しかしながら、中・大選挙区制の下での候補者間の競合は、自民党の内部でも起きている。そのことと関係して、地方議会の場合、自民党が複数の会派に分かれたり、その一部が公明党議員と会派を組んだりといったこともみられる。したがって、知事与党として同一歩調をとることが、やはり重要である。知事選の結果は、しばしば国政に少なからぬ影響を与える。その意味でも、知事選で同一候補を支援することは、連立政権の存続に大きく寄与する。

自公を揺るがす大都市のポピュリズム

ところが、地方政治が自民・公明両党の選挙協力を揺るがす事態も起きている。大都市で頻発するポピュリズムである。

東京・大阪といった大都市では、無党派層の比率が高く、テレビのキー局や準キー局も存在する。それを背景として、「改革」派知事がしばしば登場する。既存のエリートを攻撃するポピュリズムの政治手法がとられ、その矛先は当該自治体の議会を支配する自民党の地方組織に向けられる。しかし、無党派層の支持だけで議会の過半数を占めることが難しいため、ポピュリスト知事は都市部に強固な支持基盤を持つ公明党との提携を図り、公明党も正面衝突を避ける目的で、それに応じる。

このような状況が最初に生まれたのが、大阪である。橋下徹は二〇〇八年、自民・公明両党の支援を受けて大阪府知事に当選したが、改革を進めるなかで自民党大阪府連との対立を深め、二〇一〇年に地域政党「大阪維新の会」を結成する。その一方で、公明党とは協力関係を続け、翌年、大阪市長に転じて以降も変わらなかった。国政政党「日本維新の会」を発足させて臨んだ二〇一二年の衆院選では、大阪都構想を実現すべく、公明党が候補者を立てた九つの小選挙区で擁立を見送り、関西の六候補には推薦も出した。

この衆院選で自公政権が復活した後、大阪市の廃止を避けたい公明党は都構想への反対姿勢を強め、維新との間で対立が深まる。ところが、二〇一四年の衆院選に向けて維新が対立候補を擁立する動きをみせると、その見送りを条件として、公明党は都構想の是非を問う住民投票の実施を受け入れた。この妥協には、菅義偉官房長官ら首相官邸の仲介があったといわれる。翌年の住民投票では、自民党大阪府連などが強硬に反対して都構想は僅差で否決されたが、公明党は自主投票に回るなど維新との対決を避けた[16]。

同様の事態は、二〇一六年に小池百合子が都知事に就任した東京都でも生じた。小池は都知事選で推薦を得られないと判断するや、自民党東京都連を「ブラック・ボックス」と批判し、自民・公明両党が推薦する候補者を破って当選した。さらに、翌年の都議選に向けて地域政党「都民ファーストの会」を結成するとともに、公明党と政策協定を結び、選挙協力を実施した。それは、公明党が自党候補のいる荒川区以外の二一の一、二人区で都民ファースト候補を推薦し、都民ファーストは二三名の公明党候補全員を推薦するというものであった。

二〇一七年七月二日の都議選の結果は、都民ファーストの圧勝、自民党の惨敗に終わった。この余勢を駆って、小池都知事は国政政党「希望の党」を結成し、一〇月二二日の衆院選に臨んだ。希望の党は公明党が候補者を立てた小選挙区に対立候補を擁立せず、両党間では候補者調整が実現した。しかし、都民ファーストとの選挙協力は都議選に限った例外的な措置であると自民党に説明していた公明党は、希望の党との選挙協力を否定した。実際、両党間で推薦を出すことはなく、希望の党は大敗した。

結局、公明党からみて、全国規模で党組織を持ち、国政選挙で相互に票の融通ができるのは、自民党しかない。維新や希望にみられるように、大都市の「改革」派知事が率いるポピュリスト政党との間で可能なのは、主に候補者調整であり、推薦を得たとしても応援演説やポスターを通じた無党派層対策にとどまる。大都市で発生するポピュリズムは、これまでのところ自民・公明両党の国政での選挙協力を突き崩すまでには至っていない。

地域社会での融合

自民・公明両党の選挙協力を最も基底の部分で支えているのは、自公政権の発足後、地域社会で徐々に進んできた両者の融合である。自民党が持つ地域の有力者・名士を中心とする人的ネットワークに、公明党の支持母体の創価学会が受け入れられ、協力するようになってきたという意味である。

日蓮正宗の在家信徒の団体として始まった創価学会は、かつて他の宗派や宗教に対して必ずしも寛容とはいえない姿勢を示し、法華経という正しい教えに背く「謗法」を重い罪と教えていた。それは日蓮が念仏や禅宗に示した厳しい態度に由来しているともいわれる。そのため、神社で行われる地域の祭りに参加することも許されず、学会員が自治会や町内会といった地域組織に関わることを妨げていた。地域社会で創価学会を特別視する向きが存在するのは、こうした過去が一因にあると指摘される。

ところが、一九九一年に最終的に日蓮正宗（宗門）と決別すると、創価学会の態度は大きく変化していく。それはキリスト教の宗教改革にもなぞらえられたが、日蓮正宗が陥ってきた形式主義を排して「仏法の本義」に立ち戻ることが説かれ、それに伴い従来の排他的な姿勢を改めていったのである。その一環として宗教的な色彩が薄い地域的な行事となっている祭りに参加することは問題ないという判断が示され、学会員が自治会や町内会に関わることが可能になった。

それでも、地域社会では創価学会への警戒心が根強かった。すでに地方議会で自民・公明両党の連携が進んでいたが、一九九九年に自公連立が成立したことは、こうした抵抗感を希薄化する上で決定的な役割を果たした。高齢化などによって慢性的な人手不足にある自治会や町内会にとっても、献身的に活動する学会員の存在は助けとなった。しかも、かっては比較的貧しかった学会員は、階層的な上昇を遂げていた。このようにして、現在では創価学会が多くの地域で積極的に受け入れられている。[17]

創価学会のある地方組織の幹部は、こう語る。「自公連立が成立して以降、頻繁に交流するようになった自民党の支援者の間では、公明党・創価学会へのアレルギーが少なくなった。かつて地域社会で、お祭りに参加しない、町内会にも協力しないと煙たがられていた学会も、「地域友好」に積極的に取り組むようになって、お祭りに参加してもよいと変わり、町内会の方も是非来て欲しい、役員をやってもらいたいと変化した。二〇年近く自民党と連立を組んできた実績をみて、頑なで閉鎖的な政党という公明党への偏見が払拭され、学会も地域社会に溶け込むことができたと思う」。

宗教団体の創価学会を支持母体とする公明党は、新進党の失敗もあって、自民党に合流することは少なくとも当面、考えられない。しかし、選挙協力を背景として、地域社会では両者の融合が確実に進んでいる。自公政権の存在が、創価学会の社会的なステータスを高める効果も大きい。そうである以上、公明党が連立離脱を決断することは容易ではない。自公政権は、一般に考えられている以上に安定的なのである。

1――神崎武法元公明党代表へのインタビュー(二〇一八年四月七日)。

2――井上義久公明党副代表へのインタビュー（二〇一六年三月二三日）。
3――同右。
4――朝日新聞アエラ編集部『創価学会解剖』朝日文庫、二〇〇〇年、一四三―一五四ページ。
5――島田裕巳『公明党vs.創価学会』朝日新書、二〇〇七年、一七〇―一七三ページ。
6――井上義久公明党副代表へのインタビュー（二〇一六年三月二三日）。
7――漆原良夫元公明党国対委員長へのインタビュー（二〇一八年四月一二日）。
8――太田昭宏前公明党代表へのインタビュー（二〇一八年四月二六日）。
9――赤羽一嘉公明党衆議院議員へのインタビュー（二〇一八年四月二六日）。
10――蒲島郁夫『戦後政治の軌跡』岩波書店、二〇〇四年、三三一―三三五、三七六―三八二ページ。
11――『読売新聞』二〇一七年一〇月二三日。
12――『読売新聞』二〇一六年七月一一日。
13――『朝日新聞』二〇〇〇年六月二一日。
14――前掲、薬師寺『公明党』一三六―一四七ページ。
15――辻陽『戦後日本地方政治史論』木鐸社、二〇一五年、第二章。
16――前掲、朝日新聞大阪社会部『ルポ 橋下徹』第四章、前掲、中野『創価学会・公明党の研究』第九章。その後も公明党は、維新との対決の回避と大阪市の廃止の回避の間で揺れ続けている。
17――玉野和志『創価学会の研究』講談社現代新書、二〇〇八年、一六一―一六八ページ。

おわりに――野党共闘と政権交代を考える

安保関連法反対運動と野党共闘

これまでみてきたように、自民・公明両党は緊密な選挙協力を実施し、高水準の候補者調整に加え、相互推薦に基づく票の融通を大規模に行っている。様々な摩擦もみられるが、両党の議席の増加に大きく貢献していることは間違いなく、それが安定した連立政権を可能にしている。

これに対して、非自公勢力の選挙協力は不十分なまま推移してきた。確かに、二〇〇七年の参院選以降、選挙協力が進み、二〇〇九年の衆院選で政権交代が起きた。しかし、前述したように、民主・社民両党は一五の小選挙区で競合するなど、候補者調整すら十分に実現できず、それが普天間問題での社民党の連立離脱の一因になった。また、共産党も候補者擁立を抑えたとはいえ、民主党との協議によるものではなく、しかも三〇〇選挙区中一五二にとどまり、その後、全ての選挙区に擁立する方針に回帰した。

このような状況を大きく変えたのが、二〇一五年の安保関連法反対運動である。多くの憲法学者が憲法違反と批判する安保関連法案に、民主党、維新の党、共産党、社民党、生活の党の五野党が強く反対し、国会の外でも「安全保障関連法に反対する学者の会」、学生団体のＳＥＡＬｓ（シールズ）（自由と民主主義のための学生緊急行動）など、多様な市民による反対運動が盛り上がりをみせた。そうしたなか、安倍政権に対抗する言葉として、立憲主義が注目を集めた。

ここでいち早く動いたのは、共産党であった。安保関連法が成立した九月一九日、中央委員会総会で確認した上で、「戦争法（安保法制）廃止の国民連合政府」の実現を呼びかけたのである。党綱領の「さしあたって一致できる目標の範囲」での統一戦線に基づく政府として、「戦争法廃止、立憲主義を取り戻す」という一点で一致する政党などが国民連合政府を作り、安保関連法の廃止と集団的自衛権行使容認の閣議決定の撤回を行う、その前提として来る国政選挙で野党間の選挙協力を実施するというものであった。[1]

ただし、民主党などは共産党との連立政権には消極的であり、翌年の参院選に向けて、特に一人区での選挙協力に議論が収斂していく。そうした野党間の選挙協力の仲介役として、学者の会やＳＥＡＬｓなどの有志が一二月二〇日に結成したのが、市民連合（安保法制の廃止と立憲主義の回復を求める市民連合）であった。共産党も国民連合政府の構想を事実上棚上げし、選挙協力の協議に入ることを決める。この時点で、三二の一人区のうち二一で民主・共産両党の立候補予定者が競合していた。

二〇一六年二月一九日、五野党党首会談が開かれ、「安保法制の廃止と集団的自衛権行使容認の閣議決定撤回を共通の目標とする」「安倍政権の打倒を目指す」「国政選挙で現与党およびその補完勢力を少数に追い込む」「国会における対応や国政選挙などあらゆる場面でできる限りの協力を行う」の四項目で合意した。[2] これ以降、野党間で選挙協力に向けた協議が進められた。

こうしたなか、橋下徹大阪市長らおおさか維新の会（現・日本維新の会）と袂を分かっていた維新の党が、民主党に合流し、三月二七日に民進党が結成された。両党を結びつけた背景には安保関連法反対運動があったが、維新の党が共産党への接近を図り、民主党を牽制した結果でもあった。いずれにせよ、野党間の選挙協力にせよ、民進党の結成にせよ、非自公勢力のブロック化が進んだことは確かであった。

実現した野党間の選挙協力

参院選に向けた三二の一人区での候補者調整は、五月三一日に完了する。内訳は、無所属一六、民進党公認一五、共産党公認一であった。香川県で共産党の公認候補が野党統一候補になったとはいえ、共産党が大きく譲歩したのは間違いない。供託金の没収という負担を回避するだけでなく、安保関連法の廃止のための野党共闘を求める市民団体の要望に応えることで、新たな支持者の獲得をねらったとみられる。

ただし、これと並行して水面下で検討されていた比例区での統一名簿方式（「オリーブの木」構想）は、実現しなかった。死票を減らす効果があるものの、統一名簿のために発足させる政治団体に既存の政党と類似する名称を使えないという制約があり、政党名を有権者に浸透させたい民進党が否定的な態度を示し、六月三日に最終的に断念する意向を社民党に伝えた。

六月七日、野党四党間で実質的な政策協定が結ばれる。仲介役の市民連合が提示した「政策要望書」に各党首が署名する形式であった。そこでは、「安全保障関連法の廃止と立憲主義の回復」を目指し、その前提として「改憲勢力が三分の二の議席を獲得し、憲法改正へと動くことを何としても阻止する」と謳われていた。そのほか、格差の解消、女性の尊厳と機会の保障、TPP合意への反対、辺野古新基地建設の中止、原発に依存しない社会の実現などが盛り込まれた。[3]

七月一〇日に実施された参院選で、野党共闘は一定の成果を上げ、前回は二勝二九敗と大敗した一人区で、一一勝二一敗と善戦した。当選した一一名のうち、無所属が四、民進党公認が七であったが、とりわけ九選挙区ある東北・甲信越の一人区では、秋田県以外で全て野党統一候補が競り勝った。しかし、自民・公明両党が、選挙区で四三、比例区で二六、合計で改選一二一議席中六九を獲得し、勝利を収めた。

参院選での野党間の選挙協力には、大きな限界が存在していた。第一は、安倍政権に近い立場をとり、共闘に加わらなかった野党の存在である。その代表は、おおさか維新の会であり、選挙区で三、比例区で四、合計で七議席を獲得した。これは改選三二議席の民進党には及ばなかったが、各一議席の社民・生活両党はもちろん、六議席の共産党を上回った。結党当初の勢いは失われたとはいえ、定数四の大阪府選挙区で二議席を得るなど、関西を中心に根強い勢力を保っていた。

第二は、一人区では完璧な候補者調整を実現させたが、複数区ではなされなかったことである。民進・共産両党は、二人区以上に全て公認候補を擁立し、競合した。また、社民党も四人区以上の全てと三人区の一つに候補者を立てた。複数区でも可能な限り候補者調整を行っている自民・公明両党とは、大きく異なっている。

8-① 2016年参院選の一人区での野党間選挙協力

○公認候補の競合

	民進党	社民党	生活の党	共産党
公認候補数	15	0	0	1
民進党と		0	0	0
社民党と	0		0	0
生活の党と	0	0		0
共産党と	0	0	0	

○公認候補への推薦

	民進党	社民党	生活の党	共産党
公認候補数	15	0	0	1
民進党から		0	0	0
社民党から	13		0	1
生活の党から	4	0		1
共産党から	9	0	0	

出所：『朝日新聞』などより著者作成。

第三に、一人区の候補者調整も市民連合の仲介によるものにすぎず、自民・公明両党とは違い、相互推薦・支援が十分に実現しなかったことである。すなわち、民進党が香川県の共産党候補に推薦を出さず、自主投票にしただけでなく、共産党も自党候補を除く野党統一候補三一名のうち、二一名にしか推薦を与えなかった。この共産党の非推薦の内訳は、無所属が四名、民進党公認が六名であった。主たる原因は、民進党およびその最大の支持団体の連合が、共産党と距離を置こうとしたことにある[4]（8─①）。

なぜ民進党は希望の党に合流したのか

さらに以上の三つの限界に加え、これ以降の野党共闘の失速を考える上で決定的に重要な限界が、二つ存在していた。第四に、自民・公明両党に比べると、固定票が少ないことである。それは農村部に顕著であり、一人区で善戦したとはいっても、一一勝二一敗に終わったことに如実に示されている。二〇〇七年の参院選、あるいは〇九年の政権交代選挙のように、無党派層の大規模な動員に成功し、追い風を吹かせることができなければ、非自公勢力が勝利することは難しい。

第五に、共産党を含む野党共闘が連立政権の枠組みになり得ないことである。民進党からみて共産党は、安保関連法の廃止という点で一致できても、日米同盟や自衛隊をめぐって大きな政策的な違いがあり、連立を組める相手ではなかった。実際、共産党が国民連合政府の構想を棚上げして初めて、選挙協力は実現した。そうである以上、政権選択選挙とされる衆院選で選挙協力を行うことは困難であった。

二〇一七年九月一日の民進党の代表選で前原誠司が勝利を収め、岡田克也、蓮舫に続く代表に就任すると、野党共闘の見直しが進められることになる。二カ月前の東京都議選では、小池都知事率いる「都民ファーストの会」が無党派層の支持を集めて圧勝し、その国政進出と衆議院解散が予想されるなか、支持率が低迷する民進党では離党者が相次いでいた。九月二五日、小池が「希望の党」を立ち上げると、前原代表は民進党を合流させることを決断し、解散当日の九月二八日の両院議員総会で了承を得た。

民進党の希望の党への合流について、前原は後日こう振り返っている。「合流には「非自民・非共産」の大きなかたまりを作る狙いがありました。民進党の「左旋回」はひどすぎた。日米安全保障条約の廃棄を掲げる共産党と政権選択選挙で協力することを、有権者にどう説明するんですか。政策合意が全くないまま候補者のすみ分けを決めたりしていて、このままでは民進党は見る影もなくなるという思いでした[5]」。

つまり、前原の決断には、大きくいって二つの理由が存在していた。一つは、共産党と連立政権を作れない以上、衆院選での選挙協力はできないという理由である。もう一つは、希望の党に合流することで、野党の結集を図ることである。もちろん、共産党を含む野党共闘も、結集のための方策であったが、希望の党には当初、無党派層の「風」が吹いていたし、共産党とは違って一緒に政権を樹立できるという認識もあった。野党共闘の限界ゆえに、民進党は禁じ手ともいえる希望の党への合流に走ったのである。

ところが、小池が民進党全体との合流を否定し、希望の党が選別を行う姿勢をみせると、前原と代表選を争った枝野幸男が反発して一〇月二日に立憲民主党を立ち上げた。共産党は希望の党を自民党の補完勢力とみなし、いったん全選挙区に公認候補を擁立する方針に戻したが、立憲民主党の結成を歓迎し、それと競合する候補者の取り下げを進め、五一選挙区に及んだ。結局、共産党は六七選挙区で擁立を見送った。だが、立憲民主党と共産党

8-② 2017年衆院選の小選挙区での野党間選挙協力

○公認候補の競合

	希望の党	立憲民主党	社民党	共産党
公認候補数	198	63	19	206
希望の党と		39	10	163
立憲民主党と	39		0	21
社民党と	10	0		6
共産党と	163	21	6	

○公認候補への推薦

	希望の党	立憲民主党	社民党	共産党
公認候補数	198	63	19	206
希望の党から		0	0	0
立憲民主党から	0		4	0
社民党から	0	4		0
共産党から	0	1	0	

出所：『朝日新聞』などより著者作成。

は、二一の小選挙区で競合し、相互推薦・支援もほとんど行われなかった。

一〇月二二日に実施された衆院選は、三極の争いになった。与党である自民・公明両党、それぞれの本拠地の東京都と大阪府の間で候補者調整を行った希望の党と日本維新の会、野党共闘を継続する立憲民主党・共産党・社民党である。ただし、野党については、同じ極のなかでも競合したケースが少なくなかった。その結果、二八九の小選挙区のうち二二六で野党の複数の候補者が立つことになり[6]、漁夫の利を得た自民・公明両党が四六五議席中三一〇を獲得し、圧勝した（8―②）。

野党の分裂状況と政権交代のための選択肢

前原代表の決断は完全な失敗に終わり、最

終的に民進党が解体し、立憲民主党と国民民主党に分裂する結果となった。いずれにも参加せず、無所属になっている元民進党議員も少なくない。かつて民主党から分かれた小沢一郎らの自由党、民主党との連立政権から離脱した社民党、そして共産党、さらには安倍政権に近い立場をとる日本維新の会と、野党の分裂は顕著であり、解消に向かうどころか、むしろ深まっている。

こうしたなか、野党の間では、連立によって政権交代を目指す発言が相次いでいる。例えば、立憲民主党の枝野幸男代表は、「単独政権になる必要はない。立憲民主党が中心になる程度の一定のボリュームを作らなければならないが、必ずしも我が党だけで過半数を取る必要はない」と述べ、国民民主党の玉木雄一郎代表も、「野党第一党の立憲民主党に、政権構想を示すリーダーシップを発揮していただきたい。我々としては、連立政権を組む用意もある」と語っている。[7]

しかし、現実には容易ではない。例えば、共産党の位置づけである。共産党が全ての選挙区に候補者を擁立する方針を改め、それまで各小選挙区で獲得してきた数万票が野党統一候補に上乗せされれば、自民・公明両党にとって大きな脅威となる。だが、共産党との連立は難しいという認識は、立憲民主党でも支配的であり、そうである以上、共産党を含む選挙協力は政権交代に直接つながらない。それゆえ立憲民主党や国民民主党は、共産党が求める相互推薦・支援に消極的な態度をとってきた。

こうした状況を根本的に打開するには、共産党の路線転換が不可欠である。共産党は自衛隊を違憲とみなして段階的な解消を主張しているが、反米的で反大企業的な色彩が強い綱領の改定などを行わない限り、立憲民主党などとの連立は難しい。そのことを共産党も自覚しているからこそ、国民連合政府にしても安保関連法の廃止までの暫定的なものと位置づけている。しかし、現在のところ、共産党が路線転換に踏み切る可能性は極めて低いといわざるを得ない。[8]

立憲民主党などにとっては、当面、共産党を含む選挙協力を可能な範囲で実施し、議席を増やした上で、共産党を除いた政権交代を目指すという戦略が現実的かもしれない。だが、立憲・国民両党間の主導権争い、社民党との候補者調整の難しさ、非自公勢力の固定票の少なさなどを考えると、それも前途多難である。さらに、仮に政権交代を実現できたとしても、かつての民主党政権の反省を生かして、どのような与党間の政策調整の仕組みを設けるのかという重要な課題が残されている。

衆議院の小選挙区比例代表並立制は、二党制ではなく二ブロック型の多党制をもたらすが、日本の現状をみる限り、固定票の分厚さと選挙協力の深さの両面で、自公ブロックの優位が顕著である。また、事前協議制を活用して安定した与党間の政策決定システムを構築できたのも、調整コストの高さが目立った自社さ政権を除くと、自公政権しかない。そうだとすれば、野党が政権交代を目指すには、選挙制度改革を含む政治改革を行う方が近道かもしれない。少なくとも、そうした選択肢すら考えざるを得ない局面にある。

1――『赤旗』二〇一五年九月二〇日。
2――『赤旗』二〇一六年二月二〇日、『朝日新聞』二〇一六年二月二〇日。
3――『朝日新聞』二〇一六年六月一日、四日、七日夕刊。
4――『朝日新聞』二〇一六年六月二八日。
5――前原誠司（インタビュー）「単刀直言 合流、全く後悔していません」（『産経新聞』二〇一八年一月二〇日）。
6――『朝日新聞』二〇一七年一〇月六日、一〇日、一八日。
7――『毎日新聞』二〇一八年六月二六日、朝日新聞デジタル（二〇一八年七月二〇日）。
8――志位和夫（インタビュー）「共産党・志位委員長に聞く 政権獲得への本気度」（https://news.yahoo.co.jp/feature/518）、『赤旗』二〇一七年二月二六日。

あとがき

政治学の分析は客観的でなければならないとしても、その前提となる問いは現実政治から無縁ではありえない。本書の執筆の背景には、二〇一四年七月一日の安倍政権による集団的自衛権行使容認の閣議決定、一五年九月一九日の安全保障関連法の成立、自公政権と野党共闘の対決による一六年七月一〇日の参院選、民進党の希望の党への合流で揺れた一七年一〇月二二日の衆院選という、日本政治の一連の出来事がある。

自民・公明両党は、あれだけ深刻に対立した集団的自衛権の行使容認について、どうして折り合いをつけることができたのか。安保関連法案に反対する巨大なデモが国会を取り囲んでも、なぜ自公政権は揺らがなかったのか。それに対して、野党は共産党を含む共闘を組んだのに、どうして自公政権を追い詰められなかったのか。それどころか、希望の党が登場するや、なぜ野党は空中分解してしまったのか。

とりわけ民主党時代に政権を握ったこともある民進党が、急ごしらえのバブル政党に合流を決めたことは、私にはあり得ない判断だと思われた。実際、希望の党の創立者の一人である若狭勝氏は、「粉飾まがいの政党がもし政権交代を実現していたら、それこそ国民にとっては〝悪夢〟でしょう」と振り返っている(『文藝春秋』二〇一九年四月号)。民進党の元リーダーが言い訳を繰り返しているのと対照的というほかない。

野党は安易に「風」を追い求めるのではなく、安定した政権運営を続けている自民・公明両党から学ばなければならないのではないか。そのためには、自公政権の強さを「連立」という視角から冷静に解き明かす作業が不可欠ではないか。本書は、そういう問題関心に基づいて書かれた。

執筆にあたっては、自公政権を政治学の連立理論に位置づけることに努めた。これまで自公政権は、宗教団体の創価学会を支持母体とする公明党の存在ゆえに、特殊なものとして論じられることが多かったように思われる。だが、比較可能なものとして捉えなければ、そこから学び取ることはできない。サブ・タイトルの「正体」という言葉には、「暴露する」ではなく、「色眼鏡で見ない」という意味が込められている。

本書は、連立という視角からみた自民党研究でもあり、歴史的な変遷を追跡した『自民党政治の変容』(NHKブックス)、組織と理念から現状を分析した『自民党――「一強」

の実像』（中公新書）に続く、三部作の最後に位置づけられる。あわせてお読みいただければ、望外の幸せである。

拙い書物であっても、多くの方々からの支援がなければ、執筆を全うすることはできなかった。自民党、公明党、民主党・民進党、社会党・社民党などの政党をはじめ、様々な形で快くインタビューに応じてくださった皆様には、心から感謝したい。本書では、特に公明党・創価学会の多数の関係者にお話をおうかがいした。ぶしつけな質問にも誠実かつ率直にお答えいただいたことを記しておく。

データの作成やテープ起こしには、前著に続いて、一橋大学大学院の黒野将大、大和田悠太、高瀬久直の諸君の協力を得た。また、国会の人事については、立教大学のゼミ生で衆議院事務局に勤務している白井（須藤）愛氏のアドバイスを受けた。

執筆中、九州大学政治研究会で報告の機会を得たほか、『生活経済政策』二〇一八年八月号に論文「ポスト五五年体制期の連立政権」、二〇一九年一月三一日の『朝日新聞』にコラム「自公連立二〇年、野党は学べ」を執筆させていただいた。朝日新聞では二〇一五年四月から四年間にわたり論壇委員を委嘱された。小熊英二氏をはじめとする論壇委員会と文化くらし報道部の皆さんには、深くお礼申し上げたい。

なお、本書は、日本学術振興会科学研究費補助金基盤研究（C）「ポスト五五年体制期の連立政権」（18K01435）の成果の一部である。

最後になったが、筑摩書房の石島裕之氏には細かい注文にも快く応じていただいた。塚田穂高編『徹底検証 日本の右傾化』（筑摩選書）での丁寧なお仕事ぶりに印象づけられたのが縁であったが、氏の言葉からどれだけ励まされたことか。本書が石島さんのご期待に応える内容を持っていることを祈るばかりである。

二〇一九年三月二八日　国立キャンパスにて

中北浩爾

ちくま新書
1408

自公政権とは何か
——「連立」にみる強さの正体

二〇一九年五月一〇日　第一刷発行

著者　中北浩爾（なかきた・こうじ）
発行者　喜入冬子
発行所　株式会社　筑摩書房
東京都台東区蔵前二―五―三　郵便番号一一一―八七五五
電話番号〇三―五六八七―二六〇一（代表）
装幀者　間村俊一
印刷・製本　三松堂印刷　株式会社

本書をコピー、スキャニング等の方法により無許諾で複製することは、法令に規定された場合を除いて禁止されています。請負業者等の第三者によるデジタル化は一切認められていませんので、ご注意ください。
乱丁・落丁本の場合は、送料小社負担でお取り替えいたします。
© NAKAKITA KOJI 2019　Printed in Japan
ISBN978-4-480-07216-0 C0231

ちくま新書

ちくま新書

1195
「野党」論
——何のためにあるのか
吉田徹
野党は、民主主義をよりよくする上で不可欠のツールだ。そんな野党に多角的な光を当て、来るべき野党を、これからの対立軸を展望する。「賢い有権者」必読の書！

1199
安保論争
細谷雄一
平和はいかにして実現可能なのか。安保関連法をめぐる激しい論戦のもと、この重要な問いが忘却されてきた。外交史の観点から、現代のあるべき安全保障を考える。

1241
不平等を考える
——政治理論入門
齋藤純一
格差の拡大がこの社会に致命的な分断をもたらしている。不平等の問題を克服するため、どのような制度を共有すべきか。現代を覆う困難にいどむ、政治思想の基本書。

1267
ほんとうの憲法
——戦後日本憲法学批判
篠田英朗
憲法九条や集団的自衛権をめぐる日本の憲法学者の議論はなぜガラパゴス化したのか。歴史的経緯を踏まえ、政治学の立場から国際協調主義による平和構築を訴える。

1299
平成デモクラシー史
清水真人
90年代の統治改革が政治の風景をがらりと変えた。「小泉劇場」から民主党政権を経て「安倍一強」へ。激動の30年を俯瞰し、「平成デモクラシー」の航跡を描く。

1353
政治の哲学
——自由と幸福のための11講
橋爪大三郎
社会の仕組みを支えるのが政治だ。政治が失敗すると、自由も幸福も壊れかねない。政府、議会、安全保障、年金など、政治の基本がみるみる分かる画期的入門書！

1372
国際法
大沼保昭
いまや人々の生活にも深く入り込んでいる国際法。「生きた国際法」を誰にでもわかる形で、体系的に説き明かした待望の入門書。日本を代表する研究者による遺作。

ちくま新書

1393 教養としての政治学入門　成蹊大学法学部編
いま政治学では何が問題になっているのか。政治史・政治理論・国際政治・福祉・行政学・地方自治などの専門研究者が12のテーマで解説する、知の最先端への道案内。

659 現代の貧困——ワーキングプア／ホームレス／生活保護　岩田正美
貧困は人々の人格も、家族も、希望も、やすやすと打ち砕く。この国で今、そうした貧困に苦しむのは「不利な人々」ばかりだ。なぜ？ 処方箋は？ をトータルに描く。

971 夢の原子力——Atoms for Dream　吉見俊哉
戦後日本は、どのように原子力を受け入れたのか。核戦争の「恐怖」から成長の「希望」へと転換する軌跡を、緻密な歴史分析から、ダイナミックに抉り出す。

1020 生活保護——知られざる恐怖の現場　今野晴貴
高まる生活保護バッシング。その現場では、いったい何が起きているのか。自殺、餓死、孤立死……。追いつめられ、命までも奪われる「恐怖の現場」の真相に迫る。

1078 日本劣化論　笠井潔　白井聡
幼稚化した保守、アメリカと天皇、反知性主義の台頭、左右の迷走、日中衝突の末路……。戦後日本は一体どこまで堕ちていくのか？ 安易な議論に与せず徹底討論。

1091 もじれる社会——戦後日本型循環モデルを超えて　本田由紀
もじれる＝もつれ＋こじれ。行き詰まり、閉々とした状況にある日本社会の見取図を描き直し、教育・仕事・家族の各領域が抱える問題を分析、解決策を考える。

1168 「反戦・脱原発リベラル」はなぜ敗北するのか　浅羽通明
楽しくてかっこよく、一〇万人以上を集めたデモ。だが原発は再稼働し安保関連法も成立。なぜ勝てないのか？ 勝ちたいリベラルのための真にラディカルな論争書！